REGIME DIFERENCIADO DE CONTRATAÇÕES

— Lei nº 12.462/2011 —

H468r Heinen, Juliano.

Regime diferenciado de contratações: lei nº 12.462/2011 / Juliano Heinen. – Porto Alegre: Livraria do Advogado Editora, 2015.

204 p.; 23 cm.

ISBN 978-85-7348-940-8

1. Brasil. Lei n. 12.462, de 4 de agosto de 2011. 2. Contratos administrativos - Legislação - Brasil. 3. Licitação pública - Legislação - Brasil. I. Título.

CDU 351.712.2(81)(094.5)

CDD 342.8106

Índice para catálogo sistemático:

1. Contratos administrativos: Legislação: Brasil 351.712.2(81)(094.5)

(Bibliotecária responsável: Sabrina Leal Araujo – CRB 10/1507)

Juliano Heinen

REGIME DIFERENCIADO DE CONTRATAÇÕES

— Lei nº 12.462/2011 —

Porto Alegre, 2015

Edição finalizada em setembro/2014

Projeto gráfico e diagramação
Livraria do Advogado Editora

Revisão
Rosane Marques Borba

Imagem da capa
http://www.freeimages.com

Livraria do Advogado Editora Ltda.
Rua Riachuelo, 1300
90010-273 Porto Alegre RS
Fone/fax: 0800-51-7522
editora@livrariadoadvogado.com.br
www.doadvogado.com.br

Impresso no Brasil / Printed in Brazil

À Mariana, por todo amor, por toda vida.

Sumário

Introdução

A Administração Pública deverá cada vez mais ser estruturada em rede. Por consequência, claro, o direito administrativo também assim deve ser pautado. A legitimidade, a finalidade, a eficiência e o resultado terão sua valoração redefinida de maneira invulgar. Noções como compartilhamento e dever moral de ser eficiente serão ou deverão ser uma constante no cenário da gestão pública contemporânea. E esta prática deverá ser intensificada principalmente no campo das licitações e contratos administrativos, por ser uma atividade sensível em termos de gestão pública efetiva.

As licitações e de contratos administrativos, hoje, estão disciplinadas em uma legislação fragmentada, ou seja, as várias formas de contratação da Administração Pública não estão previstas em um único diploma normativo. Isso porque a lei geral (nº 8.666/93) não deu conta de fornecer soluções para todos os males. Ao contrário. A norma, é certo, veio trazer um formalismo bastante complexo, o qual tinha por fim tentar ao máximo evitar a burla à legislação e aos princípios administrativos, bem como impedir o desvio de verbas públicas. A partir daí, o legislador passou a formular alterações setoriais na *Lei de Licitações e de Contratos Administrativos*, além de passar a criar leis esparsas sobre a matéria. E estas regras e alterações acabaram por firmar premissas comuns: necessidade de instrumentalizar o procedimento, versatilidade das formas de contratação e dos certames, inversão das fases de habilitação e de procedimento, etc.[1]

Nesse contexto, pode-se dizer que os importantes eventos esportivos que o Brasil vai sediar nos anos de 2012 a 2016, especialmente, iniciaram o debate sobre a necessidade de se promover um câmbio nos procedimentos licitatórios até então existentes, especialmente no que se refere aos dispositivos da vetusta e atual *Lei Geral de Licitações e*

[1] Temos a nítida sensação de que, por mais problemas que a Lei nº 8.666/93 apresente, o maior mal reside no uso que se faz dela, estabelecendo uma distância entre o "Brasil real" e o "Brasil oficial", momento em que não consegue dar efetividade às políticas públicas.

Contratos Administrativos (Lei nº 8.666/93). Uma causa bastante significativa, no que se refere ao *deficit* de efetividade da legislação atual na matéria, consiste na certeza de que esta regra não dá cabo de lançar soluções a contento aos problemas atuais. Sua defasagem é considerada notória. Então, como dito, a responsabilidade em sediar eventos de repercussão mundial fez com que se repensasse as formas de contratação pública tradicionais, ao ponto de se concluir pela imprescindibilidade em se modificar o regime licitatório vigente, apresentando-se outro modelo, que foca em trazer outro panorama normativo às contratações ligadas aos mencionados acontecimentos esportivos.

Assim, a princípio, criou-se um arranjo jurídico transitório e casuístico. Contudo, tanto o Governo federal, como a própria doutrina apostam que este procedimento será o novo arquétipo normativo das licitações brasileiras, ao ponto de se tornar o protagonista no que se refere ao regime dos certames administrativos que visam a franquear as contratações públicas. Até porque, como será percebido adiante, não só já se produziram mudanças ao modelo geral, como o regime diferenciado foi estendido perenemente a outros setores nodais à Administração Pública (*v.g.* saúde, educação, educação, segurança, etc.).

Antes do advento do *Regime Diferenciado de Contratação (RDC)*, surgiram outras tentativas de implementar um novo modelo jurídico para as licitações ligadas aos eventos esportivos mundiais que o Brasil sediará, como a Medida Provisória (MP) nº 489/10, que não foi apreciada no tempo devido, o que fez com que ela perdesse seu objeto. Após, foi editada a MP nº 503/10, a qual sofreu uma série de emendas, sendo, por fim, este ato normativo rejeitado por inteiro. Em uma terceira tentativa, editou-se a MP nº 521/10, que também tratava da matéria, a qual teve o mesmo destino.

Quando da edição e apreciação da MP nº 527/10, que tratava sobre a estrutura e o regime jurídico dos aeroportos, foi apresentada uma emenda que acabou levando a efeito e vigência o modelo atual do RDC. Então, esta Medida Provisória acabou sendo convertida na Lei nº 12.462, de 4 de agosto de 2011, a qual disciplina o procedimento licitatório denominado de "Regime Diferenciado de Contratações" ou "RDC".[2]

Cabe destacar justamente que é esta uma das críticas feitas ao regime, porque foi apresentado e gestado em um contexto completamente diverso, ou seja, como se fosse um rescaldo de uma legislação que,

[2] Essa legislação foi alterada pelas Leis Federais nº 12.688/12, nº 12.722/12 e nº 12.745/12, e o Decreto Federal nº 7.581/11 regulamentou a referida lei, o qual foi sistematicamente alterado, tempos depois.

definitivamente, não tratava de licitações e de contratos administrativos. Era como se este novo modelo licitatório tivesse sido "encaixado" em outra legislação não tratava diretamente do tema.

Contudo, muito do que se questiona no que se refere ao RDC é fruto de um rompimento de paradigma, o que naturalmente causa certa contingência. É trivial que todo câmbio normativo cause um atrito à harmonia jurídico-normativa estabelecida. Ao longo da exposição, será percebido que o RDC não necessariamente trouxe novidades bastantes a se perfazer tamanha celeuma em cima dele, dado que ele se aproxima, em larga medida, com o procedimento do pregão (Lei nº 10.520/02). Dessa forma, concluímos que o referido regime não necessariamente revoga a *Lei do Pregão* ou a *Lei Geral de Licitações e Contratos Administrativos*, muito embora o regime diferenciado venha a ter o propósito de ser uma compilação entre as duas leis, somada à incorporação, em seu texto, dos entendimentos contemporâneos da Corte de Contas da União.

Há, no limiar do seu manancial de regras, uma conjunção de boas técnicas constantes nos outros modelos licitatórios, agregando-se, ao texto legal, outras soluções já apontadas pela doutrina e pela jurisprudência, principalmente do Tribunal de Contas da União (TCU). Desta maneira, o RDC tem por escopo, em essência, romper com o anacrônico modelo licitatório então vigente, viabilizando boas práticas que intentam conseguir dar maior celeridade aos procedimentos licitatórios, combater eventuais fraudes nesta seara, permitir a eficiência na viabilização das obras e nos serviços públicos tão necessários à Nação, etc.

Logo, pode-se dizer que o RDC é uma tentativa de perfazer um câmbio na conjuntura que se processa atualmente. Há a necessidade de que se perceba que estas "inovações" trazidas por este prematuro regime muito refletem práticas já desenvolvidas por organismos estatais, por pessoas jurídicas de direito privado da Administração Pública indireta ou por organismos internacionais. E assim, o RDC passa a positivar as práticas já popularizadas no limiar da própria Nação brasileira.

De outro lado, deve ser salientado que, nem bem a MP nº 527/11, convertida na Lei nº 12.462/11, entrou em vigor, já foi objeto de Ação Direita de Inconstitucionalidade (ADI), tombada sob o nº 4.655, a qual foi promovida pela Procuradoria-Geral da República. A primeira alegação feita na referida demanda é de natureza formal, já que a referida medida provisória acabou por converter, em lei, tema estranho à proposta original, conforme salientado logo antes. Além disso, outros vícios de ordem material são ventilados, como a inconsistência do art. 1º, em não especificar quais as obras e serviços seriam pautados pelo

RDC;[3] alega-se, ainda, a violação do princípio da igualdade por mecanismos como a adoção prioritária da empreitada integral em certos objetos, o sistema de pré-qualificação, etc.

Como se não bastasse, o RDC ainda é objeto de questionamento pela ADI nº 4.645, também sendo defendida a inconstitucionalidade formal e material da lei em enfoque. Novamente volta à tona a alegação de que a competência do Poder Executivo fora usurpada, alegando-se, para tanto, um abuso no poder de emendar, sem que houvesse uma ligação, ainda que indireta, para com o objeto originário da medida provisória. Em verdade, o referido ato normativo visava a criar a *Secretaria de Aviação Civil*, bem como perfazer algumas modificações nas normas que disciplinavam a *Agência Nacional de Aviação Civil (ANAC)* e a *Empresa Brasileira de Infraestrutura Aeroportuária (INFRAERO)*. Portanto, o projeto de lei de conversão da mencionada medida provisória não tratava do RDC, sendo que o regime licitatório em questão foi acrescentado à revelia da iniciativa legislativa outrora deflagrada.

Em ambas as ações diretas de inconstitucionalidade, afirma-se que, tanto o art. 22, inciso XXVIII, como o art. 37, *caput*, e inciso XXI, todos da Constituição da República Federativa do Brasil de 1988 (CF/88), foram desrespeitados. Isso porque, da forma como foi feito, defende-se que a competência privativa da União para legislar sobre normas gerais de licitações estaria comprometida. Apontam que alguns dispositivos da Lei nº 12.462/11 usurpariam a própria competência exclusiva do Chefe do Poder Executivo em disparar o processo legislativo que trate de matéria de organização administrativa.

Aliás, logo no seu nascedouro, o RDC sofreu duras críticas da comunidade como um todo, tais como: acusaram-no de ser um regime casuístico, que geraria licitações inseguras, etc. Contudo, hoje, estas vozes silenciaram, ao ponto de, mais recentemente, defender-se que ele será uma espécie de "balão de ensaio" para o futuro "Código de Licitações Públicas", que daria cabo de sistematizar todo o manancial de leis na matéria. Mas é importante ter em mente que o RDC nem de longe pode substituir a Lei n° 8.666/93, apesar de se ter uma tendência em expandi-lo a outros temas, tendo em vista que tem produzido resultados muito satisfatórios.[4]

Temos certeza de que o modelo atual deverá ser cada vez mais debatido. E a partir desta verdade é que se deve visualizar o RDC, ou

---

[3] Consideramos essa alegação débil, porque mesmo a Lei nº 8.666/93 não especifica as obras a serem tuteladas por um regime geral de procedimento licitatórios.

[4] Destaca-se, por oportuno, que este regime é uma norma forjada conjuntamente com o TCU, inclusive no que se refere ao Decreto federal n° 7.581/11 e às alterações que se perfizeram.

seja, analisado como uma nova modalidade que visa a trazer inéditas soluções à área de licitações e de contratos. E estas incursões inserem-se em um modelo gerencial de Administração. Temos a certeza de que ainda há muito que se debater sobre o tema, e, para tanto, deve-se dar os devidos passos neste sentido.

1. Natureza jurídica da Lei nº 12.462/11

A Lei nº 12.461/11 não foi clara em estabelecer a natureza jurídica das regras deste novo regime. Apesar disto, não há dúvidas de que foi estabelecida uma nova modalidade licitatória, na linha do que já dispunha a Lei nº 8.666/93 – e suas várias espécies de procedimentos licitatórios (concorrência, tomada de preços, convite, concurso, leilão e registro de preços) e a Lei nº 10.520/02 (que trata do rito de pregão). A questão, então, consiste em definir quais seriam os artigos do RDC que tratariam de **normas gerais**, e quais deles seriam **afetos somente ao ente federado União**. Enfim, quais normas seriam de caráter **nacional**, e quais delas teriam a natureza de normas **federais**.

Perceba que o art. 22, inciso XXVII,[5] do texto constitucional, determina que compete privativamente à União legislar sobre normas gerais sobre licitações. Sendo assim, o RDC é típica **regra geral de licitação** – sendo considerada, então, uma "lei quadro". Logo, sua natureza reside em ser considerado **lei nacional**, ou seja, vale, de maneira uniforme, a todos os entes federados. Nada impede que os Estados, Municípios e Distrito Federal editem regras específicas sobre o regime diferenciado, respeitando, por óbvio, as normas de caráter geral.

Para resumir

- O RDC é lei de natureza nacional, bem como estabelece regras gerais sobre licitações e contratos administrativos.

---

[5] CF/88, Art. 22, inciso XXVII: "Compete privativamente à União legislar sobre: normas gerais de licitação e contratação, em todas as modalidades, para as administrações públicas diretas, autárquicas e fundacionais da União, Estados, Distrito Federal e Municípios, obedecido o disposto no art. 37, XXI, e para as empresas públicas e sociedades de economia mista, nos termos do art. 173, § 1°, III;".

2. Premissas constitucionais sobre o tema e sua regulamentação pelos demais entes federados

A primeira premissa que deve ser trazida à tona reflete a certeza de que o RDC deve estar compatível com os parâmetros estabelecidos no inciso XXI do art. 37 da Constituição Federal de 1988[6] (CF/88). Assim, p. ex., este modelo licitatório precisa ser pautado a partir de certos parâmetros, como a necessidade de que se garanta a igualdade de condições a todos os concorrentes. Ainda, entende-se que é importante incluir cláusulas que estabeleçam obrigações de pagamento, bem como devem ser previstos dispositivos que mantenham as condições efetivas da proposta.

Por conseguinte, somente se podem permitir as exigências de qualificação técnica e econômica quando indispensáveis à garantia do cumprimento das obrigações. Veja que deverá ser reputada inconstitucional qualquer exigência no RDC que rompa com a igualdade entre os concorrentes, ou mesmo que exija uma qualificação técnica não pertinente ao objeto licitado,[7] tudo de acordo com as premissas constitucionais incidentes à espécie.

Em nível infralegal e federal, o RDC foi regulamentado pelo **Decreto nº 7.581/12**, o qual deu cabo de especificar e de normatizar, neste aspecto, a Lei nº 12.462/11.[8] A primeira dúvida que podemos levantar

---

[6] CF/88, Art. 37, inciso XXI: "ressalvados os casos especificados na legislação, as obras, serviços, compras e alienações serão contratados mediante processo de licitação pública que assegure igualdade de condições a todos os concorrentes, com cláusulas que estabeleçam obrigações de pagamento, mantidas as condições efetivas da proposta, nos termos da lei, o qual somente permitirá as exigências de qualificação técnica e econômica indispensáveis à garantia do cumprimento das obrigações".

[7] O objeto licitado, além de ter de garantir a igualdade entre os participantes, deve guarnecer a economicidade (TCU, Acórdão nº 1.147/2010, Pleno).

[8] Lei nº 12.462/11, art. 64. "O Poder Executivo federal regulamentará o disposto no Capítulo I desta Lei.".

consiste em saber se ele pode ser estendido aos Estados federados, aos Municípios e ao Distrito Federal e em que medida. Para isto, devemos partir das premissas estruturais dos arts. 22 a 24 da Constituição Federal de 1988, que dão a base orgânica à federação brasileira, momento em que se evidenciaram as competências de cada qual. Tomando por ponto de partida um elemento-chave inserido na estrutura federativa, a regulamentação infralegal feita pelo Presidente da República não poderia ser imposta aos demais entes federados. Seria algo impensável em matérias legislativas em que sua competência não é plena ou privativa, mesmo diante de um modelo federativo brasileiro, vamos dizer, "híbrido".

E avançando, podemos dizer que, a partir disso, temos de evidenciar os limites normativos do art. 84, inciso IV, CF/88, para se chegar a uma resposta a contento. O referido dispositivo estabelece o poder que o Chefe da Nação possui em fazer cumprir as leis. Assim, conclui-se preliminarmente que:

a) Assume-se que a Lei nº 12.462 é regra que estabelece normas gerais e, portanto, Estados, Distrito Federal e Municípios estão vinculadas a ela; estes só podem editar, no seu âmbito, a legislação de normas especiais que se baseia na lei geral; contudo, conserva-se, aqui, a devida autonomia federativa;

b) Nesse sentido, o Decreto federal nº 7.581/12 só tem validade no âmbito da União, não tendo natureza nacional; desse modo, cada Poder Executivo dos demais entes federados deveria ou poderia editar o seu decreto.

Ao que nos parece, então, a Lei nº 12.462/11 quis que o procedimento fosse regulado por todos dos demais entes, até porque a referida legislação assumiu um caráter generalista e insuficiente em termos de normatização de determinadas áreas do conhecimento. Em melhores termos, é evidente não se consegue implementar com inteireza o RDC apenas com o texto da lei. Quem faz o RDC ser efetivo e pragmático é o decreto, que é por deveras exauriente.

Ademais, por esses e outros fundamentos, também se considera impossível a compreensão de que os Estados, Distrito Federal e Municípios possam aplicar o Decreto federal por analogia. Mas uma ressalva deve ser feita: na prática, é o regulamento do RDC que efetivamente está sendo aplicado, ao ponto de, como será oportunamente apontado, normatizar certas matérias de maneira *praeter legem*.[9]

---

[9] Tamanha a importância deste diploma normativo, que poderíamos ontologicamente considerar verdadeiro "decreto nacional". Claro que, juridicamente, estaríamos a subverter toda a lógica constitucional estabelecida. Mas, na prática, é o que está acontecendo.

Para resumir

- O RDC deve ser regulamentado pelos Estado-membros, Distrito Federal e Municípios, por meio de atos normativos expedidos pelos Chefes do Executivo de cada qual;
- Entendemos que não se pode aplicar, de maneira direta, o Decreto federal nº 7.581/11 aos demais entes federados.[10]

[10] Muitos entes da federação acabaram por editar atos normativos simplesmente remetendo a regulamentação do RDC ao Decreto federal mencionado. Essa opção normativa, em termos formais, é aceitável. Poderá, contudo, encontrar problemas de ordem prática, porque justamente o regulamento editado pela União considerou apenas a realidade dela – o que é natural –, que é por deveras diferente daquela encontrada nos Municípios, nos Estados e no Distrito Federal.

3. Objeto do RDC

Sistematizando o objeto do RDC em itens, descobrimos quais os campos em que esta modalidade licitatória é aplicada, a saber:[11]

a) aos Jogos Olímpicos e Paraolímpicos de 2016, constantes na *Carteira de Projetos Olímpicos* a ser definida pela *Autoridade Pública Olímpica (APO)*;

b) à Copa das Confederações da Federação Internacional de Futebol Associação – FIFA 2013 e à Copa do Mundo FIFA 2014, definidos pelo Grupo Executivo – Gecopa 2014 do Comitê Gestor instituído para definir, aprovar e supervisionar as ações previstas no Plano Estratégico das Ações do Governo Brasileiro para a realização da Copa do Mundo FIFA 2014 – CGCOPA 2014, restringindo-se, no caso de obras públicas, às constantes da matriz de responsabilidades celebrada entre a União, Estados, Distrito Federal e Municípios;[12]

c) às obras de infraestrutura e de contratação de serviços para os aeroportos das capitais dos Estados da Federação distantes até 350 km (trezentos e cinquenta quilômetros) das cidades sedes dos mundiais referidos nos dois itens precedentes;

d) às ações integrantes do *Programa de Aceleração do Crescimento (PAC)* (Incluído pela Lei nº 12.688, de 2012);

e) às obras e serviços de engenharia no âmbito do Sistema Único de Saúde – SUS;

---

[11] De acordo com os termos do art. 1º, *caput* e § 3º, da Lei nº 12.462/11.

[12] A matriz de responsabilidade foi definida pela União com a FIFA, listando as infraestruturas necessárias aos eventos esportivos listados. Contudo, na prática, os estádios foram contratados via parcerias público-privadas ou licitações comuns. O RDC foi mais utilizado para as estruturas viárias em torno dos estádios. Uma análise bastante detalhada da contratação e dos cronogramas de desembolso destas obra pode ser consultada em TCU, Acórdão nº 3.134/2012, Pleno.

f) às obras e serviços de engenharia para construção, ampliação e reforma de estabelecimentos penais e unidades de atendimento socioeducativo (Incluído pela Lei nº 12.980, de 2014);

g) à realização de obras e serviços de engenharia no âmbito dos sistemas públicos de ensino;

h) às contratações das obras e serviços no âmbito do *Programa Nacional de Dragagem Portuária e Hidroviária II* poderão ser feitas por meio de licitações internacionais e utilizar o Regime Diferenciado de Contratações Públicas;[13]

i) à contratação de todas as ações relacionadas à reforma, modernização, ampliação ou construção de unidades armazenadoras próprias destinadas às atividades de guarda e conservação de produtos agropecuários em ambiente natural feitas pela Companhia Nacional de Abastecimento – CONAB.[14]

Entende-se que o RDC tinha, como objeto principal, ou seja, como foco, os relevantes eventos esportivos que se desenvolverão a partir de 2014, como a *Copa das Confederações, Copa do Mundo, Olimpíadas* e *Paraolimpíadas*. Ainda, o regime diferenciado tinha por fim normatizar as contratações e a seleção das propostas mais vantajosas no que se refere aos aeroportos das capitais dos estados que estivessem distantes até trezentos e cinquenta quilômetros das cidades que receberiam tais eventos (art. 1º, *caput* e incisos, da Lei nº 12.462/11).

Então, estes objetos transformavam o RDC em típica norma transitória, ou seja, que naturalmente perderia sua razão de ser, porque não se teria motivo para se contratar após tais eventos. Contudo, ainda em 2012, foram adicionados outros dois objetos à lei, ampliando-se seu âmbito de proteção: o RDC passou a ser aplicado às obras do *Programa de Aceleração do Crescimento (PAC)*, às obras e serviços de engenharia no âmbito do Sistema Único de Saúde – SUS –[15] e às obras e serviços de engenharia no âmbito do sistema público de ensino (art. 1º, § 3º, da Lei do RDC).[16] E assim, o regime diferenciado foi tendo seu âmbito de proteção sendo ampliado. Todas estas previsões de incidência, portanto, inseridas posteriormente, conferem outro matiz a este regime licitatório,

[13] Trata-se de previsão feita pela Lei nº 12.815/13, art. 54, § 4º, que trata da exploração direta e indireta pela União de portos e instalações portuárias e sobre as atividades desempenhadas pelos operadores portuários.

[14] Conforme previsão feita nos arts. 1º e 2º, da Lei nº 12.873/13, após a conversão da Medida Provisória nº 619/2013.

[15] Incisos IV e V do art. 1º, da Lei do RDC.

[16] Lei nº 12.462/11, Art. 1º, § 3º: "Além das hipóteses previstas no *caput*, o RDC também é aplicável às licitações e contratos necessários à realização de obras e serviços de engenharia no âmbito dos sistemas públicos de ensino.".

na medida em que não mais se tributa uma transitoriedade a ele. Daí por que começa a se ponderar que este modelo estaria apto a substituir o atual regime, passando a ser, com o tempo, a regra geral das licitações administrativas, justamente por se superar a transitoriedade da lei.

ANÁLISE CRÍTICA

Em nossa opinião, este é um erro grave a ser cometido, porque o regime diferenciado possui foco em uma situação finita, ou seja, nos eventos esportivos que possuem termo final. Seus dispositivos estão inferidos neste contexto, o que dimana um problema complexo – para não dizer intransponível – a se considerar o RDC como sendo o eixo central das licitações e dos contratos administrativos. Estas inovações, p. ex., não servem às contratações simples, porque focadas em obras e em serviços complexos e de alto custo, enfim, em obras muito peculiares. Logo, ele não poderia servir a objetos licitatórios pouco complexos e de valor baixo, muito embora já existam tentativas de incorporar outros temas ao RDC.

O que se quer dizer é que o RDC deverá ser paulatinamente adaptado, porque, de acordo com o seu texto original, ele enfrenta dificuldades em servir para todo o tipo de licitações públicas. Em termos singelos, podemos dizer que o RDC teve por mote a aquisição de obras ou de serviços complexos, sendo de pouca adaptação à compra de objetos simples (não que não se possa assim adquirir). Apesar disto, não temos dúvida de que temos em mão uma inovação positiva, mas que, para se tornar uma lei geral de licitações e de contratos, precisará muito mais do que isso.

De qualquer forma, percebe-se com bastante nitidez a tendência de o legislador ampliar cada vez mais o uso do RDC a outros temas. Ao que parece, a lei que deveria ser temporária será, a cada dia, mais e mais ampliada.

Destaca-se que o referido procedimento não pode ser utilizado para outros objetos que não aqueles catalogados pela lei. Eventual ampliação neste sentido deve ser declarada ilegal. Assim, as leis estaduais ou locais, e quiçá os atos normativos, não poderiam ampliar os objetos da Lei nº 12.462/11, por ferir as regras gerais de licitação, que são de competência privativa da União.

Há entendimento de que a adoção do RDC seria *preferencial*, ou seja, caso estivéssemos diante de uma contratação que se subsume às hipóteses previstas na Lei nº 12.462/11, ter-se-ia de optar prioritariamente por este regime. Caso o gestor assim não procedesse, deveria motivar sua decisão com larga medida. Logo, para este entendimento, quando não se optou por este regime, deve-se expor justificativa razoável e suficiente. Sendo assim, não haveria discricionariedade neste sentido.

Não se concorda com essa concepção, porque não se deve necessariamente dar prioridade à adoção do RDC, até porque a lei nunca fez esta referência. À revelia da lei, portanto, não se teria como colocar como obrigatório o uso deste procedimento.

Em muitos dos temas catalogados no regime diferenciado, o legislador delegou ao próprio gestor público – e a ninguém mais além dele – a competência para definir quais as contratações que seguem o regime diferenciado. Veja que, no caso dos Jogos Olímpicos de 2016, cabe à APO definir quais as relações jurídicas a serem submetidas aos ditames da Lei nº 12.462/11. Diante deste contexto, não surpreende que a ADI nº 4.655, proposta pela Procuradoria-Geral da República, tenha justamente questionado a quebra do princípio da legalidade, uma vez que o objeto licitado seria delimitado por ato administrativo e de forma discricionária, o que deveria ser definido pela lei, gerando uma situação jurídica de atuação vinculada – como ocorre com os demais regimes. Sendo assim, defendeu-se que não há parâmetros para identificar em quais relações jurídicas o RDC seria aplicável, porque a APO pode definir várias delas.

Para resumir

- O RDC não pode ser aplicado a outros objetos que não aqueles catalogados na lei;
- A utilização do RDC não é obrigatória.

3.1. Aplicação do RDC no tempo

A dúvida que pode surgir consiste em saber se é possível aplicar o RDC no caso de uma das obras dos eventos esportivos não serem concluídas em tempo. Isto porque o texto da lei, nestas hipóteses, é claro ao determinar um prazo fixo de vigência, enfim, um *termo final*. Em um primeiro momento, o Tribunal de Contas da União (TCU) manifestou um entendimento peremptório, no sentido de que não se poderia aplicar o RDC após os eventos desportivos mencionados no art. 1º da lei. Alegou que, depois de tais datas, as obras já teriam perdido sua razão de ser e, por consequência, o próprio objeto do diploma legal em questão já teria se esvaído.[17]

[17] TCU, Acórdão nº 1.324/2012, Pleno.

Posteriormente, a própria Corte de Contas federal reviu seu posicionamento, afirmando ser possível a continuidade dos certames que correram pelo RDC, mesmo que os eventos desportivos já tenham terminado.[18] Assim, o regime em questão não deve ser utilizado somente às parcelas da obra que forem concluídas antes dos eventos, *quando justificada a inviabilidade técnica acerca do fracionamento do objeto contratado. Neste caso, pode o RDC servir para as obras concluídas após os eventos esportivos. Em caso contrário, utilize-se a Lei nº 8.666/93 para as demais partes da obra a serem terminadas depois dos eventos esportivos.*

Veja que, neste caso, o TCU agiu bem, porque seria irrazoável licitar parte das obras em procedimento apartado, somente pelo fato de que não se conseguiu concluí-las. Permite-se, assim, que se mantenha uma uniformidade de procedimentos de seleção da melhor proposta para um mesmo objeto. Contudo, a própria Corte de Contas federal mencionou que o RDC pode ser postergado somente nas situações em que ao menos fração do empreendimento tenha efetivo proveito para a realização desses eventos esportivos. E desde que reste evidenciada a inviabilidade técnica e econômica do parcelamento das frações da empreitada a serem concluídas em momento posterior.[19]

Para resumir

- Em regra, o RDC deve ser aplicado apenas enquanto durar os eventos esportivos;
- Contudo, o TCU permitiu a aplicação da regra nas situações em que ao menos fração do empreendimento tenha efetivo proveito para a realização desses eventos esportivos e desde que reste evidenciada a inviabilidade técnica e econômica do parcelamento das frações da empreitada a serem concluídas em momento posterior;
- Essas conclusões servem somente para os objetos em que o RDC é lei temporária.

[18] TCU, Acórdão nº 1.538/2012, Pleno.

[19] Idem.

4. Incidência dos dispositivos constantes na Lei nº 12.462/11

Duas premissas devem ser compreendidas:

a) No que se refere ao **processo licitatório**, a lógica é a de que, em regra, a Lei nº 12.462/11 afasta a aplicação das disposições da Lei nº 8.666/93, com raras exceções, como, p. ex., quando a própria norma especial faz ressalva expressa. A exemplo disso, a Lei do RDC determina que se apliquem a este regime os arts. 24 e 25 da Lei nº 8.666/93, ou seja, as hipóteses de dispensa e de inexigibilidade (casos de contratação direta) – art. 35 da Lei nº 12.462/11;

b) No que se refere aos **contratos administrativos**, a lógica inverte-se, ou seja, aplicam-se, em geral, as regras da Lei nº 8.666/93, em detrimento dos dispositivos da Lei nº 12.462/11. Então, para os contratos, devem-se buscar as soluções jurídicas na lei geral de licitações, somente ressalvadas as especificidades feitas pelo RDC – art. 39 da Lei nº 12.462/11.

Sendo assim, o intérprete deve utilizar as regras hermenêuticas para dar cabo de solucionar várias questões jurídicas que, caso a caso, serão postas em cheque.

Para resumir

- *Procedimento de licitação*: em regra, aplicam-se as disposições da Lei nº 12.462/11 e, subsidiariamente, a Lei nº 8.666/93;
- *Contratos administrativos*: em regra, aplicam-se as disposições da Lei nº 8.666/93.

4.1. Escolha pelo RDC

A opção pelo *Regime Diferenciado de Contratações* consubstancia-se em um ato administrativo discricionário, ou seja, sua adoção é facultativa. Veja que bem se podem ter obras para a realização dos eventos esportivos, como a *Copa do Mundo de 2014* e a *Olimpíadas de 2016*, mas contratadas pelo regime geral de licitações (Lei nº 8.666/93). Isso porque o art. 1º, § 2º, da Lei nº 12.462/11 deixa a cargo do gestor público a opção em contratar pelo RDC ou não.

Contudo, não se duvida que opção do pelo uso desta modalidade de licitação existirá apenas formalmente. Na prática, acredita-se que isso não vai ocorrer, na mesma linha do entendimento firmado pela Corte de Contas federal no que tange ao não uso do pregão e, especificamente, no que se refere à sua modalidade eletrônica. Nestas hipóteses, o TCU pune quem não usa estas modalidades. O mesmo entendimento poderá ser aplicado no que se refere ao RDC.

Perceba que o administrador público deve externar a pertinente justificativa quando não opta por esta modalidade licitatória, de acordo com a determinação constante no art. 4º, inciso I, do Decreto federal nº 7.581/11.[20] Assim como disposto, o decreto federal faz crer que exista certa **preferência** pelo uso do RDC em relação aos demais regimes licitatórios. Enfim, ao que parece e da forma como foi estruturada a referida regra, os outros regimes somente seriam utilizados caso se prove, motivadamente, que eles seriam mais vantajosos do que o regime diferenciado. Estabelece-se, então, uma espécie de "presunção de vantajosidade" ao RDC, o que, ao nosso juízo, é de discutível legalidade.

Pragmaticamente, esta exigência é de difícil concretização, uma vez que, mesmo diante de pareceres e estudos técnicos que possam dar uma fundamentação mais sólida à opção feita pelo gestor estatal, ainda assim estar-se-á frente a uma escolha com alto grau de subjetivismo. Além disso, os mencionados pareceres e estudos fatalmente comprometerão a celeridade do procedimento, embebendo-o em um burocratismo sem precedentes.

Veja que, mesmo justificativas que apontem para uma maior "vantajosidade" do RDC, ainda assim não estariam imunes a inúmeros questionamentos. Sendo assim, considera-se que a exigência formulada no decreto em questão não se mostra pragmática.

Para resumir

- A opção pelo RDC é uma decisão *discricionária*.
- O Decreto nº 7.581/11 (art. 4º, inciso I) determina que o gestor deva externar a pertinente justificativa, quando não venha a optar pelo RDC. No caso, deverá fazer prova de que exista uma maior **vantagem** quando não se utiliza o RDC.

[20] Aliás, pelo *princípio da motivação dos atos administrativos*, mesmo que ausente disposição expressa neste sentido, far-se-ia necessária a fundamentação pela adoção ou não do RDC.

5. Objetivos do RDC

Segundo o §1º do art. 1º da Lei nº 12.462/11, este modelo licitatório tem por metas estabelecer:

a) ampliar a eficiência nas contratações públicas e a competitividade entre os licitantes;

b) promover a troca de experiências e tecnologias em busca da melhor relação entre custos e benefícios para o setor público;

c) incentivar a inovação tecnológica; e

d) assegurar tratamento isonômico entre os licitantes e a seleção da proposta mais vantajosa para a administração pública.

Destaca-se que o rol mencionado apresenta alguns termos muito peculiares, inseridos no texto da lei do RDC, que fazem com que se tenham certos câmbios de temática em relação à lei geral. Apesar disto, a lista de objetivos não se desvia, em muito, daquilo que já era previsto na Lei nº 8.666/93.

Pode-se dizer, por oportuno, que tais finalidades estabelecem padrões de conduta ao administrador público. Então, a cada licitação deve-se perceber se estes objetivos foram alcançados.

Uma mudança interessante e perceptível impõe que as **opções feitas pelo administrador público**, no âmbito do RDC, **devam ser muito mais justificadas**, porque a lei utilizou de termos fluidos ou conferiu mais margem de liberdade à gestão pública do certame. Perceba que a Lei nº 8.666/93 já fazia a maioria das alternativas, deixando pouca margem a opções administrativas. E isso pode ser visto, p. ex., a partir da necessidade de que, hoje, tenha-se uma fase interna muito mais complexa no âmbito do RDC do que em outro certame. Aqui, o gestor deverá fazer opções, enfim, expor-se.

De outro lado, podemos dizer que o RDC traz como objetivo a busca pela "proposta mais vantajosa", e não a percepção de que a licitação deve ter por meta alcançar "melhor proposta". Assim, visa-se à contratação que gere mais vantagens ao Poder Público.

No que se refere à **isonomia**, pode-se dizer que a licitação não visa a parametrizar os licitantes, mas, ao contrário, a discriminar. No entanto, esta diferenciação intenciona garantir que os interessados participem do certame em iguais condições. Quem pode participar do certame deve poder competir com os demais em igual medida.

Destaca-se, por oportuno, que há tempos que esta isonomia não tem sido levada a cabo em uma perspectiva meramente formal. Ao contrário. Inúmeras reformas na legislação influíram para que se tratasse de forma desigual os desiguais, em verdadeira *isonomia material*. Exemplos não faltam: as margens de preferência do art. 3º, §§ 5º e seguintes, ou do art. 44 da Lei Complementar nº 123/06.

Para resumir

- A Lei nº 12.462/11, no que se refere aos objetivos dos certames públicos, modificou alguns pontos em relação àquilo que já era previsto na Lei nº 8.666/93;
- O RDC utilizou termos mais abstratos em seu texto, o que impõe ao administrador público a necessidade de expor uma maior justificativa nas decisões por ele tomadas.

6. Diretrizes do RDC

Interessante notar que art. 4º da Lei nº 12.462/11 procurou estabelecer padrões a esta modalidade licitatória. Enquanto o **art. 1º, § 1º**, dispôs acerca dos **objetivos**, ou melhor, dos fins a serem alcançados, e o **art. 3º** tratou dos **princípios administrativos** a serem respeitados. Coube ao **art. 4º** fixar padrões de conduta, enfim, **diretrizes** que devem ser contempladas a cada licitação. A lista é longa e abrangente. Confira:

> Art. 4º Nas licitações e contratos de que trata esta Lei serão observadas as seguintes diretrizes:
>
> I – padronização do objeto da contratação relativamente às especificações técnicas e de desempenho e, quando for o caso, às condições de manutenção, assistência técnica e de garantia oferecidas;
>
> II – padronização de instrumentos convocatórios e minutas de contratos, previamente aprovados pelo órgão jurídico competente;
>
> III – busca da maior vantagem para a administração pública, considerando custos e benefícios, diretos e indiretos, de natureza econômica, social ou ambiental, inclusive os relativos à manutenção, ao desfazimento de bens e resíduos, ao índice de depreciação econômica e a outros fatores de igual relevância;
>
> IV – condições de aquisição, de seguros, de garantias e de pagamento compatíveis com as condições do setor privado, inclusive mediante pagamento de remuneração variável conforme desempenho, na forma do art. 10;
>
> V – utilização, sempre que possível, nas planilhas de custos constantes das propostas oferecidas pelos licitantes, de mão de obra, materiais, tecnologias e matérias-primas existentes no local da execução, conservação e operação do bem, serviço ou obra, desde que não se produzam prejuízos à eficiência na execução do respectivo objeto e que seja respeitado o limite do orçamento estimado para a contratação; e
>
> VI – parcelamento do objeto, visando à ampla participação de licitantes, sem perda de economia de escala.
>
> § 1º As contratações realizadas com base no RDC devem respeitar, especialmente, as normas relativas à:
>
> I – disposição final ambientalmente adequada dos resíduos sólidos gerados pelas obras contratadas;

II – mitigação por condicionantes e compensação ambiental, que serão definidas no procedimento de licenciamento ambiental;

III – utilização de produtos, equipamentos e serviços que, comprovadamente, reduzam o consumo de energia e recursos naturais;

IV – avaliação de impactos de vizinhança, na forma da legislação urbanística;

V – proteção do patrimônio cultural, histórico, arqueológico e imaterial, inclusive por meio da avaliação do impacto direto ou indireto causado pelas obras contratadas; e

VI – acessibilidade para o uso por pessoas com deficiência ou com mobilidade reduzida.

§ 2º O impacto negativo sobre os bens do patrimônio cultural, histórico, arqueológico e imaterial tombados deverá ser compensado por meio de medidas determinadas pela autoridade responsável, na forma da legislação aplicável.

Desse rol, relevante notar a preocupação do RDC em maximizar a economicidade do processo, adotando-se, assim, a padronização do procedimento. Logo, quando possível, torna-se importantíssimo que seja uniforme a atuação da Administração Pública, tributando-se, pois, maior valor à segurança jurídica. Cumpre-se, assim, com a meta de efetivar ao máximo a padronização das condições de manutenção, de assistência técnica e de garantia oferecidas (inciso I do art. 4º), assim como dos instrumentos convocatórios e minutas de contratos (inciso II).

A **padronização** tem por meta **reduzir** a **duração** dos procedimentos de contratação, bem como os **custos** deles. Então, a criação de um catálogo eletrônico de padronização de compras, serviços e obras a serem contratados e adquiridos pelo Poder Público torna-se claramente uma ferramenta essencial neste sentido. Além disso, a adoção de um padrão nas compras permite com que os procedimentos licitatórios tornem-se mais transparentes, bem como menos complexos do ponto de vista burocrático. A própria entidade contratante pode bem ter condições mais objetivas no sentido de selecionar a melhor proposta. Sem contar que se aufere, de quebra, certa redução do custo do procedimento.[21]

Nos editais-padrão, há de se ter uma **análise prévia da advocacia pública** (art. 4º, inciso II). A dúvida que se forma consiste em saber se haveria a necessidade de nova análise no limiar do procedimento, na linha do que dispõe o art. 38, parágrafo único, da Lei nº 8.666/93? Entendemos que não se pode dispensar tal providência, ou seja, são duas análises diferentes. Logo, dever-se-ia ter nova avaliação, porque se analisaria, agora, o procedimento em si, enfim, os atos administrativos do certame, praticados após o edital, enquanto, na primeira oportunidade, analisou-se apenas o edital.

---

[21] O *catálogo eletrônico de padronização* pode ser conferido, em âmbito federal, nos arts. 109 e 110 do Decreto nº 7.581/11.

Deve-se dizer que há uma tendência em se tentar criar um *cadastro nacional de padronização*, a fim de facilitar e agilizar as licitações. Isto seria muito útil no caso de entes públicos que nunca tenham licitado aquele objeto. Este depósito de informações seria uma fonte muito profícua no auxilio desta licitação.

Por conseguinte, o próprio inciso IV autoriza trazer, ao bojo do setor público, boas práticas vivenciadas no setor privado, como a contratação de seguros e de pagamento nos mesmos moldes inseridos no Segundo Setor (mercado), inclusive mediante quitação pela via da remuneração variável conforme desempenho. Já o inciso V procura disseminar uma prática importante: a possibilidade de, ao máximo, valorizar-se a economia local, contratando-se mão de obra, tecnologias e matéria-prima da região em que se efetivará a obra. Assim, a licitação acaba por ser também um instituto indutor do desenvolvimento econômico.

Outro dispositivo interessante é o inciso VI do art. 4°, o qual determina que, sempre que não se tenha a perda de economia de escala, seja parcelado o objeto licitado. Esta prática, já disseminada, p. ex., no art. 23 da Lei n° 8.666/93, ganha, no RDC, um novo paradigma, porque, agora, passa à categoria preferencial, ou seja, o parcelamento é imperioso, sempre que dele não derivem efeitos deletérios. Logo, as obras, serviços e compras efetuadas pela administração devem ser divididas em tantas parcelas quantas se comprovarem técnica e economicamente viáveis, procedendo-se à licitação com vistas ao melhor aproveitamento dos recursos disponíveis no mercado e à ampliação da competitividade, sem perda da economia de escala (§ 1° do art. 23 da Lei n° 8.666/93).[22]

A opção do legislador visa a permitir uma maior participação dos concorrentes, fato que minimiza substancialmente o acerto de preços entre os poucos concorrentes, bem como potencializa (ainda que em tese) a obtenção de propostas mais vantajosas, dada a maior participação de interessados. Sendo assim, se esta opção é *preferencial*, caso não adotada pelo administrador público, este fica obrigado a lançar mão de efetiva justificativa.[23] O RDC traz uma novidade importante, que é o *parcelamento quantitativo do objeto*. Ex. no caso de se estar diante de dois

---

[22] TCU, Acórdão n° 2.641/2007.

[23] A ampliação da disputa sempre foi um critério hermenêutico importante em matéria de licitações. Logo, as regras que disciplinam estes certames públicos devem, ao máximo, serem interpretadas em favor de uma maior participação dos interessados. E essa premissa é prevista expressamente no art. 4°, do Decreto federal n° 3.555/00, e no art. 5°, parágrafo único, do Decreto federal n° 5.040/05, ambos os diplomas regulamentadores do *pregão*.

mil objetos a serem contratados, pode uma empresa somente fornecer setecentos, desde que não haja perda de economia de escala.

A perda da economia de escala consiste no fato de que, quando se fornece uma maior quantidade, o preço diminui se comparado à hipótese de ser contratada uma quantidade menor. Em termos simples: tende-se a conseguir um preço mais barato quando se contratam dois mil objetos em vez de vinte. Então, no caso de fornecer um menor montante, deve-se provar que, mesmo que fornecesse mais, ainda assim o preço seria o mesmo.

O Tribunal de Contas da União[24] já se pronunciou sobre o tema, adotando o seguinte critério: "É obrigatória a admissão da adjudicação por item e não por preço global, nos editais das licitações para a contratação de obras, serviços, compras e alienações, cujo objeto seja divisível, desde que não haja prejuízo para o conjunto ou complexo ou perda de economia de escala, tendo em vista o objetivo de propiciar a ampla participação de licitantes que, embora não dispondo de capacidade para a execução, fornecimento ou aquisição da totalidade do objeto, possam fazê-lo com relação a itens ou unidades autônomas, devendo as exigências de habilitação adequar-se a essa divisibilidade.".

Assim, em regra, a licitação deve ser feita por itens, especialmente quando não se perceber os prejuízos já indicados. Imagine que o Poder Público pretenda adquirir uma tonelada de arroz. No caso, um fornecedor comparece ao certame pleiteando entregar cinquenta quilos. Nesta situação, poderiam advir vários prejuízos, estando o ente estatal apto a fixar quantitativos mínimos de fornecimento, a serem dispostos no edital.

Ainda, podemos destacar que a enumeração feita pelo § 1º do art. 4º tem por foco apenas as contratações, e não o procedimento licitatório em si. Então, estas diretrizes devem ser agregadas ao manancial de dispositivos da Lei nº 8.666/93, na parte em que disciplina os contratos feitos pela Administração Pública, sendo este o catálogo reitor que compõe a disciplina normativa dos contratos derivados do RDC.

Ademais, a preocupação do § 2º mostra-se ainda mais interessante, na medida em que serve para implementar uma política de proteção ao patrimônio cultural, histórico, arqueológico e imaterial tombados, exigindo medidas de compensação, caso se perceba um *deficit* neste sentido. A regra em questão vem ao encontro das diretrizes da política nacional de proteção ao patrimônio histórico, cultural, arqueológico, etc., constantes na Constituição Federal de 1988 – Seção II do Capítulo III

[24] TCU, Súmula nº 247.

do Título VIII. Aliás, esta tarefa compete a todos os entes federados (art. 24, inciso VII, da CF/88), sendo o referido § 2º uma ferramenta importante neste sentido.

Para resumir

- Maximizar a *economicidade,* a *padronização* e a *uniformidade* do processo licitatório;
- Valoriza-se o padrão gerencial de gestão pública;
- Privilegia-se, sempre que não haja perda de economia de escala, o parcelamento do objeto licitado;
- O RDC deve promover políticas relativas à proteção do patrimônio cultural, histórico, arqueológico e imaterial tombados.

7. Princípios

Assim como fez a Lei nº 8.666/93, o RDC escancarou em seu texto a necessidade de se respeitar vários princípios administrativos. Estas premissas geram um p**adrão de conduta a todo o procedimento**, viabilizando a correta aplicação da norma. São importantes **fontes hermenêuticas** à solução de questões aventadas, especialmente quando da aplicação do regime jurídico de seleção e contratação em pauta.

Confira a lista do art. 3º: As licitações e contratações realizadas em conformidade com o RDC deverão observar os princípios do(a):

- legalidade;
- impessoalidade;
- moralidade;
- igualdade;
- publicidade;
- eficiência;
- probidade administrativa;
- economicidade,
- desenvolvimento nacional sustentável;
- vinculação ao instrumento convocatório;
- julgamento objetivo.

Em verdade, tal regra destoa muito pouco do art. 3º da Lei nº 8.666/93. O que podemos notar, p. ex., é que o **desenvolvimento nacional sustentável**, para a lei geral, é considerado como um **objetivo**, enquanto que, para o RDC, é inserido na categoria dos **princípios jurídico-administrativos**, não sendo considerado um objetivo, como o é na lei geral. Além disso, são inseridos dois novos princípios: o da eficiência e o da economicidade.

Os certames, também no RDC, devem ser pautados pelos padrões de **sustentabilidade**, ou seja, pela promoção de um ambiente sadio às gerações futuras, que ganham a titularidade deste. Assim, o RDC deve demonstrar que a administração pública saiba dos custos econômicos, sociais e ambientais das contratações estabelecidas.

A cautela que deve ser tomada, neste aspecto, consiste no fato de que a licitação sustentável não deve restringir completamente o certame, ou permitir o direcionamento a um determinado concorrente. Neste sentido, torna-se útil a alocação de requisitos ambientais, em vez de definir o ciclo de produção do produto, p. ex. A variável ambiental deve poder ser mensurada matematicamente, não se podendo afastar o julgamento objetivo.[25]

Procura-se, assim, a utilização de mão de obra e material local, indo ao encontro da sustentabilidade, porque a contratação de insumos locais visa a proteger as economias regionalizadas. É norma que tem por meta fomentar os mercados dos locais em que serão construídas as obras, prestados os serviços, etc.

Por tudo isso, concluímos que a licitação **deixa de ser uma atividade-meio do Estado**, para ser considerada uma **função do Estado**, servindo para atingir os fins constitucionalmente definidos. Logo, a licitação acaba por se tornar uma **atividade-fim** do Poder Público, ou seja, como mais o mister à proteção do meio ambiente, ao desenvolvimento nacional sustentável, à troca de tecnologias, etc.

Já a **vinculação ao instrumento convocatório** determina que a Administração Pública e o interessado cumpram e respeitem as disposições constantes no edital, sendo ele, como se sabe, "a lei do certame". Esta vinculatividade se dá com **a entrega da proposta**, e não com o escoamento do prazo para impugnar o edital.

O certame deve, de antemão, ou seja, já no instrumento convocatório, estabelecer os critérios para o julgamento das propostas. Estes parâmetros devem ser **objetivos**, ou seja, não podem ser genéricos ou dúbios. O critério objetivo pode ser definido a partir do seguinte paradigma: mesmo mudando o agente que julga o certame, ou seja, responsável por selecionar a proposta mais vantajosa, o resultado da licitação ainda assim será o mesmo. A restrição à competitividade, causada pela ausência de informações essenciais no instrumento convocatório, bem como por critérios subjetivos e genéricos é causa que enseja a **nulidade** da licitação.[26] Destaque a ser feito consiste no fato de se ter dificuldades em se aplicar este princípio ao tipo de julgamento melhor conteúdo artístico, justamente pela própria peculiaridade de tal critério, que seleciona a melhor proposta por meio de premissas subjetivas.

---

[25] A Instrução Normativa nº 01/2010, oriunda da Secretaria de Logística e Tecnologia da Informação, do Ministério do Planejamento, traz critérios de sustentabilidade ambiental.

[26] TCU, Acórdão nº 1.556/2007, Pleno.

Para resumir

- O desenvolvimento nacional sustentável é considerado princípio jurídico-administrativo no RDC, e não um objetivo da licitação, como ocorre na lei geral;
- São inseridos dois novos princípios no âmbito do regime diferenciado: o da eficiência e o da economicidade;
- A licitação acaba por se tornar também uma atividade-fim do Poder Público, e não somente uma atividade-meio.

8. Orçamento sigiloso

Este é um mecanismo muito peculiar trazida pelo RDC e que gerou todo o tipo de debates e críticas. Tal regime determina que o orçamento feito pelo Poder Público **fique reservado**, ou seja, não possa ser conhecido pelos interessados e pelo público em geral **até o encerramento da licitação** – art. 6º da Lei nº 12.462/11. Eis o que se denominou de "orçamento sigiloso". Já a Lei nº 8.666/93 (art. 7º, § 2º, inciso II) justamente determina uma providência contrária, qual seja, que, com fundamento no princípio da publicidade, os custos estimados para a contratação devem ser conhecidos dos interessados desde a publicação do edital. Desta forma, para a lei geral, não se poderia admitir o orçamento sigiloso.

Ainda na fase interna, a Administração Pública procura, com base em dados mercadológicos, estimar o custo do objeto da licitação, a fim de evitar propostas incompatíveis (muito mais vultosas do que as despesas calculadas), ou propostas de valor muito baixo e, portanto, inexequíveis.[27] Assim, neste caso, estima-se o valor máximo que pode ser contratado. No caso do RDC, a estimativa será feita, mas não será revelada senão **imediatamente depois de terminada a licitação**[28] – art. 6º, *caput*, da Lei nº 12.462/11.

ANÁLISE CRÍTICA

O art. 9º, do Decreto federal nº 7.581/11, definiu que **a licitação será encerrada quando da *adjudicação* do objeto ao vencedor**. Contudo, assim como posto, percebem-se, de plano, problemas. Entendemos que o orçamento deverá ser revelado ainda *antes*. Veja que a fase de negociações ficaria seriamente prejudicada, caso não se soubessem quais são os parâmetros financeiros exigidos pela administração

[27] O Decreto federal nº 7.983/13 estabelece regras e critérios para elaboração do orçamento de referência de obras e serviços de engenharia, contratados e executados com recursos dos orçamentos da União.

[28] Mas é importante ter por percepção que o sigilo, no RDC, não abrange a rubrica orçamentária.

pública. Da mesma forma, o licitante que teve sua proposta desclassificada, porque esta sobeja o valor orçado, deve ter conhecimento desta situação, ou seja, em quanto superou o orçamento, o que se impõe, por mais este argumento, que o orçamento seja revelado ainda antes. Aliás, nem sequer se conseguiria recorrer desta decisão, tendo em vista que a estimativa de custos permaneceria sigilosa. Tais realidades violam o *princípio da motivação*, especialmente em se tratando de atos administrativos ablativos – tudo em consonância ao que dispõe o art. 50, da Lei nº 9.784/99. Sendo assim, deve-se compreender que, na prática, o orçamento deverá ser revelado antes, e não quando do encerramento da licitação.

A explicação lógica para esta vedação de acesso ao orçamento reside no fato de que, potencialmente, consegue-se evitar que uma empresa, que forneceria o produto ou serviço por preço bem aquém do orçamento, mas exequível, vendo o valor orçado pelo ente estatal, aumentasse conscientemente o valor da sua proposta, aproximando-se àquele patamar orçado. Logo, intenta-se que as propostas permaneçam na órbita daquelas praticadas no mercado. Destaca que a disputa econômica é sempre salutar.

Na competição estabelecida no mercado,[29] as propostas sofrem variações de toda a ordem, sendo marcadas, no mais das vezes, pela sigilosidade de certos dados. Veja que, caso um dos produtos seja oferecido à venda por um valor "x", em regra, no mínimo se conseguirá este limite, porque os lances serão formulados bem abaixo de "x", mesmo se que tivesse pessoas dispostas a pagar mais do que aquele limite fixado.

A dúvida que se tem reside em se saber se há a presença real da efetividade deste sigilo em obras complexas, porque se teria dificuldade de identificar o valor efetivo que o mercado cobraria para executar o objeto da licitação. E não precisamos ir longe: quanto custaria a construção de um estádio de futebol? Esta pergunta é de difícil resposta, dado que cada qual possui a sua complexidade. Nem mesmo as empresas que atuam neste ramo em específico conseguem prever com exatidão o valor global dos gastos e, claro, o custo de mercado do referido empreendimento.

O TCU, ainda em 2014, enfrentou a questão. Na ocasião, entendeu que, para estimar o valor de obras mais complexas (no caso, tratava-se de obras portuárias e aeroportuárias), as quais, no mais das vezes, não possuem referências oficiais de preços, tanto a Administração quanto

[29] Especialmente no âmbito do *marketshare*.

os licitantes produzem estudos e pesquisas, que podem resultar em preços maiores ou menores que os do edital, conforme a avaliação subjetiva dos encargos pelos licitantes. Assim, concluiu que o sigilo do orçamento base não tinha caráter obrigatório. Dessa forma, recomendou à INFRAERO que avaliasse a vantagem, em termos de celeridade, de realizar procedimentos com preço fechado em obras mais complexas, com prazo muito exíguo para conclusão e cuja parcela relevante dos serviços a serem executados não possuísse referência explícita no SINAPI/SICRO. Em resumo, a partir da referida decisão da corte de contas federal, concluiu que, em obras mais complexas, com ausência de referências oficiais de preços, **não são obrigatórios o orçamento base sigiloso e a contratação integrada.**[30]

Além disso, pode-se debater que o sigilo deliberado pela lei violaria os princípios da publicidade e da transparência.[31] Quanto a este último argumento, cabe lembrar que a aplicação dos princípios é relativa, ou seja, casuística. Significa dizer que será o postulado da ponderação quem ditará a prevalência de um sobre o outro. Não se percebe, diante de uma hermenêutica principiológica, um caráter absoluto na aplicação destas categorias jurídicas, o que se denominou – em um famoso bordão – da vedação sem e ter uma "regra do tudo ou nada". Assim, não necessariamente ter-se-á a aplicação diuturna e absoluta do princípio da publicidade, porque, em certos casos, ele pode ser minimizado,[32] o que bem pode ocorrer diante do orçamento sigiloso.

Veja que o orçamento existirá previamente ao procedimento licitatório, e permanecerá existindo durante ele, **podendo os órgãos de controle ter pleno acesso a esta estimativa** (art. 6º, § 3º). Além disso, ele será publicizado ao final, momento em que se tomará ciência dele. Sendo assim, não se está diante de um verdadeiro "sigilo", porque se impõe apenas a *restrição subjetiva e temporal* à veiculação do orçamento ao público.

ANÁLISE CRÍTICA

Aliás, a utilização da técnica do sigilo do orçamento é produto de uma má-qualidade dos orçamentos feitos pela Administração Pública. Veja que, se fosse percebido que as estimativas de custos e de valores refletissem um valor mercadológico razoável, certamente as propostas

[30] Tudo pode ser conferido a partir do TCU, Acórdão nº 1.541/2014, Pleno.

[31] Esse último qualificado fortemente pela edição da Lei nº 12.527/11 (Lei de Acesso à Informação).

[32] Basta ver a própria ressalva feita pela parte final do inciso XXXIII do art. 5º da Constituição Federal de 1988.

girariam em torno deste patamar, franqueando ao gestor público não homologar propostas inexequíveis.[33] Contudo, a realidade mostrou que nem sempre se consegue um orçamento qualitativo, o que, de certa forma, serviu de impulso ao legislador para a disciplina do sigilo da estimativa de custos até o julgamento das propostas. Sendo assim, no nosso sentir, a melhor solução seria a formatação de orçamentos reais e qualitativos. Contudo, a opção do legislador procura contornar o tema.

Essa nossa crítica acabou se confirmando logo nos primeiros editais advindos de procedimentos do RDC, analisados pelo TCU. Percebeu-se, na prática, que a própria sigilosidade do orçamento poderia gerar propostas inexequíveis – pautadas a partir de valores impraticáveis (especialmente diante de objetos licitatórios por deveras complexos) –, como propostas vultosas, ou seja, superfaturadas. Sendo assim, a Corte de Contas decidiu que o sigilo do orçamento não é obrigatório (não é a regra), mesmo nos casos em que ele é passível de ser aplicado.[34] Então, a opção por orçamento aberto ou fechado em licitação regida pelo RDC insere-se na esfera de discricionariedade do gestor.[35]

Aliás, os critérios legais que pautam a exequibilidade das propostas, previstos na Lei nº 8.666/93, art. 48), nunca foram vistos de maneira absoluta, mas sim, de forma relativa. Perceba que, como visto, um dos objetivos da licitação consiste em selecionar a proposta mais vantajosa à Administração Pública, de maneira que a inexequibilidade prevista no mencionado art. 48 da *Lei de Licitações e Contratos Administrativos* não pode ser avaliada de forma absoluta e rígida. Ao contrário, deve ser examinada em cada caso, averiguando-se se a proposta apresentada, embora enquadrada em alguma das hipóteses de inexequibilidade, pode ser, concretamente, executada pelo proponente. Logo, a presunção de inexequibilidade deve ser considerada **relativa**, podendo ser afastada, por meio da demonstração, pelo licitante que apresenta a proposta, de que esta é de valor reduzido, mas exequível.[36]

---

[33] TCU, Acórdão 1.510/2013, Pleno. Aqui se decidiu que o orçamento deve ser o mais detalhado possível, adaptado às peculiaridades de cada objeto licitado. Para tanto, estimativas paramétricas e avaliações que se aproximam e se baseiam em outras contratações feitas pela Administração Pública sempre são relevantes à espécie.

[34] TCU, Acórdão nº 3.011/2012, Pleno.

[35] Aliás, o próprio TCU fez uma importante ressalva: a adoção do orçamento fechado, em obras com parcela relevante dos serviços sem referências de preços nos sistemas *Sicro* ou *Sinapi*, tende a elevar o risco de retardo na conclusão do empreendimento (Idem).

[36] "[...] 3. Nesse contexto, a proposta inferior a 70% do valor orçado pela Administração Pública (art. 48, § 1º, b, da Lei 8.666/93) pode ser considerada exequível, se houver comprovação de que o proponente pode realizar o objeto da licitação. Nas palavras de Marçal Justen Filho, 'como é vedado licitação de preço-base, não pode admitir-se que 70% do preço orçado seja o limite absoluto

A Corte de Contas, portanto, acabou, de certa forma, por definir que a vedação de acesso à estimativa de custos não é um ato administrativo vinculado, mas sim, discricionário. Deve o gestor público, por conseguinte e, sobretudo, perceber, a partir das circunstâncias fáticas, quando é possível estabelecer a sigilosidade do orçamento, ou seja, quando a adoção desta prática será indutora a uma proposta mais vantajosa. Perceba com nitidez que a discricionariedade avém dos julgados do mencionado órgão de controle, mas não é o que dá a entender o texto da lei.

ANÁLISE CRÍTICA

Contudo, o RDC, ao que nos parece, tinha por meta uma disposição em sentido oposto, ou seja, que o orçamento sigiloso não fosse uma opção, mas sim, uma obrigatoriedade. Neste caso, o gestor sempre poderia contornar esta situação, ao optar pelo tipo *menor desconto* – que não exige, como visto, o sigilo –, porque esta modalidade licitatória somente se difere do *menor preço* na maneira de apresentação das ofertas. Na primeira, o lance será confeccionado em um percentual sobre o valor orçado, enquanto que na segunda modalidade, a proposta se baseia em um valor estimado ao objeto a ser contratado, sendo que vencerá aquele interessado que ofertar o menor montante.

Ademais, recentemente o TCU[37] decidiu que é possível a abertura do sigilo do orçamento na fase de negociação de preços com o primeiro

---

de validade das propostas. Tem de reputar-se, também por isso, que o licitante cuja proposta for inferior ao limite do § 1º disporá da faculdade de provar à Administração que dispõe de condições materiais para executar sua proposta. Haverá uma inversão do ônus da prova, no sentido de que se presume inexeqüível a proposta de valor inferior, cabendo ao licitante o encargo de provar o oposto' (in Comentários à Lei de Licitações e Contratos Administrativos, 12ª ed., São Paulo: Dialética, 2008, p. 610). 4. Na hipótese dos autos, conforme se pode constatar na r. sentença e no v. acórdão recorrido, houve demonstração por parte da empresa classificada em primeiro lugar (...) e por parte do MUNICÍPIO DE RIBEIRÃO PRETO de que a proposta apresentada por aquela era viável e exequível, embora em valor inferior ao orçado pela Administração. Conforme informações apresentadas pelo ora recorrido, a vencedora do certame demonstrou que seu preço não é deficitário (o preço ofertado cobre o seu custo), tendo inclusive comprovado uma margem de lucratividade. Além disso, a empresa vencedora vem prestando devidamente o serviço contratado, o que demonstra a viabilidade da proposta por ela apresentada durante o procedimento licitatório (fls. 92/109, 170/172, 195/200 e 257/261). Assim, considerando que as instâncias ordinárias, com base na interpretação do contexto fático-probatório dos autos, entenderam que houve a devida comprovação da viabilidade da proposta apresentada pela empresa classificada em primeiro lugar, não há como elidir a referida conclusão, sob pena de incorrer-se no óbice da Súmula 7/STJ. 5. O Superior Tribunal de Justiça, no julgamento do RMS 11.044/RJ, de relatoria do Ministro Humberto Gomes de Barros (1ª Turma, DJ de 4.6.2001), consagrou entendimento no sentido de que, 'se a licitante vitoriosa cumpriu integralmente o contrato objeto de licitação, afasta-se logicamente a imputação de que sua proposta era inexeqüível'. 6. Recurso especial desprovido." (STJ, REsp 965.839-SP, Rel. Min. Denise Arruda, 1ª Turma, j. 15/12/2009).

[37] TCU, Acórdão nº 306/2013, Pleno.

colocado (art. 26 da Lei nº 12.462/11), desde que em ato público e devidamente justificado. Veja que, neste caso, quando se define o primeiro colocado – ou seja, seleciona-se a proposta mais vantajosa – o RDC permite que o Poder Público inicie as negociações com este licitante. Neste momento, a Corte de Contas federal permitiu que o orçamento fosse aberto como um parâmetro ou uma fonte de barganha nas negociações a serem estabelecidas.

Destaca-se, por oportuno, que o sigilo do orçamento não é medida de todo inédita, uma vez que já era dispensada a publicidade da estimativa de custos no procedimento do Pregão, porque a Lei nº 10.520/02 não obrigou esta providência, como fez os art. 7º, § 2º, II, e art. 40, § 2º, I e II, todos da Lei nº 8.666/93. Aliás, o próprio TCU já dispensava esta exigência.[38]

Dessa forma, como dito, a sigilosidade do orçamento não necessariamente pode ser considerada uma "novidade". Aliado a esta premissa, compreende-se, assim, que eventual discussão sobre a ilegalidade ou sobre a inconstitucionalidade desta vedação já foi superada quando do debate acerca da necessidade de se ter estimativa de custos no pregão.

ANÁLISE CRÍTICA

Na prática, entendemos salutar que o orçamento sigiloso fique em **expediente apenso**, e não *dentro* do caderno administrativo, porque, a todo o momento em que se forneça carga do expediente principal – referente à licitação – ou se o envie e outro local externo ao órgão onde corre o certame, os documentos a que se quer dar sigilo teriam de ser retirados. Então, pragmaticamente, esta seria uma providência interessante.

Claro que a **vedação de acesso não é utilizada para todos os tipos de licitação do RDC.** Alguns critérios de seleção da melhor proposta são incompatíveis com o sigilo. E um exemplo disto é o critério **melhor conteúdo artístico** (art. 21, da Lei nº 12.462/11). Neste caso, a estimativa não poderia ser sigilosa, porque justamente os participantes devem saber qual será o seu prêmio, caso se logrem vencedores. Dessa forma, aqui, mostra-se inócua a vedação acesso.[39]

[38] TCU, Acórdão nº 392/2011, Pleno; TCU, Acórdão nº 2.080/2012, Pleno. No TCU, Acórdão nº 1.312/2009, Pleno, permitiu-se que se tivesse a presença de orçamento sigiloso nas contratações feitas com o *Banco Internacional para a Reconstrução e Desenvolvimento (BIRD) – Banco Mundial.*

[39] Tudo conforme §§ 1º e 2º do art. 6º da Lei nº 12.462/11.

Outra exceção ocorre quando se adota o critério do **menor desconto** (art. 19). No caso, não se mostra viável que o Poder Público dê sigilo à estimativa de custo, quando os descontos são apresentados justamente a partir deste parâmetro. No caso, não se teria como dar uma maior ou menor subtração no valor do bem, quando justamente não se sabe onde começa valor-base para esta maior ou menor diminuição.

Então, consideramos que a sigilosidade do orçamento deve ser aplicada com muita parcimônia, sendo uma opção discricionária da Administração Pública. Além de ser incompatível com alguns critérios de seleção de melhor proposta.

Em verdade, também não se terá como ter sigilo naqueles dados que estão vinculados à formulação das propostas. Estas informações não podem ser sonegadas, sob a justificativa de que o orçamento é sigiloso, sob pena de comprometer os próprios princípios licitatórios, enfim, a essência dos certames públicos. Essa, sem sombra de dúvidas, será uma premissa importante e um paradigma no que tange ao orçamento sigiloso.

Para resumir

- O RDC determina que o orçamento feito pelo poder Público não possa ser conhecido pelos interessados e pelo público em geral até o encerramento da licitação, salvo quando se adotar como critério de julgamento o melhor conteúdo artístico ou menor desconto;
- Os órgãos de controle devem ter pleno acesso a esta estimativa, ou seja, tal documento não é sigiloso para eles;
- O TCU vem relativizando as regras relativas à sigilosidade do orçamento, permitindo, p. ex., sua abertura em outros momentos ou a sua não aplicação em certos casos.

9. Licitação para aquisição de bens – inovações

A **licitação que tem por objeto a aquisição de bens** e que corre pelo rito do RDC trouxe algumas novidades. A Lei nº 12.462/11, assim, inseriu algumas peculiaridades neste contexto que merecem uma análise em itens próprios.

> Art. 7º No caso de licitação para aquisição de bens, a administração pública poderá:
>
> I – indicar marca ou modelo, desde que formalmente justificado, nas seguintes hipóteses:
>
> a) em decorrência da necessidade de padronização do objeto;
>
> b) quando determinada marca ou modelo comercializado por mais de um fornecedor for a única capaz de atender às necessidades da entidade contratante; ou
>
> c) quando a descrição do objeto a ser licitado puder ser mais bem compreendida pela identificação de determinada marca ou modelo aptos a servir como referência, situação em que será obrigatório o acréscimo da expressão "ou similar ou de melhor qualidade";
>
> II – exigir amostra do bem no procedimento de pré-qualificação, na fase de julgamento das propostas ou de lances, desde que justificada a necessidade da sua apresentação;
>
> III – solicitar a certificação da qualidade do produto ou do processo de fabricação, inclusive sob o aspecto ambiental, por qualquer instituição oficial competente ou por entidade credenciada; e
>
> IV – solicitar, motivadamente, carta de solidariedade emitida pelo fabricante, que assegure a execução do contrato, no caso de licitante revendedor ou distribuidor.

As alterações trazidas pela RDC visam a trazer maior garantia e eficácia nas aquisições realizadas pela Administração.[40]

9.1. Exigência de indicação de marca ou modelo

O artigo 3º, § 1º, inciso I, da **Lei nº 8.666/93**, preceitua que é vedado à Administração Pública inserir qualquer norma ou conduta que

---

[40] O que não pode ser olvidado é a incidência, sempre, das disposições e garantias constantes no inciso XXI do art. 37 da Constituição Federal de 1988.

possa frustrar o caráter competitivo do processo licitatório. Por isso que a adoção de marcas ou produtos similares, no âmbito da lei geral de licitações, é **medida excepcional** a ser devidamente justificada.[41]

Ao seu turno, o inciso I do art. 7º do RDC traz uma inovação importante. Enquanto a lei geral, em regra, não permite a indicação de marca, o RDC justamente balizou o procedimento autorizando a indicação dela quando **para a padronização do objeto**.[42] Logo, pode-se ter uma marca como paradigma no momento em que o objeto fornecido for o único capaz de atender às necessidades da entidade contratante. Ou quando a descrição do bem a ser licitado puder ser mais bem compreendida pela identificação de determinada marca ou modelo aptos a servir como referência, situação em que será obrigatório o acréscimo da expressão "**ou similar ou de melhor qualidade**".[43] Tal providência visa a dar vazão ao **princípio da padronização**, sem que se tenha uma fratura na isonomia entre os interessados no certame.

Há quem defenda que a indicação de marca ou de modelo somente poderia se dar no caso de aquisição de bens, mas nunca para a realização de obras ou para a contratação de serviços. Não se concorda com este entendimento, porque os mesmos argumentos para se defender a possibilidade de se indicar marca ou modelo à compra de bens podem ser veiculados para permitir esta conduta em relação aos demais tipos de contratações. Desde que, claro, aqui também sejam guarnecidos os princípios licitatórios Há serviços, p. ex., que são fornecidos por mais de um sujeito, mas mesmo assim há a necessidade de indicação de marca, desde que em nada prejudique a competição.

Vamos a um exemplo. A indicação de modelo para padronização do objeto poderia ocorrer quando o Poder Público tivesse de trocar todos os equipamentos de um setor ou o acervo de um órgão e, no caso, necessitar-se-ia manter um determinado padrão, o que não poderia ser conseguido com a compra de outros produtos. Frente a esta situação, deve-se provar, claro, que a padronização é necessária. Isto ocorre, também, quando se está diante de equipamentos que possuem

---

[41] Lei nº 8666/93, art. 7.º, § 5º: "É vedada a realização de licitação cujo objeto inclua bens e serviços sem similaridade ou de marcas, características e especificações exclusivas, salvo nos casos em que for tecnicamente justificável, ou ainda quando o fornecimento de tais materiais e serviços for feito sob o regime de administração contratada, previsto e discriminado no ato convocatório".

[42] O TCU considera que a *Lei Geral de Licitações e de Contratos* não faz previsão neste sentido, ou ela é excepcional (TCU, Acórdão nº 2.840/2012, Pleno). Muito embora esta corte já tinha se posicionado, outrora, desta forma: "A indicação de marca somente é aceitável para fins de padronização, quando o objeto possuir características e especificações exclusivas, mediante a apresentação de justificativa fundamentada em razões de ordem técnica." (TCU, Acórdão nº 62/2007, Pleno).

[43] O TCU não possui um entendimento tão ampliativo como o RDC no que se refere à indicação de marca (TCU, Acórdão nº 860/2011, Pleno).

alto valor tecnológico agregado, os quais são incompatíveis para com outras marcas dispostas no mercado. No setor militar, percebe-se esta conjuntura de maneira muito clara.

Perceba que a indicação de marca tem por escopo, em última análise, permitir a padronização e auxiliar na seleção da melhor proposta. O que não se pode é, com isto, frustrar os princípios da competitividade e da isonomia, fazendo com que o certame privilegie um ou mais fornecedores, em detrimento de outros que poderiam formular propostas similares ou melhores. Assim, um termo de referência que indique a compra de um produto da marca "X" não seria aceito, por direcionar a licitação a um único sujeito. Aliás, a possibilidade de indicação de marca, como dito, no caso de se intentar manter a padronização, já era admitida, de forma excepcional, na própria Lei nº 8.666/93, no art. 7º, § 5º.

Importante dizer que toda contratação pública possui, de maneira intrínseca, um *discrímen* ou *discrímene,* que nada mais é do que o elemento de diferenciação do objeto, ou seja, uma necessidade para a Administração delimitar o que quer contratar. Ele será considerado válido quando possuir congruência com a referida necessidade contratual real do Poder Público. O *discrímen,* então, deve ter fundamentação técnica. Imagine o caso em que a Administração Pública indique no edital determinada marca de iogurte, porque ela possui um elemento nutricional mais favorável à saúde. Neste caso, se a discriminação for proporcional, será legítima, mesmo que chegue a existência de uma determinada marca.

De outro lado, pense no caso em que somente aquela marca atende o interesse público, suprindo a necessidade administrativa. Imagine a situação em que só o cartucho daquela impressora específica possa ser alocado no equipamento. Na hipótese aventada, seria muito mais custoso trocar todas as impressoras do órgão público, do que comprar os cartuchos daquela marca específica, existindo no mercado, para tanto, vários fornecedores deste bem.

Como dito, em determinadas contratações, a marca poderá ser um parâmetro importante para dar uniformidade à contratação. Certas aquisições, como a construção de uma obra, p. ex., reclamam a compra de milhares de itens que devem ter a plena adaptação uns com os outros. Sendo assim, uma referência poderá ser importante neste aspecto.

Por fim, o art. 7º da Lei nº 12.462/11 menciona que a marca pode servir como parâmetro à aquisição de produtos ou serviços similares. Veja que, no caso, a marca é apenas um paradigma de qualidade, não se vedando que os fornecedores apresentem outras para suprir a necessidade do ente estatal. Este permissivo, aliás, já era reconhecido pelo próprio TCU.[44] No caso, segundo o dispositivo legal supramencionado, o termo de referência deve mencionar que é possível adquirir produto similar ou de melhor qualidade. Em nossa ótica, a omissão neste sentido, causa a **nulidade** do certame.

O art. 7º da Lei nº 12.462/11 sinaliza a possibilidade de indicação de marca ou modelo:

a) em decorrência da necessidade de **padronização** do objeto. Neste caso, busca-se minimizar os custos da Administração Pública com pessoal, com manutenção ou reposição de peças ou componentes, com fiscalização do contrato, etc.;

b) quando determinada marca ou modelo comercializado por mais de um fornecedor for a **única capaz de atender às necessidades** da entidade contratante; ou

c) quando a descrição do objeto a ser licitado puder ser **mais bem compreendida** pela identificação de determinada marca ou modelo aptos a servir como referência, situação em que será obrigatório o acréscimo da expressão "**ou similar ou de melhor qualidade**".

Sendo assim, considera-se que a marca pode servir de parâmetro contratual quando existe um amplo estudo técnico, anterior ao certame, e que indica que determinada padrão de produto é a melhor opção de aquisição. Não se nega, claro, que outras marcas também possam suprir a necessidade da Administração Pública, desde que deem cabo de deter as vantagens do produto destacado como referência. Ou, ainda, quando que se realiza uma licitação sem a indicação de marca e, em um segundo momento, necessita-se adquirir o mesmo produto ligado a ela.

A maior dificuldade neste contexto é dar o contorno jurídico exato à expressão "similar de melhor qualidade". O certo é que sua definição deverá ser pautada por critérios objetivos, na linha da principiologia constante no art. 3º da Lei nº 12.462/11. Em melhores termos: a presença ou não desta semelhança deve estar objetivamente definida no edital, sempre que, aberto o certame, um licitante apresenta determinada proposta de fornecer produto "similar".

Para resumir

- A indicação de marco é permitida em decorrência da necessidade de padronização do objeto; quando determinada marca ou modelo

[44] TCU, Acórdão nº 2.300/2007, Pleno. Conferir, ainda, TCU, Súmula nº 270: "Em licitações referentes a compras, inclusive de software, é possível a indicação de marca, desde que seja estritamente necessária para atender exigências de padronização e que haja prévia justificação.".

comercializado por mais de um fornecedor for a única capaz de atender às necessidades da entidade contratante; quando a descrição do objeto a ser licitado puder ser mais bem compreendida pela identificação de determinada marca ou modelo;

- Jamais a indicação de marca pode frustrar os princípios da competitividade e da isonomia – dentro outros;
- O edital deverá mencionar a expressão "ou similar ou de melhor qualidade";
- A indicação de marca vem ao encontro do princípio da padronização e do auxílio na seleção da melhor proposta.

9.2 Exigência de amostra do bem no procedimento de pré-qualificação

Outra peculiaridade consta no inciso II do art. 7º e compreende a possibilidade de se exigir **amostra do bem no procedimento de pré-qualificação**. Significa dizer que a qualidade do produto poderá ser averiguada *in loco*, materialmente, pela Administração Pública contratante.

O RDC permite a disposição das fases do certame na seguinte sequência: julgamento da proposta mais vantajosa, sendo que depois se segue para a análise da habilitação somente do concorrente vencedor da disputa. Assim, fez-se necessário que, em certos casos, a fim de evitar uma série de desclassificações posteriores, pudesse ser averiguada, em momento anterior ao julgamento das propostas, a qualidade do produto. Dessa maneira, exige-se uma amostra para identificar se o objeto atende a necessidade do Poder Público, antes de se efetivar o contrato administrativo propriamente dito.

Perceba que, tanto a Lei nº 8.666/93, como a Lei nº 10.520/02 faziam previsão expressa de que se pudesse exigir amostra, prática que foi alvo de questionamentos. Contudo, na prática, em certos casos, era salutar que assim se atuasse, o que fez com que o TCU, em muitos julgados, assim autorizasse.[45] Foi tão franca a aceitação de amostras que, mesmo no pregão eletrônico, foi permitida esta prática, desde que se realize somente após a fase de lances, e apenas do licitante mais bem classificado. Na situação em que não fosse aprovada a amostra ofere-

[45] TCU, Acórdãos nº 1.183/2009, Pleno e nº 2.739/2009, Pleno.

cida, seria chamado a permitir a prova do seu produto aquele licitante classificado em segundo lugar, e assim sucessivamente.[46]

Logo, a corte de contas federal considerou, então, que, no pregão, a exigência de amostras de todos os interessados era ilegal, sob pena de vedação da participação. Como afirmado, somente seria admitida amostra na fase de classificação das propostas, e apenas do licitante provisoriamente classificado em primeiro lugar, desde que de forma previamente disciplinada e detalhada no instrumento convocatório.[47]

Contudo, o RDC avançou a tal ponto de também a permitir a **aceitação de amostras já na pré-qualificação**. Dessa forma, pode ser feita, ao talante da do ente estatal, uma pré-qualificação onde poderiam ser exigidas amostras do produto a ser fornecido como condição para aprovação dos interessados em contratar. Claro que, para tanto, sempre deve ser garantido que a avaliação seja feita por **critérios objetivos**.

É importante que o termo de referência ou o edital apresente regras objetivas para auferir a qualidade da amostra, a fim de que se possa ou não (des)classificar o interessado. Não pode ele ficar à mercê de uma avaliação subjetiva do gestor público.[48]

ANÁLISE CRÍTICA

Nem sempre se podem perceber padrões objetivos no julgamento das amostras. Em variados casos, será impossível garantir uma seleção em patamares assim pautados. O perigo, então, justamente consiste em eleger uma dada marca como padrão de julgamento. Além disso, caso na execução do contrato se empregue produto com qualidade

---

[46] O TCU foi muito lúcido nesse aspecto: "Quanto a sopesar a celeridade que a exigência prévia de amostras de todas as licitantes possibilita em relação à ampliação da competitividade que a exigência de amostra apenas das licitantes melhores classificadas, em ordem de classificação, favorece, conforme jurisprudência do TCU, este Tribunal se decidiu por privilegiar a segunda. Nem poderia ser diferente, pois a Administração deve planejar a licitação com antecedência, de forma a atender com folga a todas as fases necessárias para sua conclusão e a não incorrer em riscos de interrupção de fornecimento, considerando a possibilidade de vir a ter que analisar as amostras de mais de uma licitante, no caso de não aprovar a amostra da primeira colocada, não havendo necessidade de procedimento célere, desde que a Administração planeje adequadamente suas licitações." (TCU, Acórdão nº 3.269/2012, Peno).

[47] TCU, Acórdãos nº 3.269/2012, Pleno; nº 1.291/2011, Pleno; nº 2.780/2011, 2ª Câmara; nº 4.278/2009, 1ª Câmara; nº 1.332/2007, Pleno; nº 3.130/2007, 1ª Câmara; nº 3.395/2007, 1ª Câmara.

[48] Uma exposição objetiva acerca dos parâmetros do termo de referência consta no art. 9º, § 2º, do Decreto federal nº 5.450/05 (que regulamenta o pregão eletrônico no âmbito federal): "O termo de referência é o documento que deverá conter elementos capazes de propiciar avaliação do custo pela administração diante de orçamento detalhado, definição dos métodos, estratégia de suprimento, valor estimado em planilhas de acordo com o preço de mercado, cronograma físico-financeiro, se for o caso, critério de aceitação do objeto, deveres do contratado e do contratante, procedimentos de fiscalização e gerenciamento do contrato, prazo de execução e sanções, de forma clara, concisa e objetiva.".

diversa, a inadimplência contratual somente será auferível se o contratante conseguir comparar o padrão de qualidade do produto utilizado com a amostra outrora colhida. Logo, haverá a necessidade de se recuperar a amostra, a qual deveria ser guardada ou, de qualquer forma, arquivadas as informações e impressões retiradas no instante de sua apreciação, permitindo a dita comparação, caso seja ela necessária.

Veja que esta amostra, segundo o próprio inciso II do art. 7º, deve ser exigida na fase de julgamento das propostas ou de lances. Sugere-se que a prova seja reclamada apenas do vencedor melhor classificado, porque, caso contrário, gerar-se-ia um ônus aos demais licitantes.

Para resumir

- O RDC permitiu a aceitação de amostras já na pré-qualificação;
- Nesse momento (da pré-qualificação), poderiam ser exigidas amostras do produto a ser fornecido como condição para aprovação dos interessados em contratar;
- Tal providência deve ser esclarecida, de antemão, no instrumento convocatório;
- Deve se ter uma avaliação por meio de critérios objetivos definidos no edital.

9.3 Exigência de certificado de qualidade do produto

No inciso III do art. 7º, percebemos a possibilidade de se exigir **certificados de qualidade do produto** do fornecedor do objeto contratado. Estes selos são aceitos no mercado e reconhecem certo padrão de qualidade de um produto ou de um serviço. Assim, o escopo do dispositivo tem por meta evitar que se contratem produtos de qualidade ruim ou duvidosa.

Há, portanto, uma tentativa de criar um marco legal importante neste sentido, porque, antes da vigência do RDC, o certificado tinha eficácia apenas em conferir maior pontuação no critério técnica, nunca como requisito de habilitação.[49] Veja que a parte final do inciso faz a ressalva no sentido de que somente podem ser exigidos certificados

[49] Em julgados mais recentes, os certificados já eram validados pela Corte de Contas federal (TCU, Acórdão nº 1.291/2011, Pleno). Anteriormente, rejeitavam-se os certificados justamente por conta de que se entendia que tal exigência não encontrava guarita nos arts. 27 a 31 da Lei nº 8.666/93 – dispositivos que listam *exaustivamente* os documentos que podem ser exigidos dos licitantes –, bem como pelo fato de que tais condições poderiam restringir a competição, até porque os ditos certificados muitas vezes são por deveras caros.

oriundos de qualquer instituição oficial competente ou de entidade credenciada.

Esses documentos **não se confundem com os atestados de aptidão**, que visam a comprovar a capacidade técnica da contratada. Os atestados a serem fornecidos devem estar listados no instrumento convocatório, **sendo que não é possível exigir mais de um atestado para a mesma aptidão.**[50]

Aliás, o RDC faz previsão da possibilidade de se exigir a dita certificação, sem, contudo, dizer quando ela poderia ser reclamada. Consideramos que o melhor momento para se condicionar a entrega dos mencionados documentos seria a fase de habilitação, caso o certificado fosse estipulado como sendo uma condição para a participação no certame. Na hipótese de se configurar um fator a ser mensurado na pontuação da técnica, cremos que ele deva ser entregue na hora da solenidade de coleta das propostas.

Para resumir

- O RDC permitiu que se pudessem exigir certificados de qualidade do objeto a ser contratado dos fornecedores. Estes selos são aceitos no mercado e reconhecem certo padrão de qualidade de um produto ou de um serviço;
- Somente podem ser exigidos certificados oriundos de qualquer instituição oficial competente ou de entidade credenciada.

9.4. Exigência de carta de solidariedade

A **carta de solidariedade** é um documento no qual o **fornecedor** do objeto contratual e o **fabricante obrigam-se a responderem solidariamente sobre o bem a ser entregue**. A adequada execução do objeto será obrigação de ambos os sujeitos mencionados e, por isso, possui um grau de eficácia diverso do credenciamento.[51]

A exigência da carta de solidariedade nunca foi aceita pelo TCU *como requisito à habilitação*,[52] sob a alegação de que ela restringiria o caráter competitivo do certame.[53] Em melhores termos, a referida exigência

[50] TCU, Acórdão nº 571/2006, 2ª Turma.

[51] TCU, Acórdão nº 1.281/2009, Pleno.

[52] O referido documento apenas era aceito como sendo um fator de maior pontuação no certame *tipo melhor técnica*.

[53] TCU, Acórdãos nº 3.018/2009, Pleno; nº 1.281/2009, Pleno; Acórdão nº 2.056/2008, Pleno; Acórdão 1.729/2008, Pleno; nº 223/2006, Pleno; entre outros. E mais recentemente: TCU, Acórdão nº 1.622/2010, Pleno. Em 2003, a Corte de Contas federal já questionava esta exigência: "Assim,

deixaria, segundo a Corte de Contas federal, ao arbítrio do fabricante a indicação de quais representantes poderão participar do processo licitatório, dado que o documento em questão pode deixar de ser fornecido a alguns deles em benefício de outros,[54] fator, se assim posto, bastante prejudicial à competitividade.

Além disso, alegava-se que o Código de Defesa do Consumidor (Lei nº 8.078/90), especialmente a partir do disposto no art. 18, já estabeleceria a responsabilidade solidária do fabricante e do fornecedor de produtos. Tal regra tornaria supérflua a dita exigência, dado que, como visto, a solidariedade já derivaria da lei.

Contudo, ignorando as decisões do TCU, o inciso IV do art. 7º cria um permissivo a se exigir o documento mencionado, gerador de **solidariedade entre o fabricante e o fornecedor do objeto contratual**, antes não previsto em lei. Assim, pode o Poder Público exigir a mencionada **carta de solidariedade**, a ser emitida pelo fabricante. Tal documento visa a assegurar a execução do contrato, no caso de se ter contratante revendedor ou distribuidor. Veja que aquele que produz o objeto a ser entregue obriga-se a garantir a qualidade do produto ou do serviço fornecido pelos intermediários (*v.g.* produtor ou distribuidor). Intenta-se conseguir, com isto, prova de que aquele que fornece os produtos possui capacidade de produção dos bens adquiridos.

ANÁLISE CRÍTICA

Como visto, a crítica que pode ser feita consiste no fato de que a exigência desta carta causaria, de forma indelével, uma restrição considerável no que se refere à competitividade. Daí porque tal condicionamento reclama uma motivação pertinente, que demonstre, de maneira objetiva, a necessidade da apresentação da carta de solidariedade. Neste ponto, considera-se que o gestor público deveria provar que o produto ou o serviço não são albergados pela proteção ofertada pelo *Código de Defesa do Consumidor* (Lei nº 8.078/90), tendo em vista que, pela via da lei, já se teria alcançado a solidariedade necessária entre o fabricante e o fornecedor.

Um motivo importante para se exigir o documento em questão liga-se ao fato de que certos produtos são essenciais à continuidade do serviço público, enfim, devem ter uma qualidade tal que se evite ao

---

entende-se que a Administração pode até vir a incluir em seu edital e contrato que o fabricante terá responsabilidade solidária com o fornecedor do produto, mas isso não autoriza o Poder Público a solicitar documento referente ao produto a ser adquirido, que é desnecessário e que pode vir a acarretar problemas na licitação." (TCU, Acórdão nº 1.670/2003, Pleno).

[54] TCU, Acórdão nº 2.056/200, Pleno.

máximo o risco de deterioração ou quebra. Imagine o caso de um gerador de energia de um estádio, que deve ser de tal qualidade que evite, ao máximo, a ocorrência de qualquer pausa no seu funcionamento, sob pena de se prejudicar, por completo, as cerimônias ou os eventos de repercussão mundial, objeto do RDC.

Para resumir

- A carta de solidariedade é um documento no qual o fornecedor do objeto contratual e o fabricante obrigam-se a responder solidariamente sobre o bem a ser fornecido. Tem por meta assegurar a execução do contrato, no caso de licitante revendedor ou distribuidor não cumprir com aquilo a que se obrigou.

10. Regimes de licitação no RDC

Os **regimes de licitação geram maneiras diferentes de executar o contrato**. O art. 8º da Lei nº 12.462/11 estabelece os seguintes regimes:

a) empreitada por preço unitário;

b) empreitada por preço global;

c) contratação por tarefa;

d) empreitada integral; ou

e) contratação integrada.

Na **empreitada por preço global**, contrata-se obra mediante pagamento de **preço certo e total**. O pagamento pode ser feito ao final, quando do acabamento da obra, ou por meio de pagamentos periódicos, na medida em que a ela se desenvolve, ou seja, no momento em que certas etapas são concluídas, de acordo com o cronograma físico-financeiro. A sua utilização é recomendada quando não se puder definir, com precisão, os quantitativos de serviço a serem empregados no objeto contratual. Bem por isto que se reclama a elaboração de um projeto básico bastante detalhado e minucioso.[55] Normalmente, trata-se de regime adotado para contratações em que as variáveis se mostram incertas.[56]

A **empreitada por preço unitário** estabelece um regime de licitação no qual a execução da obra ou do serviço é medida por unidade, ou seja, os pagamentos são efetuados a partir do momento em que se concluem unidades do projeto total, de acordo com o cronograma

[55] "A elaboração de projeto básico adequado e atualizado, assim considerado aquele que possua os elementos descritivos e que expressem à composição de todos os custos unitários, é imprescindível para a realização de qualquer obra pública, resguardando a Administração Pública de sobrepreços e manipulação indevida no contrato original." (TCU, Acórdão nº 2.641/2007, Pleno).

[56] A Corte de Contas federal considerou que não se poderia adotar a *empreitada por preço global* para a reforma e restauração de estações rodoviárias, por ser inadequado ao objeto contratado (TCU, Acórdão nº 3.260/2011, Pleno).

físico-financeiro. Tudo de acordo com as especificações exigidas no projeto básico e com a fiscalização operada pelo Poder Público. P. ex., é possível a contratação de obra dividindo o pagamento por unidades de medida, como, no caso, de se pagar pelo metro cúbico de concreto assentado, pelo metro quadrado de pintura, etc.

Destaca-se que o projeto básico, nesse último regime, não necessariamente deverá ter o grau de detalhamento exigido para a empreitada por preço global. Ao mesmo tempo, a fiscalização, no primeiro regime, deverá ser mais intensa e sistemática. Contudo, o TCU entende que, mesmo diante de pequenas variações nos quantitativos de alguns serviços, ainda assim se necessitaria formalizar aditivo neste sentido.[57]

ANÁLISE CRÍTICA

As vantagens e desvantagens na utilização de um ou de outro regime de execução do contrato podem gerar efeitos colaterais bastante significativos. Explico. A empreitada por preço global possui a vantagem de estabelecer uma fiscalização menos complexa, o que gera um menor custo neste sentido. Apesar disso, como o projeto deverá ser detalhado, pode-se atrasar a contratação por conta disso. Sem contar que a proposta tende a ser em valor superior ao regime da empreitada por preço unitário, porque no regime por preço global, o construtor assume maiores riscos do negócio, o que tratará de transferir ao preço da oferta.

Já a empreitada por preço unitário tem a vantagem de justamente pagar por aquilo que foi efetivamente contratado. Ao mesmo tempo em que ela exige maior rigor nas medições dos serviços, pode vir a favorecer o "jogo de planilha".[58] Também, este modelo contratual não incentiva que o contratado venha a entregar o objeto nos prazos avençados, porque receberá um preço certo exatamente por aquilo que fez. Sem contar que a empreitada por preço unitário tende a ser mais propícia aos aditivos.

Já a **empreitada integral** impõe que o pagamento se dê somente quando a obra for entregue e, principalmente, em condições de funcionar plenamente. A execução compreende todas as tarefas necessárias para a entrega do produto acabado e em pleno funcionamento, tudo isto a cargo da contratada. Esta deverá garantir, além disso, a adequada segurança e os requisitos técnicos do objeto licitado. Enfim, não basta entregar a obra, é preciso que ela funcione plenamente.

[57] TCU, Acórdãos nº 282/2008 e 1.655/2010, ambos do Pleno.

[58] Explicado no item "16.1" desta obra.

A contratação **por tarefa** é estabelecida no momento em que se contratam serviços, normalmente de pequena monta, com a entrega ou não de materiais, mediante pagamento de preço certo. Não raro, é a própria administração quem fornece o material para o contratado realizar a tarefa.

Cabe referir que a escolha de um ou de outro regime não é de livre escolha do gestor. Aliás, a Lei nº 8.666-93 não deixava claro quando optava por um ou outro regime, sendo lacônica neste sentido.[59] Assim, serão as **características do objeto a ser contratado** que conferem legitimidade à escolha de um ou de outro regime, respeitando-se, na medida do possível, a ordem de preferência estabelecida pelo RDC.

Por fim, o art. 8º, inciso V, do RDC, prevê a possibilidade de aquisição do objeto licitado pelo regime da **contratação integrada**. Pelas peculiaridades de tal instituto, preferimos tratá-lo em item próprio ("10.1"), que segue.

Quanto às licitações e às contratações de **obras e serviços de engenharia**, a lei procurou estabelecer parâmetros muito claros no que se refere aos regimes de execução adotados, dando-se preferência aos modelos da **empreitada por preço global, da empreitada integral** ou **da contratação integrada** – art. 8º, § 1º, da Lei nº 12.462/11. Da interpretação a ser conferida ao dispositivo podemos retirar a conclusão de que, caso o administrador público não opte por um destes regimes de execução listados, deverá expor os motivos pelos quais deixou de lado a preferência estabelecida. É imperioso que demonstre, cabalmente, que outro regime escolhido (que não aqueles citados como preferenciais) melhor atende aos fins propostos, bem como guarnece em maior escala o interesse público.

Interessante perceber que a própria Lei nº 12.462/11 deu cabo de fazer previsão expressa acerca da maneira como os custos das obras

---

[59] Foi o que definiu o TCU nesta passagem: "9.1.3. a empreitada por preço global, em regra, em razão de a liquidação de despesas não envolver, necessariamente, a medição unitária dos quantitativos de cada serviço na planilha orçamentária, nos termos do art. 6º, inc. VIII, al. *a*, da Lei nº 8.666/1993, deve ser adotada quando for possível definir previamente no projeto, com boa margem de precisão, as quantidades dos serviços a serem posteriormente executados na fase contratual; enquanto a empreitada por preço unitário deve ser preferida nos casos em que os objetos, por sua natureza, possuam uma imprecisão inerente de quantitativos em seus itens orçamentários, como são os casos de reformas de edificação, obras com grandes movimentações de terra e interferências, obras de manutenção rodoviária, dentre outras; 9.1.4. nas situações em que, mesmo diante de objeto com imprecisão intrínseca de quantitativos, tal qual asseverado no item 9.1.3. supra, se preferir a utilização da empreitada por preço global, deve ser justificada, no bojo do processo licitatório, a vantagem dessa transferência maior de riscos para o particular – e, consequentemente, maiores preços ofertados – em termos técnicos, econômicos ou outro objetivamente motivado, bem assim como os impactos decorrentes desses riscos na composição do orçamento da obra, em especial a taxa de BDI (Bonificação e Despesas Indiretas); [...]" (TCU, Acórdão nº 3.260/2011, Pleno).

serão calculados. A título de exemplo, veja o contido no § 3º do art. 8º. Logo, o *custo global de obras e serviços de engenharia* deverá ser obtido:

a) Quando se consegue estimar os custos:

  a1) no caso da construção civil em geral: a partir de custos unitários constantes ao Sistema Nacional de Pesquisa de Custos e Índices da Construção Civil (Sinapi);

  a2) no caso de obras e serviços rodoviários: a partir da tabela do Sistema de Custos de Obras Rodoviárias (Sicro).

b) Quando não se consegue estimar os custos: faz-se uma estimativa de custo global, ou seja, opta-se pela utilização de dados contidos em tabela de referência formalmente aprovada por órgãos ou entidades da administração pública federal, em publicações técnicas especializadas, em sistema específico instituído para o setor ou em pesquisa de mercado.[60]

c) Quando as contratações são realizadas pelos governos municipais, estaduais e do Distrito Federal, e não envolvam recursos da União, o custo global de obras e serviços de engenharia apontado no *item "a"* pode ser obtido a partir de outros sistemas de custos já adotados pelos respectivos entes e aceitos pelos respectivos tribunais de contas.

ANÁLISE CRÍTICA

Este é o panorama estabelecido pelo RDC, revelador de algumas dúvidas importantes. Veja que o item "b" autoriza que o custo global de uma contratação seja auferido a partir de "pesquisa de mercado". Contudo, o mercado, além de ser volátil e inserto em inúmeras variantes que lhe retiram a segurança jurídica, revela muitas metodologias de cálculo. Explico.

Primeiro problema: para inúmeros bens e insumos, a pesquisa do custo de mercado tornar-se-á fugaz, o que dificulta, de sobremaneira, uma segura avaliação de dados. Além disso, o *marketshare,* por vezes, não é bem definido, e o exame dos preços de mercado se mostrará diverso, dependendo de sua abrangência. Veja que uma pesquisa do produto em âmbito nacional pode conter diferenças drásticas de uma coleta de informações em seara regional ou local. Este ponto deve ser considerado como substancial no contexto em que se insere.

[60] As aquisições, sempre que possível, devem ser promovidas com base nos registros de consumo que cada unidade estatal coletou ao longo do tempo (TCU, Acórdão nº 1.380/2011, Pleno). A pesquisa de mercado pode advir de variadas fontes, *v.g.*, orçamentos, pesquisa em sítios virtuais na rede mundial de computadores etc. (TCU Acórdãos 2.324/2008, 1ª Câmara, 1.382/2009, Pleno, 265/2010, Pleno, 47/2011, Pleno).

Também, a pesquisa pode se mostrar fugaz. Imagine que se tenha fixado um determinado preço de mercado, mas a contratação se deu transcorridos vários meses após a referida análise mercadológica. Neste ínterim, dependendo do bem, pode se ter uma diferença gritante de valores.

Segundo problema: a regra, assim, redigida, expõe uma generalidade perigosa. Perceba que, nos outros casos, o cálculo do custo global foi previsto a partir de métodos específicos, ou seja, por meio de uma métrica definida. Aqui, não houve este cuidado, podendo o administrador adotar variadas formas de se auferir o valor mercadológico dos insumos ou dos bens a contratar. Imagine que certos materiais possam ser calculados pelo IGPM-FGV, pelo INPC, por uma pesquisa empírica de preços, por outro índice, etc. E cada método revelará um valor diverso. Eis uma questão a ser dirimida no limiar da *práxis* administrativa.

Aliás, estas mesmas "incertezas jurídicas", aqui apontadas, podem ser aplicadas no que se refere ao cálculo da *contratação integrada* – item a seguir desenvolvido –, de acordo com a previsão feita no art. 9º, § 2º, inciso II, do RDC.[61]

Para resumir

- Os regimes de licitação geram maneiras diferentes de executar o contrato;
- O RDC estabeleceu os seguintes regimes: empreitada por preço unitário, empreitada por preço global, contratação por tarefa, empreitada integral ou contratação integrada;
- Para obras e serviços de engenharia, a lei deu preferência aos modelos da empreitada por preço global, da empreitada integral ou da contratação integrada.

10.1. Contratação integrada

A maioria destes regimes não é inédita, porque já se tinha previsão na Lei nº 8.666/93. Assim, cumpre dar ênfase a este regime, em tese, inédito e alvo de intensos debates desde a vigência da Lei nº 12.462/11,

[61] Lei nº 12.462/11, art. 9º: "Nas licitações de obras e serviços de engenharia, no âmbito do RDC, poderá ser utilizada a contratação integrada, desde que técnica e economicamente justificada. (...) § 2º No caso de contratação integrada: (...) II – o valor estimado da contratação será calculado com base nos valores praticados pelo mercado, nos valores pagos pela administração pública em serviços e obras similares ou na avaliação do custo global da obra, aferida mediante orçamento sintético ou metodologia expedita ou paramétrica.".

que é a **contratação integrada**.[62] Trata-se de uma modelagem negocial já utilizada em países como Espanha, Portugal, Inglaterra, Estados Unidos, etc. A lógica da contratação integrada reside no fato de se intentar obter **ganho de eficiência,** no momento em que se transfere para o contratado o risco do projeto e as consequências financeiras decorrentes da imperfeição dele.[63]

Nas obras e serviços de engenharia, tal negócio jurídico mostra-se inovador em relação à lei geral. Aqui, o **Estado está entregando ao particular** duas tarefas: **a confecção do projeto básico** e a **execução efetiva deste projeto**.

Tal instituto tem uma similitude com a empreitada integral, com a diferença de que, na contratação integrada, é transferida uma tarefa ao particular (contratado) que antes era obrigação da Administração Pública (contratante), qual seja, *a necessidade de se fornecer o projeto básico.*[64] No regime inaugurado pelo RDC, o Poder Público não apresentará o referido documento, sendo este ônus passado ao interessado em contratar. Logo, é a própria empresa vencedora do certame quem faz o projeto básico e o executa. Em resumo, a contratação nesta modalidade integra (combina) prestações de natureza distintas, porque o contratado possui o dever de realizar a obra pública ou prestar serviços de engenharia, bem como confeccionar os projetos básicos e executivos da obra a ser realizada.[65]

Então, podemos dizer que a *contratação integrada* é uma "espécie de empreitada integral", com a diferença de que, na primeira, o Poder Público não se incumbe de fazer o projeto básico. Na empreitada integral, este documento compete ao ente estatal ou será objeto de licitação específica, sendo imprescindível sua confecção. Deve ser dito que, em

[62] Claro que não podemos negar que esta modelagem contratual já vinha prevista no item 1.8.1 do Decreto nº 2.745/1998, que trata do procedimento simplificado de licitação para a empresa Petróleo Brasileiro S.A. – PETROBRÁS. Além disso, tal regime tem estreita similitude com a previsão feita, há muito, pela *Lei de Concessões e Permissões de Serviço Público* (Lei nº 8.987/95), art. 18, inciso XV. Da mesma forma, o TCU, Acórdão nº 1.692/2004, Pleno, reconheceu que seria mais eficiente fazer o Aeroporto *Santos Dumond*, no Rio de Janeiro/RJ, por um construtor só, excepcionalizando o dever de fracionamento de quem faz o projeto-base, e de quem executa. A decisão é paradigmática, porque, à época, não se tinham disposições sequer próximas àquelas constantes no RDC, mas, mesmo assim, permitiu-se uma espécie de "contratação integrada", ainda que possam ser identificadas diferenças para com a previsão feita no regime diferenciado ora comentado. O paradigma que ficou estabelecido naquela situação consiste no fado de ter de se demonstrar ganhos econômicos efetivos para a Administração Pública.

[63] Essa lógica já é operada na *Lei de Concessões e Permissões de Serviço Público* (Lei nº 8.987/95).

[64] Claro que bem se admite, perante os termos da Lei nº 8.666/93, duas licitações: uma para o projeto básico, e outra para a execução deste projeto. Mas, no caso, a empresa vencedora do primeiro certame não pode participar do segundo.

[65] Lei nº 12.462/11, art. 8º, inciso V e art. 9º, bem como Decreto n.º 7.581/1, art. 73, § 1º.

ambos os casos, a Administração Pública não se exime do dever de fiscalizar.

Na *Lei Geral de Licitações e Contratos Administrativos*, o projeto básico era obrigação da Administração Pública e deveria acompanhar, imprescindivelmente, o documento de abertura do certame.[66] Veja que o art. 7º, § 2º, inciso I, da Lei nº 8.666/93, não autorizava que se fizesse qualquer licitação despida do mencionado projeto: "As obras e os serviços somente poderão ser licitados quando: I – houver projeto básico aprovado pela autoridade competente e disponível para exame dos interessados em participar do processo licitatório;".

Além disso, a própria lei geral dispõe que **não poderá participar**, direta ou indiretamente, da **licitação** ou da **execução de obra ou serviço** e **do fornecimento de bens** a eles necessários o **autor do projeto básico** ou **executivo** (art. 9º, inciso I, da Lei nº 8.666/93). Então, aquele que vencia a licitação para a confecção deste documento nem sequer estava autorizado a participar do certame para a execução deste mesmo projeto.[67]

No RDC, como visto, esta exigência foi dispensada quando se adotar o regime de *contratação integrada*: "Art. 9º Nas licitações de obras e serviços de engenharia, no âmbito do RDC, poderá ser utilizada a contratação integrada, desde que técnica e economicamente justificada (...). § 1º A contratação integrada compreende a elaboração e o desenvolvimento dos projetos básico e executivo, a execução de obras e serviços de engenharia, a montagem, a realização de testes, a pré-operação e todas as demais operações necessárias e suficientes para a entrega final do objeto.". A partir do texto deste dispositivo, nota-se que o Poder Público não abdica totalmente do planejamento.[68]

Aqui merece ser feita uma ressalva. A *Lei Geral de Licitações* previu que a necessidade de confecção de *projeto básico* seria aplicada a obras e serviços, sem especificar quais. O RDC, ao seu turno, deixou claro que este documento refere-se somente a **obras** e ***serviços de engenharia***. Dessa forma, consideramos que a Lei nº 12.562/11 andou bem neste sentido, uma vez que o projeto básico justamente possui ligação intrínseca para com contratações envolvendo serviços desta natureza.

---

[66] Lembrando que o *projeto básico* ou *executivo* é típico documento que dá lastro para *obras ou serviços de engenharia*. Já o *termo de referencia* é exigido para a contratação de *outros objetos ou serviços*.

[67] O que sempre foi referendado pelo TCU (Acórdão nº 1.039/2008, Pleno).

[68] Lembrando que o *projeto executivo*, definido no art. 2º, inciso V, da Lei nº 12.462/11, compreenderá o conjunto dos elementos necessários e suficientes à execução completa da obra, de acordo com as normas técnicas pertinentes.

Aliás, o RDC operou uma mudança em relação à **Lei nº 8.666/93** (art. 6°), justamente no que se refere ao projeto básico. Na lei geral, era necessário que existisse **projeto básico para todas as obras e serviços**. Contudo, este documento só serve para projetos de engenharia, o que foi corrigido pelo RDC, sendo que este diploma ampliou a necessidade de se ter projeto básico para as questões envolvendo a preservação do meio ambiente.[69] E esta medida não é prevista por acaso, uma vez que se trata de um documento importantíssimo, porque tem por mote detalhar o objeto a ser licitado. Um projeto desta envergadura tende a evitar, no futuro, os aditamentos.

Retomando. A intenção do legislador com a *contratação integrada* era justamente **eliminar** uma das fases mais burocráticas da licitação: **o planejamento da contratação**. Com a adoção deste critério, **o Poder Público passa este ônus a um mesmo particular**, que terá de elaborar o projeto base e, após, executá-lo. Este regime serve, assim, especialmente para obras complexas, que, muitas vezes, acabam não sendo concluídas por conta de um planejamento incompleto ou desvirtuado.

Um problema corriqueiro pode evidenciar essa perspectiva. Note que, muitas vezes, o projeto básico prevê a inserção de certa espécie de material, mas, na hora da execução, percebe-se que é muito mais racional a adoção de outro tipo de matéria-prima. Estas situações geram toda a espécie de custo adicional, inseridos em aditivo contratual – prática visualizada não raramente nos contratos administrativos.

Assim, o legislador detectou esta falha nas contratações que vinham ocorrendo, e quis repassar esta responsabilidade ao particular. Percebia-se, não raras vezes, que as deficiências apontadas no projeto básico eram decorrentes de inadequados estudos técnicos essenciais ao dimensionamento da obra e de seus respectivos custos. Esta fragilidade no projeto básico trouxe, como consequência, a impossibilidade de se estimar valores reais das obras. Dessa forma, não raras vezes era inviável se estimar, com algum grau de certeza, qual o custo real do empreendimento.[70] Estes fatores, então, são fundamentos bastante expressivos para o surgimento da contratação integrada. Dessa forma, percebe-se, com muita nitidez, que o **planejamento** do Poder Público, no limiar **do RDC**, será mais "diminuto" e feito pelo **anteprojeto de engenharia** – art. 9º, § 2º, inciso I, da Lei nº 12.462/11. Aliás, os projetos

[69] Então, o regime diferenciado obriga que se tratem das matérias ambientais dentro do seu procedimento. A lei geral não tinha previsão neste sentido.

[70] TCU, Acórdão nº 1.558/2009; Acórdão nº 2.439/2008, Pleno.

base, executivo e a execução da obra deverão estar de acordo com o anteprojeto de engenharia,[71] ou seja, ele será o ponto inicial do certame.

Ainda em 2013, ou seja, posteriormente à edição da Lei nº 12.462/11, a contratação integrada ganhou uma padronização importante, porque somente pode ser aplicada, quando objeto envolva, pelo menos, uma das seguintes condições (art. 9º, *caput*, incisos I a III):

a) inovação tecnológica ou técnica;

b) possibilidade de execução com diferentes metodologias; ou

c) possibilidade de execução com tecnologias de domínio restrito no mercado.

Assim, o administrador público, quando opta por utilizar a contratação integrada, deverá demonstrar que esta modelagem negocial é mais eficiente e vantajosa. Deverá ficar claro que este tipo de contratação representa uma solução técnica e economicamente mais viável do que as outras formas de avença. P. ex., em tese mostrar-se-ia viável a contratação integrada no caso em que se transfere ao particular o ônus de construir uma obra, bem como de manter suas estruturas por muitos anos. Ou quando se quer constituir um imóvel, cuja tecnologia o Poder Público não domina, por ser recente. Dessa forma, o grande desafio evidenciado neste regime consiste na elaboração de um anteprojeto que bem defina o objeto da contratação, de forma a orientar o julgamento das propostas e a futura execução do contrato.

Como bem indica o art. 9º, § 3º, da Lei 12.462/2011, a metodologia executiva diferenciada deve ser sopesada no instrumento convocatório. Desse modo, inexoravelmente, os critérios objetivos para avaliação dessas propostas devem estar contemplados na proposta técnica das licitantes.[72] Por isto que o documento em questão deve ser detalhado e objetivo.

Assim, na contratação integrada, é conveniente ao Poder Público contratar a concepção de como fazer a obra e sua execução ao mesmo tempo, porque o *know how* da empresa privada é bastante significativo. Assim, há de se ter uma justificação técnica neste sentido.

Além disso, há que se demonstrar que há uma vantagem econômica na contratação integrada, ou seja, que é muito menos custoso licitar as duas etapas em separado, do que adicionalmente. Ou mesmo pode-se provar que os riscos de insucesso na licitação em duas etapas seriam tão consideráveis que justificariam a contratação em conjunto, enfim, na pessoa de um só sujeito. Sem contar, claro, que se tem a necessidade de se adaptar aos demais requisitos da lei.

[71] TCU, Acórdão nº 1.671/2014, Pleno.

[72] TCU, Acórdão nº 1.167/2014, Pleno.

ANÁLISE CRÍTICA

A principal crítica que se faz a este regime consiste no fato de que, ao se transferir ao particular a tarefa de confeccionar o projeto básico, estar-se-ia, no caso, subtraindo do Poder Público o planejamento da execução do objeto contratado. Além disso, ter-se-ia dificuldade em se perfazer um julgamento objetivo, já que os parâmetros específicos da obra a ser desenvolvida justamente serão tarefa do futuro contratado. Com isto, gera-se, segundo este entendimento, um lastro de liberalidade muito grande e perigoso em favor do particular, porque o objeto a ser licitado e seus pertinentes custos ficam à mercê do projeto a ser elaborado pelo próprio contratado. Para tanto, note como é importante definir a *matriz de risco* já quando da confecção do instrumento convocatório.

Essa visão compreende que a ausência do projeto básico deixa imune o fornecedor a entregar um objeto cujas dimensões e especificações não são delimitadas e, quiçá, respaldam aquilo que o Poder Público efetivamente quer. Aliás, a própria Administração Pública pode receber uma prestação que realmente não ansiava e que, inclusive, é contrária ao interesse público. Então, sem o projeto básico, o estado não terá como planejar a contratação, ou seja, ter a noção exata e prévia do que ele quer realmente receber.

Ao nosso sentir, a contratação integrada deverá ser aplicada com muita parcimônia, bem como ser interligada com requisitos mínimos. P. ex., é imperioso que os termos de referência sejam acompanhados com as especificações mínimas do objeto, bem como com a delimitação objetiva de padrões de qualidade, cumprindo com os requisitos dispostos nas alíneas do inciso I do § 2º do art. 9º do RDC.[73] A ausência de condicionamentos no termo de referência pode, justamente, levar a contratações superfaturadas. O grande desafio consiste na elaboração de um anteprojeto que bem defina, com nitidez, o objeto da contratação, de forma a orientar o julgamento das propostas e a futura execução do contrato. Bem por isso que este tipo de ajuste reclama uma capacitação técnica intensa dos recursos humanos estatais, os quais devem contar com pessoal qualificado para a concepção e fiscalização da contratação.

Entendemos que a este tipo de aquisição, por esta modalidade, não poderia ser alocada para os casos nos quais a Administração Pública sempre se incumbiu de fazer o projeto básico. Ora, quando sempre assim o fez, não se poderia, de uma hora para outra, renunciar esta

---

[73] Lei nº 12.462/11, art. 9º, § 2º: "No caso de contratação integrada: I – o instrumento convocatório deverá conter anteprojeto de engenharia que contemple os documentos técnicos destinados a possibilitar a caracterização da obra ou serviço, incluindo: a) a demonstração e a justificativa do programa de necessidades, a visão global dos investimentos e as definições quanto ao nível de serviço desejado; b) as condições de solidez, segurança, durabilidade e prazo de entrega, observado o disposto no *caput* e no § 1o do art. 6o desta Lei; c) a estética do projeto arquitetônico; e d) os parâmetros de adequação ao interesse público, à economia na utilização, à facilidade na execução, aos impactos ambientais e à acessibilidade;".

habilidade, como se a técnica fosse esquecida, repassando esta incumbência ao particular. Logo, o fundamento para adotar a contratação integrada é a necessidade de se ter uma *inovação*.

Nesse particular, a dúvida que remanesce consiste em saber se seria possível optar por este instituto quando esta contratação gere uma maior economicidade, a despeito de se ter presente a dita inovação ou mesmo quando a Administração Pública se incumbiu de assim contratar? Neste caso, consideramos impossível que se opte pela contratação integrada. Ela reclama, como condição inexorável, que, para confeccionar o projeto básico, a Administração Pública necessite aplicar tecnologia de que não dispõe. Ou mesmo o referido objeto detenha, em seu contexto, inovações ou conhecimentos técnicos não suportados pelos recursos humanos do Poder Público. Eis porque a contratação integrada não pode ser utilizada somente baseada em um ganho de economicidade.

Ademais, se o critério de contratação anteriormente utilizado para adquirir um objeto específico não era lastreado em parâmetros técnicos, ou seja, somente estava ligado ao menor preço, não se poderia optar pela modalidade de licitação ora comentada. Não se poderia cambiar o critério de julgamento só para trazer o objeto ao âmbito da contratação integrada. Então, se antes se contratava pelo critério menor preço, esta modalidade trazida pelo RDC não seria aplicável.[74] Portanto, para se optar pela contratação integrada deve-se, previamente, perfazer uma avaliação de sua viabilidade, especialmente diante do objeto a ser contratado.

Além disso, nem a lei, nem o decreto federal relativos ao RDC deixam claras as diferenças entre o "**projeto básico**" e o "**anteprojeto de engenharia**". Confira que o próprio texto normativo revela lacunas perigosas no que se refere à delimitação do âmbito de incidência de um ou de outro.

a) **Projeto básico:** conjunto de elementos necessários e suficientes, com nível de precisão adequado, para, observado o disposto no parágrafo único deste artigo (texto literal do art. 2°, inciso IV, da Lei n° 12.462/11). É o documento que visa a fornecer aos interessados uma visão global daquilo que se quer contratar, identificando seus elementos constitutivos com clareza. Aponta soluções técnicas globais e específicas, para o fim de reduzir variantes ou futuras adaptações. Em melhores termos, procura dar a maior previsibilidade de ocorrências no limiar da execução da obra. Por isso que deve estimar os tipos e os quantitativos dos produtos, técnicas, serviços, equipamentos a serem

[74] Na linha do que já decidiu o TCU, Acórdão n° 1.510/2013, Pleno.

empregados na obra, para que se consiga, com isto, alcançar um melhor resultado.[75] Um dado de importância contumaz no projeto básico é a discriminação do custo global da obra em planilha orçamentária;[76]

b) **Anteprojeto de engenharia:** contempla os documentos técnicos destinados a possibilitar a caracterização da obra ou serviço, incluindo a demonstração e a justificativa do programa de necessidades, a visão global dos investimentos e as definições quanto ao nível de serviço desejado, as condições de solidez, segurança, durabilidade e prazo de entrega, observado o disposto no *caput* e no § 1º do art. 6º da Lei nº 12.462/11, a estética do projeto arquitetônico e os parâmetros de adequação ao interesse público, à economia na utilização, à facilidade na execução, aos impactos ambientais e à acessibilidade.

Pragmaticamente, o **projeto básico** deve ser feito por um agente competente e aprovado pela autoridade pública. Tal documento deve respeitar o nível de detalhamento previsto no RDC (art. 2º, parágrafo único, da Lei nº 12.462/11).[77] As especificações devem vir a lume para evitar futuros aditamentos (o que não necessariamente os elimina). O que se quer é diminuir sua possibilidade de ocorrência, especialmente quando derivados de falhas do projeto. Parte-se do pressuposto de que isto não venha a ocorrer.

Já o **anteprojeto de engenharia**, em termos bem singelos, propõe-se a dizer o que o Poder Público quer, sem falar como. Há quase uma descrição em três dimensões do objeto, sem adentrar nas minúcias. Este

---

[75] Bem por isso que o projeto básico deve vir acompanhado de estudos que demonstrem, de maneira técnica, a metodologia de construção da obra licitada, para que se tenham, em simples avaliação, subsídios para a gestão da licitação, sua programação, fornecimento de meios para a fiscalização do objeto licitado.

[76] E isso ficou plasmado na Súmula nº 253, do TCU.

[77] Lei nº 12.462/11, art. 2º, parágrafo único: "Parágrafo único. O projeto básico referido no inciso IV do *caput* deste artigo deverá conter, no mínimo, sem frustrar o caráter competitivo do procedimento licitatório, os seguintes elementos: I – desenvolvimento da solução escolhida de forma a fornecer visão global da obra e identificar seus elementos constitutivos com clareza; II – soluções técnicas globais e localizadas, suficientemente detalhadas, de forma a restringir a necessidade de reformulação ou de variantes durante as fases de elaboração do projeto executivo e de realização das obras e montagem a situações devidamente comprovadas em ato motivado da administração pública; III – identificação dos tipos de serviços a executar e de materiais e equipamentos a incorporar à obra, bem como especificações que assegurem os melhores resultados para o empreendimento; IV – informações que possibilitem o estudo e a dedução de métodos construtivos, instalações provisórias e condições organizacionais para a obra; V – subsídios para montagem do plano de licitação e gestão da obra, compreendendo a sua programação, a estratégia de suprimentos, as normas de fiscalização e outros dados necessários em cada caso, exceto, em relação à respectiva licitação, na hipótese de contratação integrada; VI – orçamento detalhado do custo global da obra, fundamentado em quantitativos de serviços e fornecimentos propriamente avaliados.".

documento seria quase que um misto de "programa de necessidades" com "memorial descritivo". Para tanto, deverá permitir a comparação das propostas. Este nível de objetividade deve vir a lume quais são as referências básicas dos objetos, até para se poder ter um julgamento objetivo.

Diante do texto assim posto, ficam pendentes algumas questões importantes. Exemplifico: o repasse do planejamento do empreendimento ao contratado acaba por transferir a ele, como corolário lógico-jurídico, a assunção dos riscos advindos deste planejamento. Do contrário, não se visualizariam maiores utilidades práticas à contratação integrada. Assim, pende a dúvida no sentido de delimitar quais seriam exatamente os riscos assumidos pelo particular que assume o encargo de perfazer o anteprojeto de engenharia e a execução da obra, de maneira integrada.

Como este critério visa justamente a evitar os posteriores aditivos contratuais – sendo esta uma das suas finalidades, como visto –, o art. 9º, § 4º determinou-se que, em regra, eles fossem vedados, salvo no caso de:

a) recomposição do equilíbrio econômico-financeiro decorrente de **caso fortuito ou força maior** (inciso I); e de

b) necessidade de **alteração do projeto** ou **das especificações** para melhor adequação técnica aos objetivos da contratação, a pedido da administração pública, desde que não decorrentes de erros ou omissões por parte do contratado, observados os limites previstos no § 1º do art. 65 da Lei no 8.666, de 21 de junho de 1993 (inciso II).

Na primeira situação, permitiu-se o aditivo para recuperação do equilíbrio econômico-financeiro decorrente de situação alheia à vontade das partes, ou seja, quando derivadas de caso fortuito ou de força maior. Neste caso, nada mais se faz do que dar cabo de reequilibrar a relação contratual inicialmente ajustada pelas partes, dado que esta foi modificada por fato alheio à vontade dos contratantes, tendo esta situação cunho extraordinário. Incide, aqui, então, a garantia esculpida no inciso XXI do art. 37 da Constituição Federal de 1988. A readequação do sinalagma contratual deverá ser verificada caso a caso, a depender do quanto ele foi desestruturado.

Ou, diante da outra previsão legal, permitem-se os aditivos nos casos em que é legalmente admitido ao ente estatal contratante aumentar ou diminuir os limites contratuais, especificados na *Lei Geral de Licitações.* São casos em que o contratado não concorreu para a modificação do projeto ou das especificações do objeto, porque ela partiu do Poder Público. Esta alteração vale tanto para as alterações quantitativas, quanto para os câmbios qualitativos.

A partir da dicção dos dispositivos do RDC, mencionados, a Corte de Contas federal[78] extraiu uma conclusão bastante importante: impôs ao contratado que executa o projeto básico a responsabilidade por ele. Além disso, entendeu que está vedada a possibilidade de se perfazer aditivo contratual para correção de erro na elaboração desse instrumento. Logo, é imposto à contratada a assunção dos riscos financeiros adicionais que eventualmente surgirem para a conclusão da obra conforme os padrões de qualidade.

Ainda sob a tutela da Lei nº 8.666/93, o TCU[79] entendia que as supressões ou acréscimos permitidos pelo art. 65, §§ 1º e 2º (*vinte e cinco por cento* para obras, serviços ou compras, ou *cinquenta por cento* para o caso de reforma) deveriam ser visualizados de maneira individual, bem como pelos valores originalmente pactuados. Vamos a um exemplo. Imagine que certa quantidade de bens deveria ser adquirida por R$ 1.000,00 (mil reais). Em tese, o limite máximo a ser acrescido seria de R$ 250,00 (duzentos e cinquenta reais) – vinte e cinco por cento. Contudo, no caso, houve um decréscimo no valor, sendo que o referido objeto passou a ser comprado por R$ 700,00 (setecentos reais). Neste caso, o limite de valor a ser acrescido ainda assim gira no montante de R$ 1.250,00 (um mil, duzentos e cinquenta reais).

O que não se pode conceber é a mudança do objeto, ou seja, que se adquira outra coisa que não aquela licitada, ainda que fique atrelada aos limites monetários.[80] Cabe informar que o TCU[81] já permitiu que, por meio de acordo entre as partes, fosse alcançada compensação entre adições e diminuições do valor contratado, desde que obedecidos os parâmetros da razoabilidade.

Com a vedação de celebração de aditivos – ressalvadas as exceções admitidas[82] –, **aumentar-se-á o adicional de risco nas propostas**, ou seja, o risco do negocio será, naturalmente, computado na oferta do interessado, tendendo a aumentar os valores ofertados nas disputas. Sendo assim, este fator deverá ser considerado pelo Poder Público, que não necessariamente conseguirá propostas mais econômicas a partir da contratação integrada. Ao contrário, poderá amargar contratos menos

[78] TCU, Acórdão nº 1.465/2013, Pleno.

[79] TCU, Acórdão nº 2.530/2011, Pleno.

[80] TCU, Acórdão nº 2.819/2011, Pleno.

[81] TCU, Acórdão nº 2.819/2011, Pleno.

[82] *V.g.* quando o desequilíbrio contratual advier de caso fortuito ou forca maior, ou de mudança quantitativa ou do anteprojeto, o risco deverá ser suportado pelo Poder Público.

vantajosos do que se fizesse duas licitações: uma para o projeto, outra para a execução da obra definida por este documento.

Resumindo: em regra, os ônus supervenientes e incidentes na relação contratual serão arcados pelo contratado, quando o erro for atribuído a ele. Tentou-se, com isso, retirar o fato do príncipe da equação econômico-financeira, muito embora seja uma medida de discutível constitucionalidade, dado ser o reequilíbrio uma garantia constitucional – art. 37, inciso XXI.

Ainda, cabe referir, por oportuno, que não se aplica o § 3º do art. 8º da Lei do RDC às contratações integradas. Logo, o custo global de obras e serviços de engenharia não deverá ser obtido a partir de custos unitários de insumos ou serviços menores ou iguais à mediana de seus correspondentes ao *Sistema Nacional de Pesquisa de Custos e Índices da Construção Civil (Sinapi)*, no caso de construção civil em geral, ou na tabela do *Sistema de Custos de Obras Rodoviárias (Sicro)*, no caso de obras e serviços rodoviários.[83] Isso porque compete às empresas adequarem seus custos ao valor da proposta ofertada, justamente porque não se terá, neste tipo de ajuste, a possibilidade de se perfazer aditivos.

Cabe destacar que o ajuste ora comentado, na origem, somente poderia ser negociado pelo tipo de licitação melhor técnica e menor preço. Contudo, o inciso III do § 2º do art. 9º foi revogado. Então, a contratação integrada poderá adotar **qualquer tipo licitatório**.

Na prática, a opção pela contratação integrada não é de implementação fácil, como faz parecer, porque tende a trazer à tona um procedimento de complexidade vultosa, o que pode tornar o instituto excepcional. Um bom exemplo de sua utilização pode ser visualizado na hipótese em que a obra possa ser feita por duas metodologias distintas, mesmo que ela não seja complexa.

Para resumir

- A contratação integrada consiste em um modelo contratual no qual um mesmo licitante se incumbe tanto da confecção do projeto básico, como da execução da obra, derivada deste documento;
- Gera-se, com isto, a obtenção de ganho de eficiência no momento em que se transfere para o contratado o risco do projeto, e as consequências financeiras decorrentes da imperfeição dele. Além disso, quer-se, com isto, eliminar a fase de planejamento da contratação, que é uma das mais burocráticas do certame. Este ônus é transferido ao particular;

[83] Conforme redação dada ao art. 66, § 4º, do Decreto federal nº 7.581/11, dada pelo Decreto federal nº 8.080/13.

- O planejamento almejado pelo Poder Público será feito pelo anteprojeto de engenharia;
- A contratação integrada pode utilizar qualquer tipo de licitação;
- Não é permitida a renegociação contratual (aditivos), salvo quando para a recomposição do equilíbrio econômico-financeiro decorrente de caso fortuito ou força maior, ou quando existir a necessidade de alteração do projeto ou das especificações para melhor adequação técnica aos objetivos da contratação, a pedido da administração pública, desde que não decorrentes de erros ou omissões por parte do contratado, observados os limites previstos na lei geral de licitações.

11. Remuneração variável

A **remuneração variável** (art. 10, *caput* e parágrafo único)[84] não é uma novidade em termos de legislação, porque já era prevista no âmbito das parcerias público-privadas,[85] sem contar que o Tribunal de Contas da União já admitiu a possibilidade de o Poder Público realizar contratações de risco (ex. *emptio spei* ou *emptio rei speratae*) muito similares ao instituto em foco.[86] Contudo, em termos de RDC, o instituto possui uma importância significativa.

Em termos singelos, tal ferramenta permite que o Poder Público premie com um valor adicional aquele contratante que cumprir certas metas de qualidade, previamente estipuladas de maneira objetiva no instrumento convocatório. É uma espécie de incentivo para aquele contratante que se oferece para cumprir o acordado de maneira mais eficaz. Pode-se definir estes padrões, p. ex., a partir de **níveis de qualidade**, de **prazos maiores** ou **menores** no que se refere à entrega do objeto contratado, ou pela **apresentação de planos de maior ou menor sustentabilidade**, definidos na fase interna das licitações.[87]

---

[84] Lei nº 12.492, Art. 10: "Art. 10. Na contratação das obras e serviços, inclusive de engenharia, poderá ser estabelecida remuneração variável vinculada ao desempenho da contratada, com base em metas, padrões de qualidade, critérios de sustentabilidade ambiental e prazo de entrega definidos no instrumento convocatório e no contrato. Parágrafo único. A utilização da remuneração variável será motivada e respeitará o limite orçamentário fixado pela administração pública para a contratação.".

[85] Lei nº 11.079/04, art. 6º, § 1º: "O contrato poderá prever o pagamento ao parceiro privado de remuneração variável vinculada ao seu desempenho, conforme metas e padrões de qualidade e disponibilidade definidos no contrato.".

[86] TCU, Acórdão nº 589/2004. Tratava-se de situação em que o Poder Público contratou escritório de advocacia que seria remunerado por um percentual sobre as benesses eventualmente obtidas para a Administração Pública.

[87] Segundo o art. 70 do Decreto nº 7.581/11, a licitação pelo RDC deverá seguir critérios objetivos de metas, padrões e prazos a serem atingidos, bem como quanto ao valor a ser pago. Para tanto, a remuneração variável estabelece um paradigma de desempenho, a ser minudentemente definido no instrumento convocatório. Logo, este padrão deve estar vinculado a metas, critérios de sustentabilidade ambiental, níveis de qualidade, prazos para se cumprir com as entregas, tudo de acordo com os projetos básico e executivo, termos de referência etc.

Veja que a Lei nº 8.666/93 não atrelou o pagamento do contratado aos resultados a serem obtidos. Ao contrário. O art. 55, inciso III, dispõe que todo o contrato deve ter cláusula que indique "[...] o preço e as condições de pagamento, os critérios, data-base e periodicidade do reajustamento de preços, os critérios de atualização monetária entre a data do adimplemento das obrigações e a do efetivo pagamento".

No Brasil, é a Lei nº 11.079/04 – *Lei das Parcerias Público-Privadas* – quem inaugura a possibilidade de contratações deste jaez. Confira: "Art. 6º, § 1º. § 1º O contrato poderá prever o pagamento ao parceiro privado de remuneração variável vinculada ao seu desempenho, conforme metas e padrões de qualidade e disponibilidade definidos no contrato.". Temos, aqui, ao fim e ao cabo, uma espécie de "sanção premial".

Perceba que os §§ 2º e 3º do art. 70 do Decreto federal nº 7.581/11 implementaram importantes critérios para se aplicar a remuneração variável. Em primeiro lugar – e nos parece óbvia esta premissa –, os eventuais ganhos provenientes de ações da administração pública não serão considerados no cômputo do desempenho do contratado. Até porque eles não foram conseguidos pelo esforço do contratado, enfim, não houve uma prestação sua (§ 2º). Então, os ganhos eventualmente obtidos a partir de ações do Poder Público não devem ser considerados no cômputo do desempenho do contratado. Logo, as metas devem ser alcançadas com base no exclusivo esforço do licitante.

Além disso, o valor da remuneração variável deverá ser **proporcional ao benefício a ser gerado** para a entidade estatal (§ 3º). Então, é claro que este benefício deve ser **mensurável quantitativamente**, até para que fique estampada que esta cláusula é justa e benéfica para ambas as partes, evitando-se, ao máximo, disputas posteriores.

A remuneração variável tem a intenção de trazer padrões de qualidade às compras públicas. Veja que, se os padrões técnicos são melhores, permite-se que o Estado consiga economizar na manutenção dos produtos, auferindo, pois, ganhos neste sentido. Sendo assim, estes benefícios podem ser partilhados no contrato administrativo.

Destaca-se que a ADI nº 4.645, pendente de julgamento perante o STF, questiona com bastante ênfase esta parte do RDC. Alega-se que a norma assim posta abre ensejo a que se tenha uma excessiva e inaceitável discricionariedade por parte do gestor público. Em termos pessoais, não se visualiza esta situação, uma vez que tudo ficará limitado a se conseguir uma maior ou uma menor vantajosidade com esta prática, guarnecido, no caso, o interesse público. Vantagens estas, aliás, a serem delimitadas com suficiência e objetividade no instrumento convocatório.

O gestor público não poderá adotar a remuneração variável caso o edital preveja um prazo adequado para a entrega do objeto. E se configurará claro desvio de finalidade no momento em que se consagra um prazo maior só para o particular conseguir o bônus pela entrega antecipada.

A remuneração variável pode ser aplicada em licitações que tenham por objeto a contratação de obras ou a prestação de serviços, ainda que de engenharia. Assim, este instituto não abarca, em seu âmbito de proteção, a aquisição pura de bens. A intenção do legislador em excluir licitações que visem a adquirir somente bens justamente teve por premissa o fato de que, neste caso, como os bens estão devidamente delimitados, evita-se o risco de que, no futuro, visualizem-se discrepâncias entre aquilo que foi contratado e aquilo que foi executado. Trata-se de uma opção por um *ganho maior de eficiência*.

Nunca se deve perder de vista que a opção pela remuneração variável deve estabelecer vantagens tais a trazer benefícios sempre em prol do interesse público, nunca primando pelos interesses meramente privados (por mais óbvio que essa premissa possa parecer). Os beneplácitos que gerarão uma maior remuneração não podem se sobreporem às finalidades públicas, ou seja, **não podem gerar vantagens inferiores aos valores pagos a título de retribuição pela eficiência do contratado** – tudo em homenagem ao **princípio da economicidade**. Resumindo mais uma vez: o valor pago deverá ser no mínimo proporcional ao benefício a ser gerado para o Estado.

A remuneração variável gera um questionamento: se o Poder Público admite pagar mais para a entrega prévia do objeto contratado, ou com uma maior vantagem, porque assim o edital não faria esta previsão? Complementando: se é sabido, p. ex., que se pode ter um prazo antecipado de entrega, poder-se-ia alegar que isso não poderia se traduzir como vantagem, a ser adicionalmente remunerada. Assim, a aplicação deste instituto deve ser visto com parcimônia. Até para se evitar, de outro lado, que não se aloquem metas inatingíveis.

ANÁLISE CRÍTICA

Na nossa ótica, a remuneração variável, da forma como foi disciplinada, e diante do regime jurídico-administrativo incidente, não traz uma espécie de incentivo, mas uma forma contratual com prestações alterativas. Explico. O contratado, no caso, terá duas opções: cumprir o contrato normalmente, recebendo, em contrapartida, certo valor.

Ou o particular pode optar, ao seu alvedrio, em prestar o objeto licitado de maneira mais qualitativa, recebendo, com isso, um valor adicional. Veja que, então, criou-se um *contrato com prestações alternativas*, que variam de acordo com a maior ou a menor eficiência do contratado no cumprimento das prestações que lhe são afetas.

O instituto em questão deverá ser **baseado em metas, em padrões de qualidade, em parâmetros de sustentabilidade ambiental** e diante do **prazo de entrega definidos pela administração pública no instrumento convocatório**.[88] Estes, aliás, são os padrões mínimos a serem impostos ao contratante. Explico: a administração pública deve garantir que se mantenha a qualidade mínima daquilo que se contrata, sem que, para tanto exista uma bonificação neste sentido.

Logo, esse beneplácito será ofertado quando o contratado preste o objeto do negócio em padrão superior àquele mínimo definido no edital, ou seja, quando o ente estatal recebe **vantagens adicionais**. Bem por isso que estes padrões devem ser **dimensionados no anteprojeto básico**. Enfim, as vantagens devem espelhar as boas práticas do mercado, até para se evitar privilégios indevidos e violação da imparcialidade.[89]

Típico exemplo seria a previsão de um prêmio aos contratantes de obra de engenharia na hipótese de ela ser concluída em prazo inferior ao previsto contratualmente. Contudo, a entrega da obra no cronograma avençado contratualmente *não pode ser considerada bonificação, porque é obrigação inerente ao contrato*. Trata-se de um dever contratual típico, a ser cumprido pelo contratante. Entregar a obra no prazo, salvo motivo de caso fortuito ou de força maior, não pode ser entendida como uma conduta mais eficiente, como um benefício entregue pelo particular ao Poder Público. Como dito, trata-se de simples dever "normal" do contrato.

Em resumo: a previsão de cláusulas de remuneração variável deve destoar da qualidade do objeto contratado, ou seja, não podem ser bonificadas cláusulas reputadas como sendo **essenciais** ao negócio jurídico feito com a Administração Pública. Não menos importante dizer que a cláusula em questão deve estar limitada pelas balizas orçamentárias específicas – o que, de certo, não representa um freio a possíveis fraudes, reclamando uma postura atenta dos órgãos fiscalizadores.

---

[88] Decreto federal nº 7.581/11, art. 70.

[89] Decreto federal nº 7.581/11, art. 70, § 4º: "Nos casos de contratação integrada, deverá ser observado o conteúdo do anteprojeto de engenharia na definição dos parâmetros para aferir o desempenho do contratado. ".

Para resumir

- A remuneração variável autoriza que o Poder Público premie com um valor adicional aquele contratante que cumprir certas metas de qualidade, previamente estipuladas de maneira objetiva no instrumento convocatório;
- Os eventuais ganhos provenientes de ações da administração pública não serão considerados no cômputo do desempenho do contratado;
- É imprescindível que o valor da remuneração variável seja proporcional ao benefício a ser gerado para a administração pública, sendo que este deve ser objetivamente definido no edital do certame;
- O instituto em questão deverá ser baseado em metas, em padrões de qualidade, em parâmetros de sustentabilidade ambiental, prazos de entrega, etc.;
- Tais dados devem ser dimensionados no instrumento convocatório e no anteprojeto base.

12. Contratações simultâneas

O RDC ainda permitiu que a **Administração Pública possa**, mediante justificativa expressa, **contratar mais de uma empresa ou instituição para executar o mesmo serviço**. Destaca-se que a Lei nº 12.462/11 (art. 11, *caput*, incisos I e II) autorizou esta prática em dois casos:

a) quando o objeto da contratação puder ser executado de forma concorrente e simultânea por mais de um contratado; ou

b) a múltipla execução for conveniente para atender à Administração Pública.

Assim, para o mesmo serviço, os entes estatais podem contratar a várias empresas para o fornecimento da mesma prestação. **Não se trata de contratação por itens**, dividindo o objeto maior em várias partes, gerando licitações autônomas, porque a contratação simultânea permite a contratação paralela de várias empresas.

Esse modelo contratual somente **não será possível**, segundo o próprio art. 11, *caput*, parte final, **quando gerar uma perda da economia de escala**. Deve-se perceber, contudo que, de regra, as contratações simultâneas geram esta perda aos contratantes. Para tanto, os objetos a serem contratados já devem estar disponíveis no mercado, ou seja, já devem estar oferecidos, com ofertas padronizadas aos consumidores em geral, e prontos para a aquisição em larga escala.

Podemos visualizar um exemplo interessante: quando o Poder Público quer contratar o serviço de telefonia móvel, pode, para este mesmo objeto, estabelecer negócio jurídico com várias operadoras, gerando um ganho substancial aos cofres públicos. Caso fosse contratado o serviço com uma só empresa, quando se quisesse ligar a outros telefones móveis de prestadoras diversas, o valor da chamada, como se sabe, acabaria saindo por um valor consideravelmente mais caro. Na hipótese aventada, como se contrata com várias delas, pode-se discar de telefones coligados à mesma operadora, o que faz com que o preço da chamada se reduza.

A mesma lição poderia ser aplicada no caso de contratação de transporte aéreo de passageiros, onde seria muito mais eficaz se ter a contratação simultânea – com várias companhias – para o mesmo objeto. A cada aquisição de bilhete aéreo, poder-se-ia optar pela companhia que oferece o menor preço por trecho.

Como dito, a contratação simultânea, segundo o art. 11, § 2º, da Lei nº 12.462/11, não pode implicar perda de economia de escala. Além disso, **não pode ser aplicado para contratações de serviços de engenharia**. O Decreto federal nº 7.581/11 (art. 71, parágrafo único) restringiu ainda mais o uso deste tipo de contrato, porque vedou também sua aplicação às **obras de engenharia**, não somente aos serviços, como fez a lei.

Além disso, destaca-se que cada um dos contratos feitos pela Administração Pública reclama um controle específico. Esta fiscalização, então, deve ser individualizada. Por isso que se deve, de antemão, definir as atividades a serem executadas por cada contratado.

Para resumir

- O instituto da contratação simultânea permite que determinado ente público contrate mais de uma empresa ou instituição para executar o mesmo serviço;
- Isso será feito quando o objeto da contratação puder ser executado de forma concorrente e simultânea por mais de um contratado, ou quando da múltipla execução for conveniente para atender à Administração Pública;
- Este instituto não se confunde com a contratação por itens. Aqui, o objeto contratual maior divide-se em várias partes, gerando licitações autônomas;
- A contratação simultânea é vedada quando se perceber uma perda na economia de escala, bem como para a aquisição de serviços de engenharia.

13. Procedimento

A partir do texto do art. 12 da Lei nº 12.462/11, pode-se retirar uma sequência lógica do procedimento do RDC, a saber:

a) fase preparatória (interna);[90]

b) publicação do instrumento convocatório;

c) apresentação de propostas ou lances;

d) julgamento das propostas apresentadas;

e) habilitação;[91]

f) fase recursal – interposição e julgamento de das impugnações;

g) encerramento.

Seriam estas as fases estipuladas, como regra, pelo regime diferenciado em questão. Primeiramente, compete mencionar que a **fase interna** (ou **fase preparatória**) consiste no momento no qual a autoridade licitante deverá definir aspectos nodais no que se refere ao procedimento licitatório, instruindo o expediente com os documentos essenciais e exigidos pela lei. Além disso, devem-se elaborar certas justificativas, listadas nos atos normativos pertinentes e a seguir apresentadas de maneira sistemática.

Exemplificando. Na fase interna, além da justificativa da contratação, também agora o gestor deve justificar o porquê está adotando o RDC, ou porque não esta adotando.

Note que o regime diferenciado não trouxe as exigências de natureza orçamentária exigidas pela Lei nº 8.666/93, art. 7º, § 2º, incisos III e IV. No entanto, essa matéria foi disciplinada pelo Decreto nº 7.581/13 (art. 4º, incisos V e VI), momento em que compreendeu que deveria ser

[90] Cujo detalhamento pode ser conferido no art. 4º do Decreto nº 7.581/11. Ali é estabelecida uma lista de ações a serem operacionalizadas pelo agente público. Sua redação consolida, em muito, os entendimentos do TCU sobre a matéria.

[91] Somente é analisada a documentação do vencedor do certame. Destaca-se, também, que a habilitação poderá ser prévia ao julgamento das propostas.

indicada, na fase interna (preparatória), a fonte de recursos suficiente para a contratação, e a declaração de compatibilidade do certame para com o plano plurianual, no caso de investimento cuja execução ultrapasse um exercício financeiro.

Importante destacar, também, que o art. 4º, inciso VIII, do Decreto nº 7.581/11, **substitui o termo de referência pelo projeto básico** ou **executivo**, quando se tratar de **obras ou serviços de engenharia**. Além disso, outra precisão terminológica deve ser feita: a Lei nº 8.666/93 aplica o projeto básico para quaisquer obras ou serviços, *sem qualquer necessidade de que sejam "de engenharia"*, como assim o faz o RDC. Em nossa opinião, agiu certo este último diploma normativo, justamente porque estes documentos são característicos das contratações ligadas à engenharia.

Um ponto ainda mais complexo deve ser bem delimitado: tanto o art. 6º, inciso X, da Lei nº 8.666/93, como o art. 2º, inciso V, da Lei nº 12.462/01, impõem que se confeccione o **projeto executivo** somente quando se quiser contratar **obras**. Contudo, existem serviços de engenharia não ligados a este tipo de objeto, mas que reclamariam o projeto executivo. Sendo assim, ainda que não se trate de uma providência obrigatória, no caso de se necessitar contratar serviços de engenharia – desatrelados de uma obra – ainda assim, diante do caso concreto, deve ser evidenciada esta providência.

Destaca-se, neste ponto, que os serviços de apoio à Administração são considerados serviços de engenharia (conserto de encanamento, pintura de paredes, troca de peças de elevador, etc.). Cabe referir que a diferenciação entre obra e serviço de engenharia não é tranquila. Alguns critérios podem ser indicados: quando houver a modificação corpórea (física) de um bem, estaremos diante de obra. Caso contrário, estaremos diante de serviços. Outro parâmetro coloca a questão nos seguintes termos: caso haja uma predominância no fornecimento de bens, em relação às atividades (operação), estaremos diante de obra, e não de serviço.[92]

Sobre o instrumento convocatório, cabe referir que o art. 40 da Lei nº 8.666/93, definia o edital em três partes: *preâmbulo, cláusulas necessárias* e *anexos obrigatórios*. A partir desta sistematização, a jurisprudência dizia que a omissão do preâmbulo não reputava o nulo o instrumento convocatório, desde que as informações dele estivessem no corpo do documento. Então, de certa forma, este entendimento foi acatado

[92] A distinção entre *obra* e *serviço de engenharia* mostrava-se pouco relevante frente aos termos da Lei nº 8.666/93. A dicotomia começa a ganhar força com o advento do pregão e do entendimento de que, por esta via, poder-se-ia contratar os *serviços comuns de engenharia (não uma obra).*

pelo RDC, **porque retirou a necessidade de que se tenha o preâmbulo no edital**.

O edital deve ser publicado somente quando já estejam confeccionados e disponíveis aos eventuais interessados os documentos previstos no art. 4º do Decreto nº 7.581/11, e art. 6º, § 3º, da Lei nº 12.462/11. Do contrário, evidenciar-se-ia patente nulidade do certame.[93]

ANÁLISE CRÍTICA

Uma questão interessante a ser enfrentada no âmbito do procedimento, refere-se ao fato de que o RDC silenciou quanto à necessidade de se colher o parecer da assessoria jurídica do órgão ou do ente. Este documento serve para ofertar opinião acerca das minutas de editais de licitação, bem como as dos contratos, acordos, convênios ou ajustes, conforme determina o art. 38, parágrafo único, da Lei nº 8.666/93. No âmbito federal, pensamos que a questão está bem encaminhada, especialmente a partir do que dispõe o art. 7º, inciso I, do Decreto nº 7.581/11, bem como diante do art. 11, inciso VI, alínea "a", da Lei Complementar nº 73/93 (*Lei Orgânica da Advocacia-Geral da União*). Estas regras expressamente determinam que as minutas de edital devam ser submetidas à apreciação prévia das assessorias.

No âmbito dos demais entes federados, poder-se-ia pensar que a norma local poderia dispor a matéria de maneira diversa. Não é essa a melhor interpretação. A manifestação das consultorias jurídicas não é um ato meramente burocrático, mas essencial nos certames públicos, a fim de dar correção e perfazer o devido controle jurídico às licitações. Assim, consideramos que, no caso, incide por, analogia, no âmbito do RDC, o referido art. 38, parágrafo único, da lei geral. E mesmo a Lei nº 12.462/11, no inciso II do art. 4º, determina que a padronização de instrumentos convocatórios e minutas de contratos devem contar com previa aprovação pelo órgão jurídico competente. Sendo assim, consideramos que, em todos os certames públicos das esferas estatais, municipais e distrital, o parecer jurídico sobre minutas de editais de licitação, contratos, acordos, convênios ou ajustes deve ser exarado.[94]

Destaca-se um importante ponto. Na linha do que propôs a Lei nº 10.520/02, legislação que disciplina a modalidade de pregão, o RDC também impõe, como regra, a seguinte sequência de fases: primeiro se seleciona a melhor proposta e, após, somente no que se refere ao vencedor, analisam-se os requisitos de habilitação. Os documentos exigíveis

[93] TCU, Acórdão nº 1.167/2014, Pleno.

[94] A natureza jurídica deste parecer foi definida no STF, MS 24.631, Rel. Min. Joaquim Barbosa, Pleno, j. 07/08/07.

são os constantes dos arts. 27 a 33 da Lei nº 8.666/93, conforme art. 14 da Lei nº 12.462/11, e art. 45 do Decreto federal nº 7.581/11. Percebe-se que, no RDC, a fase de habilitação não possui mudanças substanciais em relação ao regime geral,[95] salvo no caso de se poderem exigir condições de sustentabilidade dos interessados.[96]

Por exemplo: para celebrar contratos com a Administração Pública direta ou indireta (que também se sujeita às leis de licitação), bem como para participar de concorrências públicas, o contratante ou proponente deverá provar a quitação de todos os tributos relativos à atividade que contrata ou a que concorre. Esta quitação abrange os tributos devidos à Fazenda Pública interessada, salvo lei em sentido contrário (art. 193 do Código Tributário Nacional).[97] Perceba que o art. 29 da Lei nº 8.666/93 reclama, como condição para a habilitação em concorrências públicas, prova de regularidade com a Fazenda Federal, Estadual, Municipal, com a seguridade social e com o FGTS (art. 195, § 3º, da Constituição Federal). Pode a lei, todavia, expressamente autorizar a celebração de contrato, ou o recebimento de proposta em concorrência pública, sem exigência da quitação de tributos.

Ademais, o RDC permitiu a participação dos licitantes sob a forma de **consórcio** (art. 14, parágrafo único, inciso I), o que, a nosso ver, é medida que estimula a competitividade, porque certas empresas, caso participassem do certame de maneira isolada, não teriam condições de concorrer. Ao se associarem, ganham fôlego para tal mister.[98] Para tanto, o art. 51 do Decreto federal nº 7.581/11 estabeleceu inúmeros requisitos para que isso aconteça:

a) necessidade de comprovação do compromisso público ou particular de constituição de consórcio, subscrito pelos consorciados;

---

[95] As condições de habilitação são requisitos econômico-financeiros, jurídicos e técnicos para que o licitante vencedor possa bem prestar o objeto do certame, ou seja, são condições que a lei e o edital estabelecem para se ter a segurança jurídica necessária a evitar a frustração da execução do contrato.

[96] Importante que o julgamento e os critérios para a habilitação dos interessados possam ser compreendidos a partir dos postulados da razoabilidade e da proporcionalidade. Significa dizer que os interessados devem ser desclassificados somente quando *efetivamente* não tenham condições de participar do certame e de prestar o objeto contratual.

[97] Código Tributário Nacional, art. 193: "Salvo quando expressamente autorizado por lei, nenhum departamento da administração pública da União, dos Estados, do Distrito Federal, ou dos Municípios, ou sua autarquia, celebrará contrato ou aceitará proposta em concorrência pública sem que o contratante ou proponente faça prova da quitação de todos os tributos devidos à Fazenda Pública interessada, relativos à atividade em cujo exercício contrata ou concorre.".

[98] Não é a toa que o TCU (Acórdão nº 935/2010, Pleno) vem incentivando esta participação.

b) indicação da pessoa jurídica responsável pelo consórcio, que deverá atender às condições de liderança fixadas no instrumento convocatório – no caso de se ter um consórcio que seja composto por empresas brasileiras e estrangeiras, necessariamente a liderança deve recair sobre uma empresa nacional;[99]

c) apresentação dos documentos exigidos no instrumento convocatório por cada consorciado, admitindo-se, para efeito de qualificação técnica, o somatório dos quantitativos de cada consorciado;

d) comprovação de qualificação econômico-financeira, mediante:

  d1) apresentação do somatório dos valores de cada consorciado, na proporção de sua respectiva participação, podendo a administração pública estabelecer, para o consórcio, um acréscimo de até trinta por cento dos valores exigidos para licitante individual;[100] e

  d2) demonstração de que cada consorciado atende os requisitos contábeis definidos no instrumento convocatório; e

  d3) impedimento de participação de consorciado, na mesma licitação, em mais de um consórcio ou isoladamente.

Note que o RDC, no art. 51, § 5º, do Decreto nº 7.581/11, fixou número mínimo e máximo de licitantes para cada consórcio. O Tribunal de Contas da União já se pronunciou em ambos os sentidos: proibindo e autorizando a limitação do números de pessoas jurídicas associadas. Justifica-se a autorização para os interessados consorciarem-se, sem se impor qualquer limitação neste aspecto, tendo em vista que, assim, potencializa-se, como dito, uma maior competitividade.[101] No entanto, pode-se, com isto, angariar um efeito diametralmente oposto, momento em que os potenciais competidores, que teriam estofo para competir isoladamente, consorciam-se, partilhando dos lucros de um contrato com custo muito maior ao Poder Público. Neste caso, atento a este estratagema, o TCU permitiu a limitação, desde que justificada.[102]

Destaca-se que, quando se franquear a participação de consórcio, deverá constar, no instrumento convocatório, **cláusula de responsabi-**

---

[99] Decreto federal nº 7.581/11, art. 51, § 2º.

[100] A equalização feita pelo RDC estabelece uma margem maior de *trinta por cento* ao licitante individual em relação ao consorciado, no que se refere ao critério preço. Contudo, se *todo o* consórcio for composto por *Micro e Pequenas Empresas (MPE)*, a equalização não se aplica. Mas, neste último caso, como dito, *o consórcio tem de ser formado todo ele por MPE's*. Não basta estar composto apenas por uma ou algumas empresas desta natureza.

[101] TCU, Acórdão nº 1.240/2008, Pleno.

[102] TCU, Acórdãos nº 718/2011, Pleno, e nº 1.332/2006, Pleno.

lidade solidária no compromisso de constituição de consórcio a ser firmado pelos licitantes. Tal disposição deverá ser **repetida no contrato** a ser celebrado pelo consórcio vencedor.

Importante notar que a **substituição** de uma empresa consorciada somente poderá ser aceita, caso expressamente **autorizada** pelo órgão ou entidade contratante, sob pena de nulidade do câmbio. Além disso, o instrumento convocatório poderá, no interesse da administração pública, fixar a quantidade máxima de pessoas jurídicas organizadas por consórcio.[103]

Caso o vencedor seja inabilitado, analisam-se os requisitos do segundo colocado, e assim por diante. Relembre que está lógica não é acolhida pela Lei nº 8.666/93, que impõe que se tenha, por primeiro, a habilitação de todos os concorrentes para, somente em momento subsequente, selecionar-se a melhor proposta.

O interessante é que o RDC permitiu que o administrador público, motivadamente, em vez de adotar a regra da habilitação posterior à seleção da melhor proposta, em casos excepcionais, mantivesse a lógica da Lei nº 8.666/93, estabelecendo uma sequência de fases que segue a habilitação e, depois, a seleção da melhor proposta (art. 12, parágrafo único). Veja que temos aqui uma novidade, porque em nenhum outro diploma esta inversão ou não de fases é compreendida como um ato discricionário do agente estatal.

ANÁLISE CRÍTICA

Por vários motivos considera-se a inversão salutar. O principal deles consiste no fato de esta opção gerar um ganho em celeridade e em agilidade. Veja que, caso se tenham cinco concorrentes e as fases do certame sejam estabelecidas da seguinte forma: habilitação e julgamento das propostas, ter-se-ão tantos recursos da primeira fase quantos forem os concorrentes. Caso as fases sejam inversas, eventual recurso da habilitação será movido somente para com o vencedor, diminuindo-se consideravelmente a complexidade do certame. Sem contar que a análise dos documentos de habilitação será feita apenas do vencedor, e não de todos os outros. E é razoável que assim seja, porque interessa saber somente se aquele que se contratará tem a capacidade técnica, financeira, contábil, etc. para prestar o objeto a ser adquirido.

Então, depois da definição do licitante vencedor, passa-se à verificação da habilitação somente dele, analisando-se os documentos

[103] Decreto federal nº 7.581/11, art. 51, § 5º.

listados nos arts. 27 a 33, da Lei nº 8.666/93, de acordo com o que dispõe o art. 45, do Decreto federal nº 7.581/11. Neste caso, existirá uma única fase recursal, a ser iniciada após a habilitação do licitante vencedor.

Nesse específico aspecto, detectamos uma incompatibilidade do Regulamento do RDC (Decreto federal nº 7.581/11, art. 50, I) para com a lei que disciplina tal regime licitatório (Lei nº 12.462/11, art. 14, inciso III). Perceba que esta última regra determina que "[...] no caso de inversão de fases, só serão recebidas as propostas dos licitantes previamente habilitados;", enquanto o primeiro diploma infralegal diz que "[...] os licitantes apresentarão simultaneamente os documentos de habilitação e as propostas;". Logo, o decreto exigiu a entrega das propostas e dos documentos relativos à habilitação em momento único, ou seja, já na primeira fase do certame, mantendo, pois, a mesma sequência de etapas do certame – julgamento das propostas, seguido da fase de habilitação. Já a lei do RDC regrou o procedimento de maneira diversa, ou seja, somente serão recebidos os documentos relativos à habilitação **após o julgamento das ofertas, e somente do vencedor**.

ANÁLISE CRÍTICA

Não nos parece proporcional a disciplina normativa fixada no regulamento, momento em que se visualizaria, assim, efeito suspensivo automático ao recurso. Primeiramente, é claro que, por uma questão de hierarquia das fontes normativas, um decreto não pode ser *contra legem*,[104] nem mesmo *praeter legem*.[105] Assim, o decreto não poderia ter disciplinado matéria de encontro à lei ou fora dos limites normativos. Sendo assim, neste ponto, o Decreto federal nº 7.581/11 deveria ser considerado ilegal.

Sem contar o fator apontado, a opção do decreto acaba por gerar outras críticas. No momento em que o recebimento das ofertas dos interessados fica atrelado ao recebimento também dos documentos de habilitação, o procedimento que era para ser célere, acaba tornando-se muito mais custoso e complexo. A inversão de fases tinha justamente por finalidade permitir com que o procedimento se tornasse menos oneroso, tendo em vista que somente seria exigida a

[104] A questão caracterizará, sempre, típica crise de legalidade ("Se a interpretação administrativa da lei, que vier a consubstanciar-se em decreto executivo, divergir do sentido e do conteúdo da norma legal que o ato secundário pretendeu regulamentar, quer porque tenha este se projetado *ultra legem*, quer porque tenha permanecido *citra legem*, quer, ainda, porque tenha investido *contra legem*, a questão caracterizará, sempre, típica crise de legalidade, e não de inconstitucionalidade, a inviabilizar, em conseqüência, a utilização do mecanismo processual da fiscalização normativa abstrata." (STF, ADI 996, Rel. Min. Celso de Mello, Pleno, j. 11/03/1994).

[105] É o regulamento editado autonomamente em relação à lei (STF, RE 322.348 AgR, Rel. Min. Celso de Mello, 2ª Turma, j. 12/11/2002).

documentação relativa à habilitação do vencedor, e não dos demais, como prevê o decreto. Além disso, o controle acerca

Destaca-se que o RDC prevê **uma única fase recursal**, que se iniciará depois da habilitação do vencedor, exceto no caso de inversão de fases (habilitação e depois a seleção da melhor proposta), quando haverá recurso da fase de habilitação e recurso da fase de julgamento das propostas. Assim, caso se superem eventuais impugnações e se tenha ao menos um licitante habilitado a fornecer o bem ou o serviço objeto da licitação, convoca-se o vencedor a assinar o contrato (art. 59 do Decreto federal nº 7.581/11).

Além disso, o diploma normativo comentado induz que as licitações sejam praticadas de **maneira eletrônica**, sendo este o modo **preferencial** a ser adotado. Logo, caso o administrador público não pretenda adotar o procedimento pela via eletrônica, deverá externar suficiente e pertinente justificativa. Tanto que o art. 13, parágrafo único, da Lei nº 12.462/11, determina que "[...] nos procedimentos realizados por meio eletrônico, a administração pública poderá determinar, como condição de validade e eficácia, que os licitantes pratiquem seus atos em formato eletrônico". Contudo, este dispositivo *não pode ser aplicado ao RDC presencial*, por uma incompatibilidade lógica.

Caso a autoridade licitante não visualize irregularidades e ainda assim mantenha o interesse em contratar, deverá proceder à **adjudicação** do objeto, à **homologação** da licitação e à **convocação** do licitante vencedor para a assinatura do contrato – conforme art. 60, inciso IV, do Decreto federal nº 7.581/11. Estas últimas ações, diz o dispositivo, deverão ser "preferencialmente em **ato único**".

A fim de permitir a sistematização da matéria, apresenta-se a sucessão de atos que compõem o procedimento do RDC:

a) FASE INTERNA:[106]

a1) justificativas:

a1.1) para a contratação e para a adoção do RDC;

a1.2) técnica, com a devida aprovação da autoridade competente, no caso de adoção da inversão de fases de julgamento e de habilitação;

a1.3) para a fixação dos fatores de ponderação na avaliação das propostas técnicas e de preço (quando escolhido o critério de julgamento por técnica e preço), a indi-

[106] Tudo de acordo com o art. 4ª do Decreto federal nº 7.581/11.

cação de marca ou modelo, a exigência de amostra, a exigência de certificação de qualidade do produto ou do processo de fabricação, e a exigência de carta de solidariedade emitida pelo fabricante;

a1.4) justificativa da vantajosidade da divisão do objeto da licitação em lotes ou parcelas para aproveitar as peculiaridades do mercado e ampliar a competitividade, desde que a medida seja viável técnica e economicamente, e não haja perda de economia de escala;

a2) definição do objeto da contratação, do orçamento e preço de referência, remuneração ou prêmio, conforme critério de julgamento adotado, dos requisitos de conformidade das propostas, dos requisitos de habilitação, das cláusulas que deverão constar do contrato (inclusive as referentes a sanções e, quando for o caso, a prazos de fornecimento), do procedimento da licitação, com a indicação da forma de execução e do modo de disputa e do critério de julgamento;

a3) indicação da fonte de recursos suficiente para a contratação;

a4) declaração de compatibilidade com o plano plurianual, no caso de investimento cuja execução ultrapasse um exercício financeiro;

a5) elaboração do termo de referência;

a6) elaboração do projeto básico, anteprojeto básico e/ou executivo para a contratação de obras e serviços de engenharia;

a7) elaboração do instrumento convocatório; e da

a8) minuta do contrato, quando houver;

a9) aprovação pelo órgão jurídico;

a10) designação da comissão de licitação.

b) FASE EXTERNA:

b1) publicação do instrumento convocatório;

b2) recebimento das propostas;

b3) solenidade de julgamento das propostas;

b4) inícios da eventual fase de negociação das propostas;

b5) elaboração da ata indicando o resultado do certame;

b6) habilitação do licitante vencedor, verificando sua adequação aos requisitos da Lei nº 12.462/11, combinado com a Lei nº 8.666/93;

b7) abertura de prazo para a apresentação de eventuais recursos;

b8) julgamento dos recursos;

b9) encerramento do certame:

b9.1) adjudicação do objeto licitado;

b9.2) homologação; e

b9.3) assinatura do contrato.

Por oportuno, cabe destacar que o art. 35 do Decreto nº 7.581/11, determina que: "Os bens e direitos arrematados serão pagos à vista, em até um dia útil contado da data da assinatura da ata lavrada no local do julgamento ou da data de notificação.". Esta providência, na prática, é de difícil implementação, porque, depois da arrematação e da assinatura da ata, outros atos devem ser praticados. Assim, o "pagamento à vista, em até um dia útil contado da data da assinatura da ata lavrada no local do julgamento ou da data de notificação" não tem como ser efetivado de plano ou da forma prevista pelo regulamento, tendo em vista que, necessariamente, praticar-se-ão atos anteriores ao mencionado pagamento, como os recursos do julgamento, a adjudicação, a homologação, etc.

Importante deixar claro, nesse aspecto, que o **orçamento** e o **preço de referência** são **institutos diversos**. O "orçamento", ou "valor orçado", ou "valor de referência", ou simplesmente "valor estimado" não se confunde com "preço máximo" que o Poder Público está disposto a pagar, o que, neste último caso, desclassificaria as propostas que formulem valores em superiores. Veja que o montante orçado, a depender do que prevê o instrumento convocatório, pode eventualmente ser definido como o preço máximo a ser praticado em determinada licitação, *mas não necessariamente*. Veja o exemplo: em certa licitação, o preço máximo poderia ser estipulado a partir do montante que consta no orçamento, adicionado de determinado percentual. Logo, o preço máximo aceitável não necessariamente será aquele constante no orçamento, Fica claro, então, que estes dois institutos não se confundem.[107]

Deve-se ter em mente que a pesquisa de preços antecede a elaboração do orçamento de licitação. Tal situação demanda uma avaliação crítica dos valores obtidos, a fim de que sejam descartados aqueles que

[107] Tudo conforme TCU, Acórdão nº 392/2011, Pleno.

apresentem grande variação em relação aos demais e, por isso, comprometam a estimativa do preço de referência.[108] Destaca-se, por oportuno, que o orçamento deve ser o mais detalhado possível, com avaliações presumíveis ou estimativas focadas apenas naquilo em que o anteprojeto não conseguiu prever parâmetros.[109]

Como bem diz o próprio TCU: "Para a estimativa do preço a ser contratado, é necessário consultar as fontes de pesquisa que sejam capazes de representar o mercado".[110] Para isto, o Poder Público dispõe de inúmeras fontes que bem podem ser conjugadas, a saber: valores dispostos e anunciados em mídia impressa ou virtual, valor de contratações similares (sejam elas públicas ou privadas), aqueles fixados nas atas dos Sistemas de Registro de Preços, etc.[111]

Para resumir

- O RDC apresenta a seguinte sequência de fases no que se refere ao procedimento: fase preparatória (interna), publicação do instrumento convocatório, apresentação de propostas ou lances, julgamento das propostas apresentadas, habilitação (análise da documentação somente do vencedor), interposição e julgamento de recursos, e encerramento;
- A fase interna (ou preparatória) é o momento em que o ente público define os aspectos principais do certame, delimitando o objeto a ser contratado, a qualificação dos licitantes, o modo de disputa, a forma de julgamento, a indicação da fonte de recursos para custeio da despesa, etc.;
- O RDC aboliu a necessidade de que se tenha um preâmbulo no instrumento convocatório;
- Caso o gestor público julgue conveniente, poderá inverter as fases do procedimento licitatório, alocando a habilitação em momento anterior ao julgamento das propostas;
- Na habilitação, podem ser exigidas dos interessados condições de sustentabilidade;

[108] TCU, Acórdão nº 403/2013, 1ª Câmara.

[109] TCU, Acórdão nº 1.510/2013, Pleno.

[110] TCU, Acórdão nº 868/2019, Pleno.

[111] "Esse conjunto de preços ao qual me referi como 'cesta de preços aceitáveis' pode ser oriundo, por exemplo, de pesquisas junto a fornecedores, valores adjudicados em licitações de órgãos públicos – inclusos aqueles constantes no ComprasNet –, valores registrados em atas de SRP, entre outras fontes disponíveis tanto para os gestores como para os órgãos de controle – a exemplo de compras/contratações realizadas por corporações privadas em condições idênticas ou semelhantes àquelas da Administração Pública –, desde que, com relação a qualquer das fontes utilizadas, sejam expurgados os valores que, manifestamente, não representem a realidade do mercado." (TCU, Acórdão nº 2.170/2007).

- Caso o vencedor seja inabilitado, analisam-se os requisitos do segundo colocado, e assim por diante;
- A participação de empresas consorciadas (consórcios) é permitida. No âmbito federal foram estabelecidos inúmeros requisitos. Quando for permitida a concorrência por meio de associação de pessoas jurídicas, o edital e o contrato deverão conter cláusula de responsabilidade solidária no compromisso de constituição de consórcio a ser firmado pelos licitantes;
- O RDC prevê uma única fase recursal, que se iniciará depois da habilitação do vencedor, exceto no caso de inversão de fases (habilitação e depois a seleção da melhor proposta), quando haverá recurso da fase de habilitação e recurso da fase de julgamento das propostas;
- Tal diploma prefere que as licitações sejam praticadas de maneira eletrônica.

13.1 Comissão de licitação

Interessa notar que o RDC[112] optou por manter a sistemática da Lei nº 8.666/93, ou seja, conservando a **necessidade de se nomear comissão de licitação**, em vez de o procedimento ser conduzido por pessoa única, como ocorre na modalidade de pregão, que é dirigido pela figura, claro, do "pregoeiro". Além disso, a Lei nº 12.462/11 não menciona as atribuições da Comissão de Licitação, sendo que esta listagem ficou a cargo do regulamento do RDC, ou seja, do art. 7º do Decreto federal nº 7.581/11.

Cabe referir que a comissão pode ser **permanente** ou **especial**. No primeiro caso, a comissão será constituída de maneira perene, ou seja, para uma série de licitações. No segundo, ela será formada para um certame específico, não raras vezes composta por membros não pertencentes aos quadros do órgão público licitante. Em termos objetivos, a comissão especial é constituída para um RDC específico, devendo receber, para tanto, a devida justificativa. Isto geralmente ocorre no caso de licitação cujo critério de julgamento será pelo melhor conteúdo artístico, tendo em vista que o julgamento, aqui, reclama conhecimentos muito peculiares. Por último, quando se **muda um membro da comissão**, entende-se que se tem uma **nova comissão**.

Segundo o art. 6º, § 1º, do Decreto federal nº 7.581/11, a comissão devera ser composta por **no mínimo três membros**, até para se ter uma

[112] Lei nº 12.462/11, art. 34.

pessoa que detenha um **voto de desempate**, que é conferido ao **presidente**. Este último, em verdade, vem a **presentar a comissão**.

O membro desse colegiado deve ser tecnicamente qualificado, ou seja, ter noções teóricas e práticas sobre licitações, na mesma linha do que é exigido do pregoeiro. Logo, obriga-se que o membro deste órgão demonstre o devido conhecimento técnico para tal mister – o que deve ser refinado a partir de

Interessante notar que o art. 34, § 2º, da Lei nº 12.462/11,[113] determina que todos os integrantes da comissão são **solidários** no que tange à **responsabilidade pelos atos praticados**. A não ser se conste na ata o voto divergente de um membro. Assim, este agente que divergiu não será responsabilizado.

A lógica do RDC invoca que a competência da comissão de licitação não se resume ao julgamento. Também, quer que ela auxilie em outras fases do certame, como na elaboração das minutas de edital, em responder e em esclarecer certos questionamentos, etc.[114] Veja que este órgão pode também **praticar diligências** – fato que não é inédito, porque já previsto no art. 43, § 3º, da Lei nº 8.666/93.

Mais especificamente, quando se tratar medidas de saneamento destinadas a esclarecer informações, corrigir impropriedades na documentação de habilitação ou complementar a instrução do processo, a Comissão pode assim atuar, **desde que não altere a "substância da proposta"** – art. 7º, § 2º, do Decreto federal nº 7.581/11. Neste aspecto, ficou omissa a delimitação do que seja, em essência, este termo legal. Consideramos que qualquer diligência tomada neste sentido não pode alterar o *valor do objeto*, nem o seu *conteúdo*. Pequenas falhas que não comprometam a licitude da disputa, ou que não violem o interesse público não possuem o condão de prejudicar a licitação.[115]

O RDC, então, previu a possibilidade de se complementar a instrução do processo, ou seja, pode-se permitir que a empresa junte documentos, mesmo depois do prazo assinalado. Isto deve ser autorizado somente quando se comprovar que existe uma vantagem à Administração Pública, e desde que não se altere a substância das propostas. O caso concreto é que dirá o que pode ser saneado ou não. Claro que há, aqui, um alto grau de discricionariedade do gestor público. Neste contexto, pensa-se que existirão vários casos-limite, inseridos em verdadeira zona de incerteza.

---

[113] Repetido pelo art. 6º, § 2º, do Decreto federal nº 7.581/11.

[114] Decreto federal nº 7.581/11, art. 7º, § 1º.

[115] TCU, Acórdão nº 1.758/2003, Pleno.

Para resumir

- O RDC manteve a necessidade de se nomear comissão de licitação para conduzir o certame, em vez de o procedimento continuar a ser presidido por pessoa única – como ocorre na modalidade de pregão;
- A comissão processante pode ser permanente ou especial;
- Os membros da comissão de licitação devem ser tecnicamente qualificados e, no âmbito federal, são de no mínimo três, tendo o presidente o voto de desempate;
- Os integrantes que compõem órgão são solidários no que tange à responsabilidade pelos atos praticados, salvo se conste na ata o voto divergente de um membro;
- O regime diferenciado permitiu, inclusive, que a comissão de licitação possa praticar diligências, quando para esclarecer informações, para corrigir impropriedades na documentação de habilitação ou para complementar a instrução do processo, desde que não altere a "substância da proposta".

13.2. Fase de negociação com os licitantes

As propostas deverão ser apresentadas **no prazo de dez a trinta dias**, conforme o objeto a ser contratado e o critério de julgamento adotado, tudo a ser **mencionado no instrumento convocatório** – art. 15 da Lei nº 12.462/11. Encerrado o prazo, segue-se à apresentação e ao julgamento das propostas.[116] Após este ato, a comissão processante classificará as propostas em ordem decrescente, sendo considerado o primeiro colocado aquele que fizer uma oferta mais vantajosa e, assim, sucessivamente.

No momento, então, que o resultado é definido, a Administração Pública pode **negociar uma proposta mais vantajosa com o vencedor**. Segundo o RDC, estas tratativas podem ser feitas em três situações:[117]

a) quando a proposta do vencedor está de acordo com o orçamento (não supera o limite máximo nele previsto) e se passa a negociar com este licitante mais bem colocado;

b) quando a proposta do vencedor não está de acordo com o orçamento (não respeita o limite orçado) e com este sujeito se negocia;

[116] É importante perceber que a comissão de licitação deve, a todo custo, deixar o procedimento licitatório hígido, sanando eventuais falhas que sejam passíveis de correção.

[117] Lei nº 12.462/11, art. 26; Decreto federal nº 7.581/11, art. 43, §§ 2º e 3º, e art. 59.

c) quando a proposta do vencedor não respeita o limite orçado, e então se negocia com os demais licitantes;

Vamos dar cabo de perfazer uma breve exposição acerca de cada uma destas situações. Em um primeiro momento, o RDC autoriza que se negocie proposta mais vantajosa com o primeiro colocado, mesmo que seu lance esteja abaixo do valor do orçamento. Em termos objetivos, seu lance é válido e homologado como a proposta mais bem classificada, passando-se a negociar uma oferta ainda mais vantajosa. Neste caso, podemos dizer que a atividade negocial, em tese, somente será efetiva, quando o orçamento permanecer sigiloso, porque, do contrário, o licitante vencedor não teria vantagem alguma em reduzir sua proposta. Afinal, já se sagrou vencedor.

Em um segundo cenário, o art. 24, inciso III, da Lei nº 12.462/11, determina que se devam desclassificar as propostas de valor superior ao orçamento de referência.[118] Contudo, destacamos que esta providência não pode ser visualizada de maneira absoluta, especialmente diante da previsão contida no *caput* e no parágrafo único do art. 26. Aqui, sabe-se que a proposta do primeiro colocado superou o limite estabelecido no orçamento. Nesta situação, o art. 26, *caput*, da *Lei do RDC*, autoriza a Administração Pública negociar condições mais vantajosas com o primeiro colocado, a fim de que ele adeque sua proposta às balizas do edital.

Em um terceiro momento, quando o primeiro colocado não aceita baixar o seu valor, ou seja, nega-se a adequar seu lance aos limites orçamentários, pode-se negociar, então, com os demais licitantes, segundo a ordem de classificação inicialmente estabelecida. Isto ocorre, como dito, quando o preço do primeiro colocado, mesmo após a negociação, for desclassificado, por sua proposta permanecer acima do orçamento estimado.

ANÁLISE CRÍTICA

A regra é por deveras confusa e dá a entender que, neste caso, todos os licitantes acabaram formulando lances superiores ao orçamento de referência. Assim, a Administração Pública poderia negociar com o primeiro colocado a redução deste montante. Caso ele se negue a reduzir seus custos e adequar sua proposta abaixo do montante esti-

[118] Uma exceção a este dispositivo está contida no inciso II do § 2º do art. 42 do Decreto federal nº 7.581/11: "[...] em situações especiais, devidamente comprovadas pelo licitante em relatório técnico circunstanciado aprovado pela administração pública, poderão ser aceitos custos unitários superiores àqueles constantes do orçamento estimado em relação aos itens materialmente relevantes, sem prejuízo da avaliação dos órgãos de controle, dispensada a compensação em qualquer outro serviço do orçamento de referência;".

pulado, poderia a comissão licitante transacionar com os demais interessados, seguindo a ordem de classificação. Se assim posto, consideramos esta uma providência prevista legalmente, mas de discutível constitucionalidade, por beirar um subjetivismo incompatível com o regime jurídico-administrativo estabelecido pela norma fundamental.[119]

A partir dessa interpretação, concluir-se-ia que a **fase de negociação é facultativa**, e somente assim existirá caso o primeiro colocado estiver com proposta acima do orçado. Contudo, esta faculdade não deve ser vista como absoluta, mas sim, ligada à manutenção da economicidade e do interesse público. Então, lógico que não se poderia decretar que a licitação é fracassada sem iniciar a tentativa de negociação, quando a repetição da licitação pudesse ser ainda mais custosa.

Surpreende que a lei permita que, mesmo após o resultado do julgamento, a Administração Pública ainda possa negociar condições mais vantajosas para com o primeiro colocado – art. 26 da Lei nº 12.462/11, inclusive permitindo seja quebrado o sigilo do orçamento nesta fase, de acordo com a decisão do TCU outrora mencionada.[120] E esta negociação poderá, ainda, ser estendida aos demais licitantes, na ordem de classificação, quando o primeiro colocado for desclassificado justamente por sua proposta permanecer acima do orçamento estimado.

Portanto, esta ferramenta jurídica autoriza que o licitante modifique sua oferta ou lance, mesmo depois de finalizada a fase competitiva do certame. Este ponto pode ser considerado uma inovação do sistema das licitações. Assim, mesmo após a fase recursal, as propostas já apresentadas podem bem serem renegociadas para se conseguir um lance que revele maior compromisso com o interesse público.

Veja que a regra é tão salutar que, mesmo depois de encerrada a fase recursal, como etapa do término do procedimento, ainda assim se permite uma nova rodada de negociações – arts. 59 e 60 do Decreto federal n° 7.581/11. A dúvida que remasse cinge-se ao fato de se saber a real viabilidade pragmática deste mecanismo. Logo, o instituto em destaque deverá terá de provar sua real utilidade para ser considerado realmente efetivo.

Destaca-se, por oportuno, que a negociação com os licitantes também é prevista no procedimento auxiliar do registro de preços.[121] Por fim, deve ser mencionado que a **negociação deve iniciar com o licitan-**

[119] Essas disposições são complementadas pelos §§ 1º e 2º do Decreto federal nº 7.581/11.

[120] Idem.

[121] Decreto federal nº 7.581/11, art. 105.

te que apresentou a proposta mais vantajosa, e não com aquele que ofertou o maior valor. A inversão dessa ordem vai de encontro com a disposição normativa do art. 43 do Decreto federal nº 7.581/2011.[122]

Para resumir

- No interregno de tempo de dez a trinta dias, prazo a ser definido no instrumento convocatório, é que devem ser apresentados os lances, a fim de se selecionar a proposta mais vantajosa;
- Depois da apresentação das propostas, a Administração Pública pode negociar uma oferta mais vantajosa em três situações: quando a proposta do vencedor está de acordo com o orçamento (não supera o limite máximo nele previsto) e com este sujeito se negocia; quando a proposta do vencedor não está de acordo com o orçamento (não respeita o limite orçado) e com este sujeito se negocia; quando a proposta do vencedor não respeita o limite orçado, e então se negocia com os demais licitantes;
- Trata-se de fase do procedimento de caráter facultativo.

[122] TCU, Acórdão nº 1.465/2013, Pleno.

14. Publicidade no RDC

A **publicidade** de um ato administrativo é uma providência muito importante no que se refere ao procedimento licitatório, porque inaugura a fase externa do certame. Aliás, esta medida implementa, de maneira substancial, inúmeros direitos fundamentais. A fase externa da licitação inicia com a publicidade do certame, sendo esta uma garantia à transparência dos atos da Administração Pública e à segurança da sociedade.

O instituto em questão ficou sendo um marco importante no limiar da *Lei Geral de Licitações e de Contratos Administrativos*, ao ponto de ser eleito um **princípio instrumental** - art. 3º, § 3º: "A licitação não será sigilosa, sendo públicos e acessíveis ao público os atos de seu procedimento, salvo quanto ao conteúdo das propostas, até a respectiva abertura.".

Nesse aspecto, o legislador procurou, a todo o custo, dar uma maior agilidade ao procedimento, sem perder a qualidade – necessária, por óbvio – da publicidade dos atos administrativos. Adotou uma lógica simples de cientificação e publicação das ações cumpridas no âmbito do procedimento licitatório, implementando a agenda determinada pelo *caput* do art. 37, da Constituição Federal de 1988, e pelo art. 3º, da lei do RDC.

A publicidade no regime diferenciado teve inspiração nítida no Decreto federal nº 5.450/05, que disciplina a modalidade licitatória de pregão na forma eletrônica. Esta semelhança pode ser notada a partir do que dispõe o art. 13, § 2º, do Decreto federal nº 7.581/2011, o qual justamente faz remissão ao ato normativo primeiramente citado, ou seja, que as licitações sob a forma eletrônica poderão ser feitas pela via do sistema de mesma natureza utilizado ao pregão.[123] Caso esta seja a opção do administrador público, considera-se necessário que o proce-

[123] Ha uma ideia de que todas as licitações, em pouco tempo, sejam rodadas em meio eletrônico. Isso facilita contundentemente o controle das contas públicas. Esta será a tendência, até porque o risco de se fraudar as licitações eletrônicas é muito menor.

dimento do pregão eletrônico seja adaptado às especificidades do regime diferenciado.

De acordo com o que disciplina o art. 15, § 1º, incisos I e II, da Lei nº 12.462/11, ficou decidido que o RDC admite duas maneiras de publicidade:

a) no **Diário Oficial** da União, do Estado, do Distrito Federal ou do Município, ou, no caso de consórcio público, do ente de maior nível entre eles,

b) sem prejuízo da possibilidade de publicação de extrato em **jornal diário de grande circulação**; bem como

c) no **sítio eletrônico** centralizado de divulgação de licitações ou mantido pelo ente encarregado do procedimento licitatório na rede mundial de computadores.

Tais modalidades não impedem a divulgação direta aos fornecedores, cadastrados ou não, sendo esta uma faculdade do gestor público que não dispensa as providências nos itens acima mencionados. Percebe-se a adoção, aqui, das novas ferramentas virtuais de disseminação de dados, dando vazão à utilização das modernas tecnologias da informação a serviço da publicidade administrativa.

Cabe referir que o §2º do art. 15 menciona que nas licitações cujo valor não ultrapasse R$ 150.000,00 (cento e cinquenta mil reais) para obras, ou R$ 80.000,00 (oitenta mil reais) para bens e serviços, inclusive de engenharia, é dispensada a publicação no diário oficial. Assim, facilmente concluímos que todas as licitações devem ser publicadas em sítio virtual específico – item "c", citado.[124] Além disso, o RDC respeita a autonomia dos municípios no que se refere à publicidade de cada ente público, porque ele poderá publicar os atos do procedimento licitatório em eventual diário oficial de que dispõe.

Deve ser pontuado que **estes limites de dispensa devem considerar os objetos licitados como um todo**, ou seja, **as suas parcelas devem ser visualizadas em um somatório**. Significa dizer que a dispensa de publicação impressa deve considerar o valor de todo o objeto licitado, e não apenas as suas parcelas.

Veja que, neste ponto, surge outra dicotomia para com a Lei nº 8.666/93. Perceba que, pelo RDC, todas as licitações, *independentemente do valor*, deverão ser publicizadas em sítio virtual específico. Isso não acontece, p. ex., na modalidade de convite, disciplinada na lei geral,

[124] Sendo imprescindível que o edital esteja disponibilizado na rede mundial de computadores para *download*.

porque, aqui, dispensa-se a publicidade no diário oficial ou em página da rede mundial de computadores.[125]

Pelo **paralelismo das formas**, as eventuais modificações no instrumento convocatório serão divulgadas nos mesmos prazos dos atos e dos procedimentos originais, exceto quando a alteração não comprometer a formulação das propostas. Assim, a alteração do edital deve ser praticada nos estritos modos e prazos de quando foi originalmente publicizado. Esta premissa foi repetida no RDC, de acordo com o que dispõe o art. 15, § 4º, da Lei nº 12.462/11 e o art. 11, § 5º, do Decreto federal nº 7.581/11.

Contudo, é importante perceber que a nova publicação do edital somente se faz necessária quando a alteração possa **comprometer a formulação de propostas**, ou seja, afetar os critérios de escolha daquela a ser considerada mais vantajosa.[126] Enfim, os câmbios operados no instrumento convocatório devem possuir alguma *significância material*, ou seja, repercutir de maneira efetiva nas propostas.[127]

A utilização da rede mundial de computadores para a publicidade dos atos praticados no limiar do regime diferenciado mostra-se salutar, uma vez que, ainda que diante uma análise "em tese", possui potencial para uma maior divulgação. Sem contar que, com isto, economiza-se com o pagamento de espaços em periódicos impressos, para alocar os editais.

Em igual medida, a divulgação por mídia eletrônica, a nosso ver, possui uma eficácia muito mais abrangente, porque rompe com as naturais barreiras geográficas impostas à mídia impressa. Neste último caso, poder-se-ia ter uma restrição ainda mais intensa no que se refere ao conhecimento dos certames. Sem falar na agilidade com que os atos do procedimento serão dados a conhecimento, o que, no que tange à mídia impressa, levarão mais tempo para a devida publicação. Dessa forma, mostra-se importante trazer, ao bojo da Administração Pública, ferramentas eletrônicas e modernas de comunicação.

Veja que a dispensa de publicação no Diário Oficial para licitações de bens ou de serviços, cujos valores não ultrapassem os patamares mencionados, mostra-se razoável, na medida em que evita maiores

[125] Deve ser ressalvado o disposto no § 3º do art. 15 da Lei nº 12.462/11: "No caso de parcelamento do objeto, deverá ser considerado, para fins da aplicação do disposto no § 2º deste artigo, o valor total da contratação.".

[126] TCU, Acórdão nº 6.575/2009, Pleno; TCU, Acórdão nº 2.179/2011, Pleno.

[127] Exemplificando: a alteração de um item sem complexidade ou repercussão no valor global de uma obra, que detenha, em seu bojo, milhares de itens, não teria o condão de determinar a republicação do instrumento convocatório. A contrário senso: TCU, Acórdão nº 6.575/2009, 2ª Câmara.

gastos com esta publicidade. E justamente por isso que permanece a necessidade de que, nestes certames, **independentemente do valor**, sejam publicados em mídia eletrônica. Neste caso, a dispensa deixa de fazer sentido, dada, como dito, a ausência de custo.

Segundo o art. 15, mencionado, devem ser adotados os seguintes **prazos mínimos para apresentação de propostas, contados a partir da data de publicação do instrumento convocatório**:

a) para aquisição de bens:

a1) 5 (cinco) dias úteis, quando diante dos critérios de julgamento pelo menor preço ou pelo maior desconto; e

a2) 10 (dez) dias úteis, nas hipóteses não abrangidas pela alínea *a* deste inciso;

b) para a contratação de serviços e obras:

b1) 15 (quinze) dias úteis, quando adotados os critérios de julgamento pelo menor preço ou pelo maior desconto; e

b2) 30 (trinta) dias úteis, nas hipóteses não abrangidas pela alínea *a* deste inciso;

c) para licitações em que se adote o critério de julgamento pela maior oferta: 10 (dez) dias úteis; e

d) para licitações em que se adote o critério de julgamento pela melhor combinação de técnica e preço, pela melhor técnica ou em razão do conteúdo artístico: 30 (trinta) dias úteis.

A Lei nº 12.462/11 combinou dois critérios para definir os prazos do instrumento convocatório: o **tipo de objeto** a ser adquirido, em relação ao **procedimento** a ser adotado para a requerida contratação. Assim, o valor do certame não é a referência para os diversos tipos de prazo, mas sim, **o tipo de julgamento** ou **o objeto a ser contratado**.

O extrato a ser publicado no diário oficial e/ou na rede mundial de computadores a que se refere o art. 15 da Lei do RDC teve seu detalhamento no § 1º do art. 11 do Decreto federal nº 7.581/11. Deverá conter:

a) a definição precisa, suficiente e clara do objeto a ser licitado;

b) a indicação dos locais, dias e horários em que poderá ser consultada ou obtida a íntegra do instrumento convocatório;

c) o endereço onde ocorrerá a sessão pública, a data e hora de sua realização;

d) quando a licitação for feita na forma eletrônica, deverá ser mencionado que ela será realizada por meio da rede mundial de computadores.

Para resumir

- A publicidade nas licitações é um instituto por deveras importante, sendo previsto, na lei geral, como princípio instrumental;
- O RDC adotou dois principais canais de divulgação dos atos praticados em licitações: por meio de publicação no diário oficial, ou por meio de veiculação no sítio eletrônico de cada entidade federada;
- Nas licitações cujo valor não ultrapasse R$ 150.000,00 (cento e cinquenta mil reais) para obras, ou R$ 80.000,00 (oitenta mil reais) para bens e serviços, inclusive de engenharia, é dispensada a publicação no diário oficial. Basta a publicação na rede mundial de computadores, conforme mencionado;
- O RDC apresentou uma lista bastante abrangente de prazos mínimos para apresentação de propostas, contados a partir da data de publicação do instrumento convocatório. Neste caso, o valor do certame não é a referência para os diversos tipos de prazo, mas sim, o tipo de julgamento ou o objeto a ser contratado.

15. Modos de disputas

Em texto simples e objetivo, o art. 16 da Lei nº 12.462/11 define **três modos de disputa** possíveis de serem aplicados entre os concorrentes, para a escolha da melhor proposta:

a) **aberto**: utiliza a lógica do pregão, na qual os participantes formulam suas propostas e, em **rodadas sucessivas**, podem **alterá-las**, cobrindo, em valor menor, a cada fase, a proposta mais baixa, e assim sucessivamente.[128] Enfim, no caso, perpetram-se **lances públicos e sucessivos, crescentes ou decrescentes**, de acordo com o tipo de julgamento a ser formulado, selecionando-se a proposta mais vantajosa quando do lance final e não coberto por outro participante. Quando, no meio dos lances sucessivos, um dos interessados não mais apresentar proposta, quando convocado, será reputado desistente e será excluído da eventual etapa subsequente, mas seu preço fica registrado, de acordo com a última oferta formulada, para efeito de classificação final. Este modo de disputa ainda pode ser feito de duas maneiras:

a1) **eletronicamente**: momento em que os licitantes devem apresentar suas ofertas via rede mundial de computadores;

a2) **presencialmente**: aqui os licitantes são credenciados previamente, momento em que deve se dar seguimento a seguinte sequência de atos:[129]

a2.1) primeiramente, as propostas iniciais serão classificadas de acordo com a ordem de vantajosidade;

---

[128] Admitem-se, inclusive, *propostas intermediárias*. Aqui, os concorrentes que apresentaram propostas menos vantajosas podem, ainda assim, formular novas propostas, mesmo que elas ainda não cubram o lance melhor classificado, mas ficam cadastradas para eventual inabilitação ou desistência daquele interessado vencedor – art. 17, § 1º, inciso I, da Lei nº 12.462/11.

[129] Tudo conforme as especificações feitas pelo art. 19 do Decreto federal nº 7.581/11.

a2.2) depois, a comissão de licitação convidará individual e sucessivamente os licitantes, de forma sequencial, a apresentar lances verbais, a partir do *autor da proposta menos vantajosa*, seguido dos demais;

a2.3) caso ocorra a desistência do licitante em apresentar lance verbal, quando convocado, *implicará sua exclusão da etapa em curso e das seguintes.* Mas acarretará a *manutenção do último preço por ele apresentado*, para efeito de ordenação das propostas, *exceto no caso de ser o detentor da melhor proposta*, hipótese em que poderá apresentar novos lances sempre que esta for coberta, observado o disposto no parágrafo único do art. 18. Logo, quando o instrumento convocatório estabelecer *intervalo mínimo de diferença de valores entre os lances*, que incidirá, tanto em relação aos lances intermediários, quanto em relação à proposta que cobrir a melhor oferta.

b) **fechado**: muito similar ao procedimento da lei geral de licitações. Significa dizer que os licitantes apresentam suas propostas em **envelopes fechados** (lacrados), que serão abertos em **momento único**, **sem a possibilidade de**, em momento posterior, aqueles que não se sagraram vencedores, **cobrirem a proposta mais vantajosa**. Até o momento do julgamento das propostas, estas correm em **sigilo**, sem que um competidor saiba do conteúdo do lance do outro.[130] Por isso que os envelopes contendo as propostas são lacrados. Assim, quer-se forçar os licitantes a apresentarem de pronto as suas melhores propostas;[131]

c) **combinado**: critério que **mescla os sistemas aberto e fechado.**[132] Exemplificando: imagine o caso em que a disputa corre pelo modo fechado. Após abertura dos envelopes, selecionam-se as três melhores propostas. A partir daí, somente podem concorrer estes licitantes, que reiniciam a disputa por lances abertos e sucessivos. Ou ainda, pode-se ter o contrário, ou seja, o julgamento inicia com lances abertos e, em momento posterior, determinados licitantes são incitados a formularem propostas em envelopes lacrados, dando-se aso a uma disputa fechada.

[130] Decreto n.º 7.581/11, art. 22.

[131] Em muitas oportunidades o licitante guarda sua melhor proposta, contando com o fato de ainda assim ganhar o certame. No modo de disputa aberto, os interessados, quase que em suma, guardam os lances mais vantajosos para um momento posterior, quando em então passam a cobrir as ofertas dos concorrentes. Assim, na competição pelo modo fechado, há uma desvantagem, porque o licitante, ainda que queira e possa, não poderá cobrir o lance de outro participante.

[132] Decreto n.º 7.581/11, arts. 23 e 24.

Para tanto, entende-se que os métodos de disputa combinados podem ser de duas ordens:

c1) **combinado aberto-fechado**: somente presencial;

c2) **combinado fechado-aberto**: presencial ou eletrônico.

O Decreto federal nº 7.581/11, no art. 16, estipula que, na abertura da disputa, o interessado devera apresentar declaração de que atende aos requisitos de habilitação. Esta providência se mostra necessária, porque, no RDC, as fases do procedimento sequenciam-se no julgamento das propostas e, após, na análise dos requisitos de habilitação do vencedor. Além disso, importante mencionar que o credenciamento para oferta de lances em sessões públicas deve ser prévio, até para se saber quem está disputando, evitando a presença de aventureiros.[133]

Para auxiliar no julgamento das propostas, o § 2º do art. 24 da Lei nº 12.462/11 dispõe que Administração Pública poderá realizar **diligências** para conferir a necessária exequibilidade das propostas. Ainda, permite exigir dos licitantes que ela seja demonstrada.

No modo de disputa aberto, o instrumento convocatório poderá estabelecer **intervalo mínimo de diferença de valores entre os lances**, que incidirá tanto em relação aos lances intermediários, quanto em relação à proposta que cobrir a melhor oferta.[134] Logo, os licitantes não podem apresentar "proposta mais vantajosa" que se distancie menos do que o limite mínimo fixado.

O estabelecimento de intervalo mínimo nos lances evita o uso de robôs, que fazem lances automáticos, os quais cobrem as ofertas concorrentes em intervalos de segundo e por valores, no mais das vezes, pouco atrativos, porque melhoram a proposta em poucos reais ou centavos de real. Além disso, procura-se impedir que se fique fazendo propostas irrisórias, a fim de retardar o certame. Na prática, nas licitações pelo RDC, o intervalo tem sido praticado entre um a cinco por cento da proposta mais vantajosa. Assim, esta é uma ferramenta jurídica importante que foi incorporado pelo referido regime diferenciado justamente para coibir a mencionada prática abusiva,[135] enfim, para o mote de evitar disputas intermináveis com lances pouco produtivos, ou seja, que se distanciam muito pouco da proposta mais bem classificada.

---

[133] Decreto federal nº 7.581/11, art. 16, § 3º.

[134] Decreto federal nº 7.581/11, art. 18, parágrafo único.

[135] O uso desse estratagema foi condenado pelo Tribunal de Contas da União (TCU, Acórdão nº 2.601/2011), justamente porque, entre outros fatores, não necessariamente oferta uma vantagem econômica ao Poder Público.

Para resumir

- O RDC estabeleceu três modos de disputa para a apresentação das propostas: modos aberto, fechado e combinado;
- O modo de disputa aberto permite que os participantes formulem suas propostas e, em rodadas sucessivas, podem alterá-las, cobrindo, em valor menor, a proposta mais baixa, e assim sucessivamente. Quando, no meio dos lances sucessivos, um dos interessados não mais apresentar proposta, quando convocado, será reputado desistente e será excluído da eventual etapa subsequente, mas seu preço fica registrado, de acordo com a última oferta formulada, para efeito de classificação final. A disputa pode ser feita de maneira eletrônica ou presencial;
- No modo de disputa fechado, os licitantes apresentam suas propostas em envelopes lacrados, que serão abertos em momento único, sem a possibilidade de, em momento posterior, aqueles que não se sagraram vencedores, cobrirem a proposta mais vantajosa;
- Já o modo de disputa combinado mescla os sistemas aberto e fechado. Pode ser de duas ordens: combinado aberto-fechado (somente presencial) e combinado fechado-aberto (presencial ou eletrônico);
- No modo de disputa aberto, o instrumento convocatório poderá estabelecer intervalo mínimo de diferença de valores entre os lances, que incidirá tanto em relação aos lances intermediários, quanto em relação à proposta que cobrir a melhor oferta.

15.1. Providências a serem tomadas pelo licitante que se sagra vencedor do certame

Um ponto merece nosso destaque. Retomando: os modos de disputa foram previstos no art. 17 da Lei nº 12.462/11. No inciso I, disciplinou-se o modo de disputa aberto, e no inciso II, o modo de disputa fechado. Já o inciso III do art. 17 aborda tema sem qualquer ligação com o tópico tratado na cabeça do dispositivo, bem como nos dois incisos mencionados, ou seja, sem vinculação com os modos de disputa. Possivelmente, contrabandeou-se uma matéria para conseguir aprovar a lei. Isso porque tal disposição vem a tratar de obrigações do vencedor da licitação, depois de homologado o certame. Enfim, tal regra determina que licitante vencedor deva reelaborar e apresentar à administração pública, por meio eletrônico, as planilhas com indicação dos quantitativos e dos custos unitários, bem como deve entregar o detalhamento das Bonificações e Despesas Indiretas (BDI)[136] e dos Encargos Sociais (ES), com os respectivos valores adequados ao lance vencedor.

Então, por esta matéria estar alocada neste flanco da lei, tratar-se-á do tema neste momento. O dispositivo em questão é de todo perspicaz. Perceba que a planilha de custos vai se alterando durante a disputa de lances. Por isso, deve-se adequá-la ao lance final proposto pelo vencedor, porque sofreu um câmbio durante a concorrência. Daí a necessidade de a Administração Pública receber, ao final e do vencedor, nova planilha de custos com o detalhamento do BDI e dos ES.[137]

Cabe, aqui, mencionar que o TCU, por meio da Súmula nº 262, entende que: "O critério definido no art. 48, inciso II, § 1º, alíneas *a* e *b*, da Lei nº 8.666/93 conduz a uma presunção relativa de inexequibilidade de preços, devendo a Administração dar ao licitante a oportunidade de demonstrar a exequibilidade da sua proposta.". Assim, a Administração Pública pode aceitar propostas que estabeleçam custos superiores àqueles constantes no orçamento, quando ofertados para itens materialmente relevantes.[138]

Ainda, importante referir uma medida inédita no que se refere ao tema: a possibilidade de que, nas licitações de obras ou serviços de engenharia, o julgamento das propostas leve em conta as **Bonificações e Despesas Indiretas (BDI)** e dos **Encargos Sociais (ES),** a serem apresentados após este ato, de maneira eletrônica, contendo os respectivos valores adequados ao lance vencedor.

O TCU[139] já apontou que o BDI diferenciado a alguns itens viola a Súmula nº 253 (oriunda deste mesmo órgão), segundo a qual: "Comprovada a inviabilidade técnico-econômica de parcelamento do objeto

---

[136] Sobre o BDI, consultar: TCU, Acórdão nº 397/2008, Pleno; Acórdão nº 1.087/2007, Pleno; Acórdão nº 1.551/2008, Pleno; Acórdão nº 1.387/2006, Pleno; Acórdão nº 2.065/2006; Acórdão nº 762/2007, Pleno; Acórdão nº 818/2007, Pleno; Acórdão nº 325/2007, Pleno; Acórdão nº 2.641/2007, Pleno; Acórdão nº 325/2007, Pleno; Acórdão nº 1020/2007, Pleno; Acórdão nº 2.649/2007, Pleno; Acórdão nº 397/2008, Pleno; Acórdão nº 325/2007, Pleno; Acórdão nº 1.233/2008, Pleno.

[137] Aliás, a planilha de custos deverá também estar de acordo com a *Lei de Diretrizes Orçamentárias (LDO)* – TCU, Acórdão 3936/2013, 2ª Câmara.

[138] "ADMINISTRATIVO – LICITAÇÃO DO TIPO MENOR PREÇO – IMPUGNAÇÃO DO EDITAL – DECADÊNCIA – COMPATIBILIDADE COM A EXIGÊNCIA DE PREÇOS UNITÁRIOS E COM O VALOR GLOBAL. 1. A partir da publicação do edital de licitação, nasce o direito de impugná-lo, direito que se esvai com a aceitação das regras do certame, consumando-se a decadência (divergência na Corte, com aceitação da tese da decadência pela 2ª Turma – ROMS 10.847/MA). 2. A licitação da modalidade menor preço compatibiliza-se com a exigência de preços unitários em sintonia com o valor global – arts. 40, 44, 45 e 48 da Lei 8.666/93. 3. Previsão legal de segurança para a Administração quanto à especificação dos preços unitários, que devem ser exeqüíveis com os valores de mercado, tendo como limite o valor global. 4. Recurso improvido." (STJ, RMS 15.051-RS, Rel. Min. Eliana Calmon, 2ª Turma, j. 1º/10/2002).

[139] TCU, Acórdão nº 163/2012, Pleno.

da licitação, nos termos da legislação em vigor, os itens de fornecimento de materiais e equipamentos de natureza específica que possam ser fornecidos por empresas com especialidades próprias e diversas e que representem percentual significativo do preço global da obra devem apresentar incidência de taxa de Bonificação e Despesas Indiretas – BDI reduzida em relação à taxa aplicável aos demais itens.". Assim, a Corte de Contas federal entendeu que o orçamento-base não poderia prever quantidades superiores às previstas no projeto-básico. Tal providência descumpre aquilo que ficou determinado no art. 2º, inciso IV, alínea *c*, da Lei nº 12.462/11.

Para resumir

- Nas licitações de obras ou serviços de engenharia, o julgamento das propostas pode levar em conta as Bonificações e Despesas Indiretas (BDI) e dos Encargos Sociais (ES).

15.2. Combinação dos modos de disputa

No tema "modos de disputas", a principal novidade apresentada pelo RDC reside na permissão de ***se combinar os modos de disputa aberto e fechado***. Este imbricamento é remetido a uma regulamentação infralegal. Trata-se de instituto que já tinha previsão na Lei nº 10.520/02 (art. 4º, incisos VII e VIII – trata do pregão presencial) e na Lei nº 11.079/04 (art. 12, § 1º, inciso II – aborda a disputa em *Parceria Público-Privada)*. Então, esta combinação dos modos de disputa pode ser estabelecida de duas maneiras: **fechado → aberto** ou **aberto → fechado**.

Contudo, neste ultimo caso, vimos que a primeira proposta *será* **inicial** *e* **fechada**. Esta situação gera uma idiossincrasia. Veja que o sistema não abarca, na prática, lances iniciais fechados. Qual o sentido de começar com uma disputa aberta e depois passar a sigilosidade? Não teria razão pragmática para se perfazer este fluxo. E a legislação, inclusive infralegal, é por deveras lacônica nesta parte.

O que se definiu com maior largueza foi a possibilidade de que instrumento convocatório estabeleça que a disputa seja realizada em **duas etapas, sendo a primeira eliminatória.**[140] Na hipótese de o *procedimento se iniciar pelo modo de disputa fechado, serão classificados para a etapa subsequente os licitantes que apresentarem as três melhores propostas*, iniciando-se, então, a disputa aberta com a apresentação de lances sucessivos. Caso procedimento se *inicie pelo modo de disputa aberto, os*

[140] Decreto federal nº 7.581/11, art. 23.

licitantes que apresentarem as três melhores propostas oferecerão propostas finais, fechadas.[141] Sendo assim, conclui-se que o regulamento federal do RDC permitiu que só os três primeiros colocados continuem na disputa, quando da segunda etapa, isso na hipótese de se optar por um pela combinação dos modos de disputa.

Deve ser destacado que, no RDC, **o modo de disputa aberto** possui **um lance inicial fechado**, fator este sem paradigma na legislação extravagante. A proposta inicial, que precede os lances sucessivos, é sigilosa. Esta providência é explicada pelo art. 24, do Decreto federal nº 7.581/11, porque somente as três primeiras propostas mais vantajosas é que permanecem no certame. Com isto, exige-se a formulação de uma **proposta formal**, ou seja, deve ser feita por escrito logo no começo do certame.

Em termos finalísticos, a possibilidade de combinação dos modos de disputa aberto e fechado veio para trazer efetividade e competitividade aos procedimentos licitatórios abertos. Por outro lado, tem por meta permitir a manutenção da qualidade das propostas do modo fechado. Mesmo assim, deve ficar a advertência de que estas intenções devem ser vistas com parcimônia.

Para resumir

- No modo combinado, o instrumento convocatório poderá estabelecer que a disputa seja realizada em duas etapas, sendo a primeira eliminatória;
- No RDC, o modo de disputa aberto possui um lance inicial fechado.

15.3. Apresentação de lances intermediários

O RDC, além de tantas novidades, previu a possibilidade de **apresentação de lances intermediários**, quando um licitante pretende disputar certa posição na ordem classificatória, na expectativa de que os demais que estão à sua frente não possam ser contratados. Logo, mesmo não se sagrando vencedor, certo interessando ainda assim pode tentar melhorar sua posição no *ranking* classificatório, com a esperança de, p. ex., vir a ser chamado a contratar pela inabilitação daquele mais bem classificado.

Em outros termos, autorizam-se os licitantes a competir por certa posição classificatória, na expectativa de que os demais interessados mais bem classificados não preencham os requisitos de habilitação.[142]

[141] Decreto federal nº 7.581/11, art. 24, incisos I e II.

[142] Deve-se coibir que os lances sucessivos ofertem vantagens irrisórias para cobrir as outras ofertas. A autoridade licitante deve coibir esta prática (TCU, Acórdão 306/2013, Pleno e Acórdão 1.442/2013).

No caso de, na disputa aberta, apresentarem-se *lances iguais*, a classificação obedecerá, então, à ordem *cronológica* de apresentação de lances, privilegiando-se aqueles que primeiro o formularam.

Os *lances intermediários* somente podem ser admitidos nas condições estabelecidas em regulamento e durante a disputa aberta, ou a partir do reinício da disputa, após a definição da melhor proposta e para a definição das demais colocações, sempre que existir uma diferença de pelo menos 10% (dez por cento) entre o melhor lance e o do licitante subsequente.[143] O próprio RDC faz uma interpretação autêntica do que sejam "lances intermediários", definindo-os no § 2º do art. 17. São aqueles:[144]

a) iguais ou inferiores ao maior já ofertado, quando adotado o julgamento pelo critério da maior oferta; ou

b) iguais ou superiores ao menor já ofertado, quando adotados os demais critérios de julgamento.

Contudo, o art. 20, parágrafo único, do Decreto federal nº 7.581/11, limita ainda mais a definição, fato que merece a atenção do intérprete, especialmente aos destaques por nós feitos. São lances intermediários aqueles:

a) iguais ou inferiores ao maior já ofertado, *mas superiores ao último lance dado pelo próprio licitante*, quando adotado o julgamento pelo critério da maior oferta *de preço*. Neste caso, o licitante deve melhorar o próprio lance dado anteriormente. Eis o grande avanço. E, ao final, o regulamento do RDC restringe os lances intermediários à maior oferta de preço, ou seja, quando se estiver disputando um maior ou menor valor proposto para a contratação de certo objeto;

b) iguais ou superiores ao menor já ofertado, *mas inferiores ao último lance dado pelo próprio licitante*, quando adotados os demais critérios de julgamento. Da mesma forma, aqui, o lance intermediário deve ser mais vantajoso do que aquele previamente formulado.

O mecanismo em questão tende a permitir com que se alcancem, em termos amplos, os objetivos do processo licitatório, que primam pela busca pela proposta mais vantajosa e pela ampliação da competitividade. Em termos objetivos, os *lances intermediários* visam a inibir o denominado "efeito coelho", o qual ocorre quando uma empresa par-

---

[143] Lei nº 12.462/11, art. 17, § 1º, incisos I e II.

[144] "Julgamento das propostas. Possibilidade de apresentação de lances intermediários por parte dos licitantes. Recomendação ao órgão licitante para estabelecer intervalo mínimo de diferença de valores entre os lances, de modo a que coibir a possibilidade de preço ofertado com desconto irrisório." (TCU, Acórdão nº 1.442/2013, Pleno).

ticipa do certame, sabendo de antemão que não tem condições de efetivar a contratação. Mas assim o faz para gerar o fim prematuro da disputa, momento em que oferta uma proposta economicamente inviável aos demais concorrentes. Com isso, esta empresa não será contratada, ocasionando a necessidade de se chamar a segunda colocada, que estava mancomunada com a empresa vencedora.

Consideramos sim que o *lance intermediário* é uma tentativa importante para coibir a figura do "coelho" ou do "laranja", dado que os concorrentes que não foram mais bem classificados podem rever sua proposta. Evitam-se, então, práticas abusivas no sentido de que o primeiro colocado desista e privilegie o segundo, que estava com aquele mancomunado.

Um destaque importante a ser feito consiste na disposição alocada no inciso II do § 1º do art. 17 da Lei nº 12.462/11, que permite o reinício da disputa aberta, após a definição da melhor proposta e para a definição das demais colocações, sempre que existir uma diferença de pelo menos 10% (dez por cento) entre o melhor lance e o do licitante subsequente. Em termos simples: separa-se a proposta mais qualificada e, quanto ao restante dos licitantes, abre-se nova disputa para se conseguir a ordem de classificação definitiva entre eles. É claro que, nesta redisputa, as propostas não podem ultrapassar o lance do primeiro colocado, porque este nem sequer mais participa do certame. Nesta situação, o reinício da disputa pode ocorrer de maneira adicional. Trata-se, no caso, de se abrir oportunidade para a fixação de *propostas intermediárias após a término inicial das disputas*.

Para resumir

- A apresentação de lances intermediários ocorre quando um licitante pretende disputar certa posição na ordem classificatória, na expectativa de que os demais que estão à sua frente não possam ser contratados;

- As condições para a apresentação e julgamento dos lances intermediários devem estar definidas, objetivamente, no instrumento convocatório;

- O RDC define este tipo de oferta quando os lances intermediários são iguais ou inferiores ao maior já ofertado; quando adotado o julgamento pelo critério da maior oferta; ou quando são iguais ou superiores ao menor já ofertado, caso adotados os demais critérios de julgamento.

16. Tipos de licitação – critérios de seleção da melhor proposta

O art. 18 do RDC estabelece uma lista de parâmetros para seleção da melhor proposta. Tal listagem é **taxativa**, porque não se podem visualizar outros critérios, sendo que a escolha do tipo de licitação é pautado pelo **objeto**, não sendo a seleção de cada qual um ato administrativo discricionário. Tanto que a escolha equivocada leva a uma nulidade insanável no procedimento.[145] Os critérios de escolha da proposta são abordados pelos **tipos de licitação**, que são, na Lei nº 8.666/93, os seguintes:

a) melhor preço;

b) melhor técnica;

c) melhor técnica e preço;

d) maior lance.

Quando se fala em **modalidade de licitação** está-se a referir ao **procedimento**, à sucessão de atos processuais do certame licitatório. Já a noção de **tipo de licitação** relaciona-se às **regras para se escolher a melhor proposta**. São categorias jurídicas inconfundíveis, portanto.

O RDC, ao seu turno, adotou a seguinte lista de tipos de licitação (incisos do art. 18), a ser indicado no instrumento convocatório (§ 1º do art. 18):

a) menor preço ou maior desconto – art. 19;

b) técnica e preço – art. 20;

c) melhor técnica ou conteúdo artístico – art. 21;

d) maior oferta de preço – art. 22; ou

e) maior retorno econômico – art. 23.

---

[145] Tanto que o tipo de licitação deve ser expressamente indicado no instrumento convocatório – Lei nº 12.462/11, art. 18, § 1º.

O julgamento será feito dando-se **preferência à forma eletrônica**. Além disso, o modo de disputa poderá ser com lances fechados, abertos ou uma mistura das formas. Neste último caso, a seleção da melhor proposta poderá se iniciar com lance fechado, e prosseguir com lances abertos, ou vice-versa, ou, ainda, em um segundo momento limita-se a disputa para as melhores propostas.[146] O RDC, assim, demonstra uma vocação a permitir bastante flexibilidade procedimental, o que reclama, sempre, que as opções feitas pela autoridade processante ou por quem de direito sejam suficientemente justificadas. Sem contar que o instrumento convocatório deva fazer clara previsão acerca das regras que nortearão cada certame, indicando, p. ex., o rito a ser seguido, as formas de disputa, etc.

Para resumir

- Quando se está a falar acerca dos tipos de licitação, está-se a referir acerca das regras para se escolher a proposta mais vantajosa;
- O RDC estabelece uma lista taxativa (*numerus clausus*) de tipos de licitação;
- O tipo a ser escolhido dependerá do objeto a ser licitado, e deverá ser expresso no instrumento convocatório;
- O regime diferenciado estabeleceu os seguintes tipos de licitação que podem ser adotados: menor preço ou maior desconto, técnica e preço, melhor técnica ou conteúdo artístico, maior oferta de preço ou maior retorno econômico;
- O julgamento dará preferência à forma eletrônica.

16.1. Menor preço ou maior desconto

O primeiro critério mencionado (*v.g.* **menor preço**) tem por meta adquirir produtos ou serviços com o **menor dispêndio possível de recursos públicos**, desde que sejam cumpridos os padrões mínimos de qualidade fixados no instrumento convocatório. Em termos singelos, a Administração Pública fixa requisitos mínimos e pertinentes ao objeto licitado. Cumpridas estas condições, vence o certame quem conseguir fornecer este mencionado objeto de modo mais barato.[147]

[146] Debruçamo-nos, com mais vagar, acerca dos modos de disputa, no item "15" desta obra.

[147] "[...] A licitação da modalidade menor preço compatibiliza-se com a exigência de preços unitários em sintonia com o valor global – arts.40,44,45 e 48 da Lei 8.666/93." (STJ, RMS nº 15.051, Rel. Min. Eliana Calmon, 2ª Turma, j. 1º/10/2002).

Destaca-se, aqui, que o RDC[148] permitiu que os **custos indiretos** pudessem ser considerados no critério do menor dispêndio, desde que possam ser levados em conta de **maneira objetiva** e **estejam expressos no edital de abertura da licitação** (art. 19, § 1º). Também devem ser consideradas na seleção da melhor proposta as **externalidades** do produto ou do serviço, **muito embora exista uma lacuna da lei neste aspecto**. Ex. custos de energia elétrica, tratamento de efluentes, etc.

Com isto, o legislador intenciona dar concretude à **proposta mais vantajosa**. Assim, *v.g.*, as despesas com manutenção, com os insumos para o funcionamento e os impactos ambientais acarretados pelo objeto contratado, dentre outros, podem ser considerados como fatores à classificação das propostas. Portanto, o instrumento convocatório poderá prever estes vetores indiretos de maneira objetiva e idônea, ou seja, devem ser passíveis de mensuração e de comprovação por parte dos licitantes. E esta prova deve ser exigida dos concorrentes.[149] Destaque a ser feito consiste no fato de que o art. 19, § 1º, da Lei nº 12.462/11, apenas fez menção a exemplos de custos indiretos que podem ser considerados, nada impedindo que a autoridade licitante possa adotar critérios adicionais.

Além disso, importante mencionar que esta ferramenta jurídica procura fornecer subsídios importantes ao estabelecimento de **licitações sustentáveis**. Logo, consegue-se, com isto, que a sustentabilidade ambiental, p. ex., possa ser amparada de maneira substancial. Exemplificando: é possível que o instrumento convocatório faça previsão de vantagens adicionais àquele licitante que emita menos carbono no ar, ou que não polua a água. Enfim, são externalidades que podem ser utilizadas como critério de seleção da melhor proposta.

Uma advertência deve ser feita: as vantagens adicionais não podem ser consideradas quando são inerentes aos custos para o fornecimento do objeto contratado. Significa dizer que as despesas inerentes ao fornecimento do produto não podem ser consideradas como critérios de seleção da melhor proposta.

Segundo nosso entendimento, cabe referir que, muito embora esta permissão esteja no dispositivo que trate de um critério específico, *ela deve ser aplicada a todos outros tipos de licitação*. Há, aqui, uma impropriedade da lei, no momento em que, em tese, restringiu a possibilidade de considerar os custos indiretos somente ao critério de seleção da melhor proposta pelo menor preço ou maior desconto.

---

[148] Lei nº 12.462/11, art. 19, § 1º, e art. 26, § 1º, do Decreto federal nº 7.581/11.

[149] Decreto federal nº 7.781/11, art. 26, § 1º.

Então, o tipo *menor preço* ou *maior desconto* utilizam metodologias diferentes na seleção do lance mais vantajoso, apesar de ambos terem por mote gerar uma proposta que oferte um menor dispêndio à Administração Pública (art. 19). Além disso, ambos partem de um determinado valor-base, para se chegar à oferta final mais econômica. Destaca-se, por oportuno, que estes critérios não eliminam a possibilidade de se alocar, de maneira diminuta, um critério de melhor técnica na habilitação, *apesar de a lei nada dizer sobre isso no dispositivo específico que trata do tema.*

A proposta no critério menor preço não deverá considerar os materiais e as instalações a serem fornecidos pelo licitante para os quais ele renuncia a remuneração pertinente, desde que esta abdicação conste, expressamente, no limiar da proposta. Logo, o menor preço deverá ser avaliado de acordo com a **proposta remuneratória** formulada em relação à prestação a que o licitante deva entregar, conforme especificações constantes no termo de referência, instrumento convocatório, orçamentos, projetos, etc.

Aliás, a proposta não poderá indicar os custos de maneira genérica. Além disso, não poderá se distanciar dos orçamentos de referência.

Já a forma de julgamento por **maior desconto** utiliza como base de cálculo, ou seja, como referência o preço global estimado pela Administração Pública, que é fixado no edital, a partir do qual se formulam propostas. Aqui o intérprete deve prestar muita atenção: o "preço global" mencionado no § 2º do art. 19 da Lei do RDC difere do "preço total" estabelecido no art. 27 do Decreto nº 7.581/11.

Veja que, para a mesma situação, duas locuções diversas são utilizadas, as quais merecem ganhar a devida diferenciação. "**Preço global**" é aquele que é **colocado no edital**. Contudo, segundo o RDC, **ele não é sigiloso**. Já o "**preço total**" refere-se à **proposta do licitante**. São institutos diversos e, portanto, inconfundíveis. Bem por isso considera-se que o ato normativo federal extrapolou os limites da lei, em típica regulamentação *contra legem*, o que, claro, é vedado em nosso ordenamento jurídico. Este desconto ofertado pelo licitante será estendido também aos eventuais *aditivos* que porventura se negociem. É uma iniciativa que não está prevista na lei geral de licitações, mas que ganhou guarita na prática administrativa e foi chancelada pelas cortes de contas, sendo considerada, pois, como aceitável.

Então, estamos diante de um critério no qual a Administração Pública apresenta uma planilha de custos ou um objeto a se adquirir no mercado, e os licitantes passam a oferecer lances sucessivos, formulando propostas de maior desconto sobre aqueles objetos ou valores. Muito comum em bibliotecas públicas este tipo de licitação, quando se faz um certame para a aquisição de livros, sendo selecionada a proposta que oferte o maior desconto no preço de capa de cada obra.

A fim de se evitar o que se chama de "jogo de planilha" entre os licitantes,[150] o § 3º do art. 19 da Lei do RDC determinou que, no caso de obras ou serviços de engenharia, o percentual de desconto apresentado pelos interessados deverá ser **linear**. Logo, deverá incidir de maneira **uniforme** sobre os preços de todos os itens do orçamento estimado e constante do instrumento convocatório.

ANÁLISE CRÍTICA

Uma ponderação importante deve ser feita, especialmente em termos pragmáticos: por vezes não é possível dar um desconto linear ao longo do tempo em que se fornecerá o produto ou o serviço, sendo quase inviável assim se perfazer em certas matérias, porque há variáveis constantes que alteram os custos das obras de engenharia. Os insumos nesta área variam dia a dia, semana a semana, o que compromete, na prática, que se tenha um desconto comum a todos os objetos licitados. De outro lado, como será dito, deve-se sempre procurar coibir o odioso "jogo de planilha", a seguir mais bem explicitado.

Primeiramente, o "jogo de planilha" ou "jogo de preços" consiste em um artifício utilizado pelos interessados, tomando por base projetos básicos deficitários (*v.g.* que não preveem os custos do objeto licitado com perfeição), ou lastreados em informações privilegiadas. Eles conseguem saber antecipadamente quais os objetos que terão sua quantidade acrescida, diminuída ou suprimido ao longo da execução da obra a ser licitada, A partir daí, eles manipulam os custos unitários de suas propostas, aumentando-os para itens que serão adicionados, e diminuindo para itens que serão subtraídos. Com isso, conseguem uma melhor proposta e vencem a licitação. No entanto, durante a execução do contrato, percebe-se que o custo barateia substancialmente justamente nos insumos que o licitante ofertou valores elevados. Com a proposta

[150] O "jogo de planilha" foi dissecado pelo TCU no Acórdão nº 1.755/2004, Pleno. Confira, ainda, esta passagem: "Ademais, não é necessário se demonstrar a conduta dolosa do agente público ou do contratado beneficiado para se caracterizar a ocorrência do "jogo de planilha". A responsabilidade civil decorre de condutas dolosas e culposas, stricto sensu, consoante o estabelecido pelos arts. 186, 187 e 927 do Código Civil. É dever do gestor público zelar para que as condições contratuais não se tornem prejudiciais ao erário. Havendo vontade deliberada ou não de beneficiar indevidamente o contratado, deve o gestor ser responsabilizado por seus atos, omissivos ou comissivos, dolosos ou culposos, que contrariem o interesse público e provoquem prejuízo ao erário. A contratada não pode beneficiar-se de ganhos exorbitantes e ilegítimos a custa do sacrifício de recursos públicos, devendo ser solidariamente responsabilizada, consoante estabelece o art. 16, § 2º, alínea b, da Lei Orgânica deste Tribunal.". (TCU, Acórdão nº 1.650/2006, Pleno).

em termos lineares, não há como se perfazer este estratagema, sendo esta a preocupação do legislador ao conduzir a licitação de maior desconto nestes termos.[151]

Ainda, deve-se evitar ao máximo o que se conhece por "jogo de cronograma", outra prática inescrupulosa que consiste em se perfazer propostas mais lucrativas aos itens pagos no início da execução do projeto, deixando aos itens pagos depois, uma proposta com subpreço. Sendo assim, a contratada pode se capitalizar durante a execução do negócio jurídico. Ou ainda, pode pretender, desde já, executar a parte inicial da obra – que é mais lucrativa –, abandonando o restante da execução do contrato. Neste último caso, o Poder Público amargara um duplo prejuízo, porque pagou por um serviço mais caro (com sobrepreços), e porque não recebeu o objeto contratual terminado. Neste caso, para evitar esta prática contratual abusiva, não se devem aceitar propostas para cada etapa, vista individualmente, mas sim, que a oferta seja visualizada de maneira global. Assim, sugere-se restringir propostas por custos unitários.[152]

Importante mencionar que a Corte de Contas federal[153] considerou que é possível e se mostra aceitável que uma proposta apresente preço unitário acima do orçamento em item não relevante, desde que o preço global seja compatível com os limites estabelecidos no certame. Neste caso, o TCU considerou que não se estava diante de sobrepreço.

Para resumir

- Os critérios menor preço ou maior desconto visam a adquirir produtos ou serviços com o menor gasto possível de recursos públicos, de acordo com proposta remuneratória formulada pelos licitantes;
- A proposta pode vir a considerar os custos indiretos, desde que previstos de maneira objetiva no edital de abertura da licitação. Destaque para o fato de que o RDC apenas exemplificou alguns destes "custos indiretos";
- O critério menor desconto possui como base de cálculo, ou seja, como referência o preço global estimado pela Administração Pública, que é fixado no edital, a partir do qual se formulam propostas de descontos. Quem ofertar o maior, vence a disputa.

[151] Sobre o *desconto linear* do RDC, conferir: TCU, Acórdãos nº 2.068/2011 Pleno e nº 4.775/2011, 1ª Câmara.

[152] Sobre a contratação com sobre preço: TCU, Acórdão nº 2.649/2007, Pleno.

[153] TCU, Acórdão nº 2.931/2010, Pleno.

16.2. Técnica e preço

O critério de **melhor técnica e preço** é utilizado em situações especificas previstas no art. 20, § 1º, da Lei nº 12.462/11,[154] porque, nestes casos, admite-se que a Administração Pública não tem o conhecimento intelectual ou tecnológico em certos temas, enfim, não domina estas informações. Contudo, quando a Administração Pública conhece esta metodologia, ela não poderia utilizar este critério.

Assim, esse tipo licitatório é utilizado quando a contratação visa a adquirir objeto de natureza predominantemente intelectual e de inovação tecnológica ou técnica, ou que possam ser executados com diferentes metodologias ou tecnologias de domínio restrito no mercado, pontuando-se as vantagens e qualidades que eventualmente forem oferecidas para cada produto ou solução.[155]

A ideia consiste em se alocar este tipo de licitação quando se quer adquirir algo inovador. O cuidado maior que se deve ter reside na definição precisa e objetiva da pontuação das vantagens e qualidades do objeto a ser contratado.[156]

Dessa forma, quando a avaliação e a ponderação da qualidade técnica das propostas superarem os requisitos mínimos estabelecidos no instrumento convocatório e forem relevantes aos fins pretendidos, este parâmetro pode ser utilizado. Veja que, neste caso, os requisitos técnicos para a habilitação foram esgotados – dado que o rol de exigências é taxativamente previsto em lei –, o que dimana que outros sejam considerados, mas agora como critério de escolha do lance mais vantajoso.

No tipo *técnica e preço*, já previsto na Lei nº 8.666/93, há uma mescla entre os dois critérios, sendo que o licitante formula duas propostas, uma para cada qual. E, com a soma da pontuação em ambos, sabe-se quem forneceu a oferta mais vantajosa. Os critérios de ponderação de um ou de outro parâmetro, ou seja, da técnica ou do preço devem ser definidos no instrumento convocatório. O RDC estabelece um corte neste balanceamento de valores, ao determinar que é permitida a atribuição de fatores de ponderação distintos para valorar as propostas

---

[154] Com correspondência no art. 28 do Decreto nº 7.581/11.

[155] "Considerando os ditames da Lei 12.462/2011, o julgamento da licitação a partir de critérios de técnica e preço tem como objetivo buscar as alternativas que apresentem um melhor custo-benefício, ou seja, as alternativas que se mostrem tecnicamente positivas ao gerar benefícios relevantes ao empreendimento e, ao mesmo tempo, que se mostrem viáveis economicamente." (TCU, Acórdão nº 1.167/2014, Pleno).

[156] TCU, Acórdão nº 327/2010, Pleno.

técnicas e de preço, sendo o percentual de ponderação mais relevante é limitado a 70% (setenta por cento) – art. 20, § 2º, da Lei nº 12.462/11.

Claro que se deve estabelecer **pontuação mínima** aos participantes, no que se refere ao quesito de **melhor técnica**, a fim de se evitar a contratação de empresas inábeis. Caso não se atinja este patamar fixado, a proposta deverá ser desclassificada.

A Lei nº 12.462, no § 1º do art. 20, previu três casos em que se utilizará este tipo de licitação – quando a contratação tenha por meta adquirir objetos:

a) de natureza predominantemente intelectual;[157]

b) oriundos de inovação tecnológica ou técnica; ou

c) que possam ser executados com diferentes metodologias ou tecnologias de domínio restrito no mercado, pontuando-se as vantagens e qualidades que eventualmente forem oferecidas para cada produto ou solução.

Em resumo, esse critério de seleção normalmente tem vocação para selecionar objetos que possam ser executados a partir de diferentes técnicas ou metodologias de domínio restrito. Ou no caso de objetos que tenham ênfase a inovação tecnológica ou o padrão intelectual a ser fornecido (*v.g.* consultoria). No caso, a Administração Pública deve provar que as inovações na técnica devem ser relevantes ao Poder Público.[158]

Assim, a oferta vencedora deve compatibilizar dois critérios de qualidade: os mínimos estabelecidos pelo edital, que são base para a habilitação do interessado, e aqueles que se relacionam à proposta e que, no caso, são definidores do vencedor. Estes últimos devem ter pertinência aos fins pretendidos pelo Poder Público e podem considerar, para o cálculo, os fatores de sustentabilidade.

Nesse aspecto em específico, o art. 29, § 2º, do Decreto federal nº 7.581/11, traz **parâmetros de sustentabilidade ambiental** que podem ser considerados no critério de julgamento por técnica e preço. A sustentabilidade deve ser vista a partir da repercussão que o objeto licitado tem no meio ambiente ou a partir de outros fatores pertinentes. Logo, quando certa prestação fornecida pelo licitante cria poucas ou muitas soluções ao meio ambiente, receberá, em contrapartida, mais ou menos pontuação no critério técnica. Desse modo, o licitante deverá provar que sua técnica atende aos padrões mínimos fixados pelo Estado como condição para a habilitação, mas, ao mesmo tempo, produz

[157] Previsão muito parecida com aquela feita no art. 46 da Lei nº 8.666/93.

[158] TCU, Acórdão nº 601/2011, Pleno.

uma maior ou menor sustentabilidade ambiental. Ex. a construção de uma escola feita a partir de garrafas "pet" ou de caixas de leite deve atender aos padrões mínimos de segurança exigidos no edital, como condição à habilitação do interessado. Em caso positivo, possivelmente este projeto receba uma alta pontuação em termos de técnica que valoriza a sustentabilidade ambiental.

Para resumir

- O critério de técnica e preço mescla os dois parâmetros, sendo que o licitante formula duas propostas, uma para cada qual. É utilizado quando a contratação visa a adquirir objeto de natureza predominantemente intelectual e de inovação tecnológica ou técnica, ou que possam ser executados com diferentes metodologias ou tecnologias de domínio restrito no mercado, pontuando-se as vantagens e qualidades que eventualmente forem oferecidas para cada produto ou solução.

16.3. Melhor técnica ou conteúdo artístico

O art. 21 do RDC também traz mais duas formas de seleção da melhor proposta. Trata-se do critério **melhor técnica,** ou do critério relativo ao **melhor conteúdo artístico**. Ambos não se confundem com o tipo "melhor técnica" – de mesmo nome – da lei geral de licitações. Uma diferença substancial consiste no fato de que, no RDC, o preço já vem previamente estipulado em um prêmio. Na lei geral, isto não ocorre.

A diferença substancial entre ambos os critérios previstos no RDC consiste no fato de que a **melhor técnica** deve estar ligada à obtenção de uma **maior eficácia**, enquanto que o **critério relativo ao melhor conteúdo artístico** está vinculado à **maior estética oferecida**. Assim, podemos concluir que este último tipo licitatório aproxima-se, em muito, com a modalidade de concurso, prevista na Lei nº 8.666/93, art. 22, § 4º.

Os critérios de seleção aqui detalhados devem primar, na medida do possível, pela **objetividade dos parâmetros de escolha**, cujo paradigma, devem ser estampado, claro, no instrumento convocatório. Para tanto, aqui também podem ser considerados, para a seleção da melhor proposta, condições de sustentabilidade.[159]

Veja um caso interessante: caso vivêssemos na era do *Renascimento,* o paradigma de arte seria mais palpável. Hoje, a noção de arte congrega valores múltiplos e uma plataforma de parâmetros muito mais

[159] Decreto federal nº 7.581/11, art. 31, § 2º.

aberta, o que dificulta a obtenção de critérios objetivos de julgamento. Basta ver que nem todo mundo necessariamente precisa gostar das obras arquitetônicas de Oscar Niemeyer, das pinturas de Salvador Dali ou da música de Gershwin. *Assim, é importante que o edital, no mínimo, consiga congregar um padrão estético consagrado, a servir de critério de julgamento, ou seja, um padrão comum reconhecido.*

Bem por isso que o edital que aborde os tipos licitatórios melhor técnica ou conteúdo artístico será distinto de todos os outros, assim como a **comissão julgadora** do certame será peculiar, a qual *deverá* **ser especialmente formada**. E, neste ponto, trata-se de **ato administrativo vinculado**, ou seja, não é uma faculdade do gestor público em escolher pessoas que não sejam especialistas na área do conhecimento relativo ao objeto a ser contratado.[160] Por fim, importante dizer que pode ser fixada uma linha de corte na seleção da melhor proposta, ou seja, uma pontuação mínima, a qual, quando não atingida, gera a desclassificação do concorrente.

Para resumir

- O critério melhor técnica deve estar ligado à obtenção de uma maior eficácia, enquanto que o critério relativo ao melhor conteúdo artístico está vinculado à maior estética oferecida;
- Ambos devem primar, no mais possível, pela objetividade de parâmetros de discriminação da proposta vencedora;
- A comissão julgadora deverá (ato administrativo vinculado) ser composta por especialistas na área do conhecimento relativo ao objeto a ser contratado.

16.4. Maior oferta ou preço

Já a **maior oferta de preço** é típico critério que deve estar coligado a contratos que visem a adquirir maior renda para o Poder Público. Aqui, a baliza da seleção da melhor proposta se dá **por critério monetário** (valor) – art. 22, *caput*, da Lei nº 12.462/11. Por isto é muito comum ser utilizado na modalidade de leilão, no qual o Poder Público que alienar determinado objeto, ou seja, conseguir um maior valor por ele.

O art. 22, § 2º, da Lei nº 12.462/11, estabelece que, no julgamento pela maior oferta de preço, poderá ser exigida a comprovação do **recolhimento de certa quantia a título de garantia**, como requisito de habilitação, **limitada a cinco por cento do valor ofertado**. Contudo,

[160] Decreto federal nº 7.581/11, art. 32, *caput* e parágrafo único.

esta não foi a melhor opção feita pelo legislador, sendo este equívoco corrigido pelo regulamento do RDC. O Decreto federal nº 7.581/11 estabeleceu a necessidade de se ter uma garantia de **até cinco por cento do valor mínimo de arrematação.**[161]

Nesse caso, agiu corretamente o referido ato normativo, porque, se a garantia tivesse como base de cálculo o valor ofertado (e não o valor mínimo de arrematação), ter-se-ia de depositar um numerário em cinco por cento da proposta efetuada, o que corromperia o sigilo destas. Logo, já se saberia, de antemão, quais seriam as propostas de cada qual, quando, neste caso, deveriam ser sigilosas até o seu julgamento. Salvo se, antes do transpasse efetivo da propriedade e após a seleção da proposta mais vantajosa exigir-se-ia a dita garantia do vencedor.

Para resumir

- O julgamento pelo critério de maior oferta de preço será utilizado no caso de contratos que resultem em receita para a administração pública;
- A Lei nº 12.46211 permitiu que possa ser exigida a comprovação do recolhimento de quantia a título de garantia, como requisito de habilitação, limitada a cinco por cento do valor ofertado. O Decreto federal nº 7.581/11, ao seu turno, previu que o percentual mencionado incidirá, contudo, a partir do valor mínimo de arrematação.

16.5. Maior retorno econômico

O critério inédito acolhido pelo RDC, previsto no inciso V do art. 18, escolherá a melhor proposta baseado no **maior retorno econômico**,[162] que nada mais é do que o **resultado da economia gerada** com a execução do programa de trabalho apresentado pelo particular. Geram-se, assim, os denominados "**contratos de eficiência**", que são remunerados por uma parcela de economia que a Administração Pública aufere.

Tais negócios jurídicos nascem na década de setenta, momento em que todos estavam diante de uma grave crise energética, necessitando a contratação de soluções que diminuíssem o gasto neste setor. Assim, estabeleceram-se avenças nas quais a remuneração variava de acordo com a maior economia gerada, ou seja, quando mais se reduziam os

[161] Decreto federal nº 7.581/11, art. 48, *caput*.

[162] Esse tipo de contratação tem larga utilização, há muito, nos Estados Unidos e no Reino Unido. Esses negócios jurídicos estabelecem padrões de remuneração, sendo que quanto maior for a economia gerada aos cofres públicos, maior será a remuneração, proporcionalmente estabelecida. Há a obrigação de que se produza um resultado em determinado prazo.

custos com energia elétrica, maior era o retorno econômico aos contratados. Desta forma, certas empresas surgiram justamente para apresentar soluções de economia neste sentido. No Brasil, estes ajustes foram também chamados de "**contratos de risco**" ou "**de performance**".

Aqui, o julgamento das melhores propostas deve levar em conta parâmetros de economia, sendo esta a base de cálculo para a seleção da melhor proposta. Diz o art. 23 da Lei do RDC que este critério deve ser utilizado somente na celebração de contratos de eficiência, onde o particular deve atingir certas metas definidas no instrumento convocatório. As propostas serão consideradas de forma a selecionar a aquela que proporcionará a maior economia para a Administração Pública decorrente da execução do contrato.

O que se quer é que o contrato a ser celebrado proporcione um menor dispêndio de recursos públicos, com o intuito de reduzir *despesas correntes*, sendo o contratado, como dito, **remunerado com base em percentual da economia gerada.**[163] Entendemos que o dispositivo do RDC, em verdade, reduz **despesas de custeio**, e não aquelas de natureza corrente. Acredita-se que, aqui, há um equívoco do legislador.

Para isso, o § 3º do art. 23 estipula interessantes critérios para a formulação do pagamento do contratante. "Nos casos em que não for gerada a economia prevista no contrato de eficiência: I – a diferença entre a economia contratada e a efetivamente obtida será descontada da remuneração da contratada; II – se a diferença entre a economia contratada e a efetivamente obtida for superior à remuneração da contratada, será aplicada multa por inexecução contratual no valor da diferença; e III – a contratada sujeitar-se-á, ainda, a outras sanções cabíveis caso a diferença entre a economia contratada e a efetivamente obtida seja superior ao limite máximo estabelecido no contrato.".

Veja que esta forma de seleção da melhor proposta vincula o pagamento para com o cumprimento de níveis de eficiência, induzindo o contratado a atingir padrões de qualidade mais vantajosos. O sinalagma do contrato, aqui, não é estabelecido na relação: fornecimento de um produto ou de um serviço, em relação a um valor a ser recebido em troca. No critério maior eficiência econômica, o interessado se compromete a reduzir o déficit público, minimizando as despesas correntes.

Aqui, a lei previu a possibilidade de se **efetuar descontos no pagamento do contratado**, caso ele não atinja as metas a que se obrigou. A dúvida que remanesce consiste em saber se tais descontos poderiam

[163] Lei nº 12.462/11, art. 36, § 2º.

chegar ao patamar de nada se pagar ao contratado, porque ele não atingiu nenhuma das metas (sem prejuízo das outras sanções).

> ANÁLISE CRÍTICA
>
> A previsão de "pagamento zero" seria de discutível constitucionalidade, na medida em que o art. 37, inciso XXI, da Constituição Federal determina que a contratação sempre detenha "[...] cláusulas que estabeleçam obrigações de pagamento, mantidas as condições efetivas da proposta, nos termos da lei". Eis o eventual impeditivo.

Então, no contrato de performance, quando o interessado não atinge as metas fixadas no edital, será reputado inadimplente. Logo, estamos frente a uma *mora qualificada*, porque não basta o contratado deixar de cumprir com a economia a que se comprometeu, deve não ter alcançado os patamares determinados no instrumento convocatório.

A diferença substancial entre o *contrato de eficiência* e a *remuneração variada* reside no fato de que nesta, a eficiência não é obrigatória, mas se ocorrer, deve servir de base para que o contratado seja bonificado pecuniariamente. No contrato de eficiência, ao seu turno, o maior retorno econômico é uma obrigação inerente ao negócio jurídico, sendo um dever a ser necessariamente cumprido pelo licitante.

Por isso que os interessados devem apresentar "propostas de trabalho" e "propostas de preço", a fim de o Poder Público cotejar cada qual para a seleção do lance mais vantajoso. Além disso, diante do plano de trabalho,[164] o ente estatal poderá fiscalizar com objetividade o cumprimento das metas.

> ANÁLISE CRÍTICA
>
> Entendo que se formata, aqui, um contrato com **obrigação de resultado**, porque há sérios prejuízos ao contratante caso ele não consiga cumprir com a responsabilidade a que anuiu.[165] Há a obrigação de que se produza um resultado em determinado prazo. Resumindo: o licitante faz uma proposta de reduzir o custo mensal em determinada área. Em troca, formula uma proposta monetária de quanto quer receber por esta redução. Imagine que certa Secretaria de Educação tenha um gasto dez milhões de reais em certo segmento durante o ano. O proponente pode formular a seguinte pretensão: ele assegura reduzir este débito de dez, para oito milhões no período. Mas, para

---

[164] Decreto n° 7.581/11, inciso I, alíneas *a* e *b* do art. 37.

[165] O Poder Público, então, *não tem mais obrigação de controle de meios, mas de resultados*. Apesar de que estes resultados devem estar categoricamente previstos no instrumento convocatório.

isso, cobrará a quantia de oitocentos mil reais. Veja que, neste caso, o ente estatal terá uma economia de um milhão e duzentos mil reais. Desta maneira, o licitante deve apresentar uma proposta de trabalho de como fará esta redução. No caso, o particular só recebe, se atingir as metas a que se obrigou, enfim, se demonstrar ter angariado o resultado prometido.

A grande complexidade que envolve este critério gira justamente em torno dos riscos em se conseguir cumprir com esta redução. Muitas vezes, a minimização do *deficit* fica sujeito a uma álea afeta a inúmeras variantes, externas e incontroláveis. Certas externalidades não podem nem sequer ser previstas. Para isso, como se viu, o § 3º do art. 23 dá cabo de trazer regras harmônicas a tentar compor esta contingência. Bem por isso que, ao que tudo indica, tratar-se-á de um negócio de difícil atração, por conta de se estabelecer requisitos duros ao particular.

Outra complexidade a ser enfrentada neste critério de julgamento reside no fato de se ter a necessidade de deter um parâmetro, uma baliza a se saber o quanto de retorno se quer. Sem estes dados, não se conseguirá, por óbvio, saber o quanto o Poder Público quer deixar de gastar. Dessa forma, os **dados históricos** serão fundamentais para saber se a proposta não é irreal, ou seja, se há um retorno efetivo.

Vejamos um exemplo: imagine o caso de o Poder Público pretender a redução do gasto com impressão de documentos. Em certos meses do ano este montante é maior do que em outros, o que faz com que seja imprescindível um histórico completo e suficiente, a se poder visualizar uma base de gastos global. Caso o parâmetro foque nos meses de maior gasto, os montantes de retorno econômico estarão distorcidos. Neste mesmo caso hipotético, é inexorável também segmentar o certame por grupos de consumidores, porque certos setores do ente contratante terão um maior ou um menor gasto com impressão, variando em períodos diversos. Ou mesmo perceber as variações de despesas no decorrer dos meses. Veja o caso de uma equipe de recursos humanos, cuja impressão pode duplicar especificamente no final do ano, momento em que se necessita imprimir duas folhas de pagamento: a normal, e aquela relativa ao décimo terceiro vencimento. Eventual pesquisa em outra unidade revelará, sem sombra de dúvidas, outra base de cálculo para o retorno econômico esperado.

Para resumir

- O critério de julgamento pelo maior retorno econômico seleciona a melhor proposta que apresentar o maior resultado da economia gerada com a execução do programa de trabalho apresentado pelo particular;

- Os contratos advindos deste certame são remunerados por uma parcela de economia que a Administração Pública aufere, porque o particular deve atingir certas metas definidas no instrumento convocatório;
- Assim, há a possibilidade de se efetuar descontos no pagamento do contratado, caso ele não atinja as metas a que se obrigou.

17. Critérios de desempate

Quando duas propostas são formuladas e empatam na mesma colocação, a legislação afeta à matéria licitatória dá cabo de fornecer regras que visem a traçar critérios de desempate. O RDC alocou estes parâmetros no art. 25, dispondo-os nesta ordem: "Art. 25 (...) I – disputa final, em que os licitantes empatados poderão apresentar nova proposta fechada em ato contínuo à classificação; II – a avaliação do desempenho contratual prévio dos licitantes, desde que exista sistema objetivo de avaliação instituído; III – os critérios estabelecidos no art. 3º da Lei nº 8.248, de 23 de outubro de 1991, e no § 2º do art. 3º da Lei nº 8.666, de 21 de junho de 1993; e IV – sorteio.".

Em termos sintéticos, os critérios de desempate seguem esta sequência:

a) abre-se oportunidade para a apresentação de novas propostas;

b) permite-se a avaliação de desempenho contratual prévio dos licitantes. Para tanto, deve ser constituído, previamente, um sistema objetivo de avaliação;

  b1) para bens e serviços comuns, têm preferência aqueles:

    b1.1) produzidos no País;

    b1.2) produzidos ou prestados por empresas brasileiras;

    b1.3) produzidos ou prestados por empresas que invistam em pesquisa e no desenvolvimento de tecnologia no País

  b2) para bens e serviços de informática e automação, deve-se:

    b2.1) dar preferência a bens e serviços com tecnologia desenvolvida no País;

    b2.2) dar preferência a bens e serviços produzidos de acordo com processo produtivo básico, na forma a ser definida pelo Poder Executivo;

c) por fim, se ainda permanece o empate, procede-se ao sorteio.

No primeiro caso (item "(a)"), a Administração Pública abre o certame novamente. Então, somente aqueles que estão emparelhados (nunca os demais) podem, em uma última oportunidade, formular uma pretensão diversa. Caso isso não ocorra, pode-se avaliar o desempenho contratual prévio. Para isso, este histórico já deve estar catalogado, devendo ser coligado a critérios por deveras objetivos.

Cabe referir que os processos de licitação concebem dois tipos de empate:

a) o empate ficto;

b) o empate real.

No primeiro caso, efetivamente os lances são diversos, ou seja, com valores desiguais. Mas por uma **benesse lega***l* cria-se uma ficção, ou seja, permite-se que o interessado que formulou uma proposta, em certo patamar, menos vantajosa, possa readequá-la, cobrindo aquela mais vantajosa. Se assim agir, adjudica-se o objeto a este licitante.

Ou, ainda, a lei pode prever que, em certas situações, o Poder Público seja obrigado a contratar proposta menos vantajosa, mas formulada por certo sujeito em condições especiais. Neste último caso, ato normativo cria uma ficção jurídica, dando-se preferência à proposta menos vantajosa que se distancia em até certo patamar de outra melhor. Isso ocorre quando se fixam **margens de preferência** a certos licitantes.

Exemplificando. Os critérios de desempate previstos nos arts. 44 e 45 da Lei Complementar nº 123/06 ainda continuam vigentes e incidentes.[166] Logo, nas licitações, inclusive no que se refere ao RDC, será assegurada, como critério de desempate ficto, preferência de contratação para as microempresas e empresas de pequeno porte. O § 1º do art. 44 define, em verdadeira interpretação autêntica, que o empate de que fala a lei, relaciona-se com aquelas situações em que as propostas apresentadas pelas microempresas e empresas de pequeno porte sejam iguais ou até 10% (dez por cento) superiores à proposta mais bem classificada, para as licitações comuns, e de até 5% (cinco por cento) superior ao melhor preço, no caso de pregão.

Diante do mencionado **empate ficto**, a microempresa ou empresa de pequeno porte mais bem classificada poderá apresentar proposta de preço inferior àquela considerada vencedora do certame, situação em que será adjudicado o objeto licitado em seu favor (art. 45, inciso I, da LC nº 123/06). Caso não ocorra a contratação da microempresa ou da empresa de pequeno porte mais bem classificada, serão convocadas

[166] Segundo a disposição expressa do parágrafo único do art. 25 da Lei nº 12.462/11.

as remanescentes que porventura se enquadrem na margem de 10% (dez por cento), na ordem classificatória, para o exercício do mesmo direito.

Na hipótese de as referidas pessoas jurídicas empatarem, deve-se proceder a um sorteio entre elas. Se nenhuma destas licitantes for contratada ou se utilizar da prerrogativa de cobrir a proposta mais vantajosa, o objeto licitado será adjudicado em favor da proposta originalmente vencedora do certame, quando a melhor oferta inicial não tiver sido apresentada por microempresa ou por empresa de pequeno porte.

Nos casos de **empate real**, os interessados apresentam lances **com a mesma vantajosidade**. Neste caso, devem ser aplicados os critérios de desempate expostos logo no início deste tópico – muito embora estes parâmetros são de difícil aplicação, uma vez que é improvável que dois lances empatem inclusive nos centavos.

Importante pontuar que, quando se estiver diante do critério de seleção das propostas por **maior lance**, não necessariamente haverá empate, porque a licitação somente terminará quando nenhum outro concorrente cobrir a proposta mais vantajosa, após uma sequência de rodadas. Assim, o critério de desempate ficará, no mínimo, atrelado ao tempo, ou seja, quem primeiro ofertou a proposta. Mesmo que dois lances contenham igual valor, o que dará uma colocação melhor ou pior entre eles será a prioridade em se ter formulado a oferta.

Para resumir

- Quando duas ofertas empatam, o RDC apresenta critérios para que se consiga esclarecer quem é o vencedor. Por primeiro, se estabelece uma nova disputa (agora final), em que os licitantes empatados poderão apresentar nova proposta fechada em ato contínuo à classificação. Caso não se consiga solucionar o problema, passa-se à avaliação do desempenho contratual prévio dos licitantes, desde que exista sistema objetivo de avaliação já instituído. Caso as propostas ainda permaneçam emparelhadas, devem-se utilizar os critérios de desempate estabelecidos no art. 3º da Lei nº 8.248, de 23 de outubro de 1991, e no § 2º do art. 3º da Lei nº 8.666, de 21 de junho de 1993. Por fim, como último parâmetro de seleção, perfaz-se a um sorteio;

- O empate pode ser ficto (quando a lei confere um beneplácito e cria-se uma ficção, permitindo que o interessado que formulou uma proposta menos vantajosa, possa readequá-la, cobrindo aquela mais vantajosa) ou real (quando os licitantes apresentam propostas com idêntica vantajosidade).

18. Fase recursal

A fim de dar agilidade ao procedimento, o RDC adotou o **momento recursal único**, ou seja, **salvo no caso de inversão de fases**, o procedimento licitatório terá somente **uma fase recursal**, que se ocorrerá em momento posterior à habilitação do vencedor. Nesta etapa, serão analisados os recursos referentes ao julgamento das propostas ou lances, bem como as eventuais impugnações à habilitação do vencedor, ou seja, todas as incongruências ou divergências que surgiram durante o certame serão julgadas em conjunto, enfim, devem todas elas estar mencionadas nesta peça, sob pena de preclusão (art. 28, *caput* e parágrafo único, da Lei nº 12.462/11). A ideia do momento único recursal é salutar, porque vem ao encontro da **celeridade** do procedimento.[167]

Importante dar destaque ao fato de que os **fundamentos das decisões** dos recursos ou dos pedidos de esclarecimento acabam por se "acoplar" aos **motivos dos atos administrativos** a serem praticados durante o certame e, portanto, ganham **conteúdo vinculativo**. Assim, p. ex., a resposta à consulta a respeito de cláusula de edital obriga a todos, inclusive à Administração Pública, **desde que o esclarecimento assim explicitado tenha sido comunicado a todos os interessados**. Em melhores termos: a resposta de consulta ou a motivação de eventual recurso terá caráter, como dito, vinculante. Praticamente seria como se a resposta assim explicitada aderisse ao edital.[168]

Os prazos recursais podem ser consultados no art. 45 da Lei nº 12.462/11. Na verdade, tal dispositivo acabou por prever as hipóteses em que o recurso ou a impugnação administrativa podem ser interpostos, ou seja, nesta regra foram previstas várias espécies de insurgência que podem ser manejadas no limiar do certame. Tal dispositivo cum-

[167] Entendemos que a fase recursal prevista no RDC assemelha-se, em muito, com aquilo que foi disciplinado na modalidade de pregão.

[168] STJ, Resp. 198.665-RJ, Rel. Min. Ari Pargendler, 2ª Turma, j. 23/03/1999.

pre um papel importante no que se refere à materialização do **princípio da adequação**.

As impugnações ao instrumento convocatório serão protocoladas no prazo mínimo de:[169]

a) **até 2 (dois) dias úteis antes da data de abertura das propostas**, no caso de licitação para **aquisição ou alienação de bens**; ou

b) **até 5 (cinco) dias úteis antes da data de abertura das propostas**, no caso de licitação para **contratação de obras** ou **serviços**.

Devemos ficar atentos ao fato de que tais **prazos iniciam e expiram em dias úteis, excluindo o dia de início, e incluindo o dia derradeiro.**[170] Deste modo, a contagem de prazos deve ser pautada a partir dos parâmetros estabelecidos especialmente no art. 45, §§ 2º, 4º, e no art. 5º da Lei nº 12.462/11, bem como no art. 112, *caput* e parágrafo único, do Decreto nº 7.581/11, o qual fornece os critérios para que se possa perfazer uma contagem de prazos correta.

Destaque para o art. 45, § 2º, do RDC, que dispõe que o **prazo para apresentação de contrarrazões será idêntico àquele previsto ao recurso combatido**, e **começará imediatamente após o encerramento do prazo recursal** conferido à parte adversa. Logo, a data para o protocolo de arrazoado contrário ao recurso manejado **não depende de intimação formal** da parte interessada em ofertar contrarrazões, sendo um ônus que lhe cabe. Esta providência mostra-se interessante em termos de celeridade do procedimento.

Pelos termos do RDC (art. 45, § 5º), "dia útil" acaba sendo "dia de expediente". Logo, **os prazos não estarão atrelados somente aos feriados ou aos dias de descanso, mas sim, ao funcionamento normal do órgão ou entidade em que corre o processo licitatório**. Então, como bem diz o dispositivo mencionado, os prazos ali previstos iniciam e expiram exclusivamente em dia de expediente no âmbito do órgão ou entidade.

Segundo o art. 45, § 1º, parte final, da Lei nº 12.462/11,[171] os licitantes que desejarem recorrer em face dos atos do julgamento da proposta ou da habilitação deverão manifestar a sua intenção de recorrer **imediatamente após o término de cada sessão, sob pena de preclusão.** Sendo assim, o interessado externa sua insatisfação e faz constar por escrito (nos autos, em ata, etc.), devendo ser reiterada sua insurgência quando do recurso único a ser manejado depois da habilitação do ven-

[169] Lei nº 12.462/11, art. 45, inciso I.

[170] Lei nº 12.462/11, art. 45, e Decreto nº 7.581/11, art. 112, *caput* e parágrafo único.

[171] Com previsão semelhante no art. 53 do Decreto federal nº 7.581/11.

cedor, momento em que todos os protestos feitos durante o certame serão apreciados pela autoridade pública.

No caso das licitações sob a **forma eletrônica**, a manifestação mencionada deve ser efetivada em campo próprio do sistema. Logo, neste caso, o programa de dados deverá prever um dispositivo eletrônico específico, no qual o interessado poderá manifestar sua intenção em interpor recurso. Nestes casos, o recorrente apresentará formalmente o desejo em impugnar as decisões, para, em momento posterior, enviar as razões relativas à impugnação.

O art. 53 do Decreto federal nº 7.581/11 especificou a matéria em questão. Após a cada fase da licitação deve o concorrente **manifestar sua intenção em recorrer**. Esta manifestação pode ocorrer no momento do término de cada fase – na hora –, dizendo o interessado que quer recorrer no futuro, com o fito de **evitar a preclusão**. Então, em cada fase deve se ter um momento para se apresentar a "intenção de recurso".

Quando for a hora de interpor a impugnação, a lei definiu para quem ela deva ser endereçada. Dispõe o art. 45, § 6º, da Lei nº 12.462/11 que o recurso será **dirigido à autoridade superior**, mas **protocolado e recebido pela autoridade que praticou o ato recorrido**. Esta última poderá efetuar um juízo de **retratação**, ou seja, poderá rever sua decisão no **prazo de 5 (cinco) dias úteis**. Caso não retifique aquilo que foi decidido, neste mesmo prazo remeterá a impugnação à autoridade competente. A **decisão do recurso** deve ser proferida dentro do **prazo de 5 (cinco) dias úteis, contados do seu recebimento**, sob pena de apuração de responsabilidade.

Apesar das legislações que tratam do tema não serem devidamente claras a respeito, a melhor interpretação sistemática acerca da matéria impõe que o momento de manifestar a intenção de recorrer, para o fim de o interessado resguardar seu direito, deve ser imediatamente após o ato que gerou prejuízo ao interessado. Logo, quando um ato administrativo ablativo é praticado no limiar do procedimento licitatório, o concorrente deverá manifestar (externar) sua vontade de impugnar esta decisão assim que dela tomar ciência, que ocorre, em regra, após o término de cada sessão.

ANÁLISE CRÍTICA

Considera-se que o RDC, em termos de fase recursal, andou mal, porque, do mesmo modo em que intenta desburocratizar o procedimento – criando a fase recursal única –, de outro lado prevê variados mecanismos de combate aos atos do procedimento licitatório, cometendo o mesmo equívoco da Lei nº 8.666/93. Significa dizer que, ao mesmo tempo em que prevê momento único para julgamento dos recursos, consagra uma série de medidas impugnativas que, de certo, atravancam a celeridade do procedimento.

Quando as **fases do procedimento forem invertidas**, ou seja, primeiro analisam-se os requisitos de habilitação e, depois, passa-se à fase de julgamento, haverá a instituição de **duas fases recursais**. Esta providência foi omitida no limiar da Lei nº 12.462/11, mas foi corrigida pelo texto do Decreto federal nº 7.581/11.[172]

Uma previsão normativa importante consiste na imposição de **apuração de responsabilidade** caso o recurso não seja decidido no prazo previsto (art. 45, § 6º, da Lei nº 12.462/11). Intenta-se, com esta providência, dar maior celeridade ao certame, na medida em que se coage o julgamento no prazo fixado. Em contrapartida, o recurso deixa de ter prazo impróprio. Esta providência é questionável do plano de vista pragmático, visto que a Lei nº 9.784/99 traz previsão semelhante, e a expiação, no mais das vezes, é ignorada.

No RDC, a diferenciação dos prazos está atrelada ao tipo de objeto da licitação. São estas as espécies de insurgência:

a) **pedidos de esclarecimento** e **impugnações** ao instrumento convocatório terão prazo mínimo de:
   a1) até 2 (dois) dias úteis antes da data de abertura das propostas, no caso de licitação para aquisição ou alienação de bens; ou
   a2) até 5 (cinco) dias úteis antes da data de abertura das propostas, no caso de licitação para contratação de obras ou serviços;

b) **recurso**, no prazo de 5 (cinco) dias úteis contados a partir da data da intimação ou da lavratura da ata, em face:
   b1) do ato que defira ou indefira **pedido de pré-qualificação** de interessados;
   b2) do ato de habilitação ou inabilitação de licitante;
   b3) do julgamento das propostas;
   b4) da anulação ou revogação da licitação;
   b5) do indeferimento do pedido de inscrição em registro cadastral, de sua alteração ou cancelamento;

---

[172] E isso ficou previsto expressamente no art. 58 do Decreto federal nº 7.581/11.

b6) da rescisão do contrato, nas hipóteses previstas no inciso I do art. 79 da Lei nº 8.666, de 21 de junho de 1993;

b7) da aplicação das penas de advertência, multa, declaração de inidoneidade, suspensão temporária de participação em licitação e impedimento de contratar com a administração pública; e

c) **representações**, no prazo de 5 (cinco) dias úteis contados a partir da data da intimação, relativamente a atos de que não caiba recurso hierárquico.

A lei nada disse acerca do termo inicial dos recursos quando existir a inversão de fases. Entendemos que, nesta situação, o prazo deverá ser contado da data designada para a entrega dos envelopes de habilitação, ainda que este momento se confunda com o dia fixado para a entrega dos pertinentes documentos.

Destaque a ser feito para o fato de o RDC ter **extirpado** a possibilidade de se interpor **pedido de reconsideração**, cuja previsão era expressa na Lei nº 8.666/93 (art. 109, inciso III). Contudo, mesmo ausente, esta insurgência não deixa de ser possível de ser proposta, e terá por base o **direito de petição**, constante no art. 5º, inciso XXXIV, alínea *a*, da Constituição Federal de 1988. Um detalhe deve ser compreendido: **tal insurgência não interromperá ou suspenderá os demais prazos recursais eventualmente em curso**.

Deve ser destacado, por oportuno, que o pedido de representação, aqui tratado, como uma medida autônoma de impugnação de um ato administrativo, não se confunde com a "representação" que pode ser feita aos órgãos de controle. Esta última não foi abolida e pode seguir os mesmos critérios do art. 113, § 1º, da Lei nº 8.666/93, mas não se assemelha com o instituto ora comentado.

Para resumir

- O RDC procurou concentrar o julgamento dos recursos em um momento único, conferindo maior celeridade ao procedimento;
- Os recursos ou os pedidos de esclarecimento acabam por se "acoplar" aos motivos do ato administrativo e, portanto, ganham conteúdo vinculativo;
- Os prazos recursais iniciam e expiram em dias úteis, excluindo o dia de início, e incluindo o dia derradeiro. Lembrando que, para o regime diferenciado, "dia útil" acaba sendo "dia de expediente";
- Após a cada fase da licitação, deve o concorrente manifestar sua intenção em recorrer, a fim de evitar a preclusão deste direito. O recurso, então, terá seu julgamento sobrestado, o qual será efetivado em momento único, como visto.

- Haverá a apuração de responsabilidade do agente público caso o recurso não seja decidido no prazo previsto;
- Destaque para o fato de o RDC ter extinguido a possibilidade de se interpor pedido de reconsideração.

18.1. Efeito suspensivo

Importante notar que a lei não fala sobre a existência de **efeito suspensivo**, o que significa que, em regra, o recurso não possui a dita prerrogativa, até como corolário da presunção de legitimidade dos atos administrativos.

ANÁLISE CRÍTICA

Contudo, esta premissa não pode ser visualizada de maneira absoluta. Assim, aplicando por analogia a disposição do art. 61, parágrafo único, da Lei nº 9.784/99, pode-se pensar que, existindo justo receio de prejuízo de difícil ou incerta reparação decorrente da execução, a autoridade recorrida ou a imediatamente superior poderá, de ofício ou a pedido, dar efeito suspensivo ao recurso.

Além disso, o dito efeito suspensivo deverá existir, em certos casos, por uma consequência lógica: perceba que o encerramento da licitação está condicionado ao exaurimento da fase recursal (art. 28 da Lei nº 12.462/11). *Portanto, torna-se imprescindível dar aos recursos o mencionado efeito suspensivo*, tendo em vista que o procedimento somente poderá avançar depois de exaurida a fase recursal.

O problema é minimizado pelo fato de que foi prevista fase recursal única (ao final), e o processo, no seu limiar, segue o curso normal. Logo, esta omissão acaba sendo suprida de maneira pragmática.

Além disso, a previsão de recurso da lavratura da ata do **ato que defira ou indefira pedido de *pré-qualificação de interessados*** reclama a concessão de **efeito suspensivo automático**,[173] porque não se conseguirá dar sequência ao procedimento sem antes se concluir a qualificação dos licitantes. O mesmo raciocínio deve ser aplicado aos casos em que se perfaz a inversão das fases, ou seja, primeiro se analisam os documentos relativos à habilitação e, depois, julgam-se as propostas. Veja-se que, neste caso, tal qual se percebe em relação à lei geral, não se poderá dar continuidade ao procedimento sem a devida conclusão da fase anterior.

[173] Lei nº 12.462/11, art. 45, inciso II, alínea *a*; e Decreto federal nº 7.581/11, art. 85.

Consideramos que os seguintes recursos não possuem efeito suspensivo automático:

a) da rescisão do contrato, nas hipóteses previstas no inciso I do art. 79 da Lei nº 8.666/93;

b) da anulação ou revogação da licitação;

c) do indeferimento do pedido de inscrição em registro cadastral, da sua alteração ou cancelamento;

d) da aplicação das penas de advertência, multa, declaração de inidoneidade, suspensão temporária de participação em licitação e impedimento de contratar com a administração pública.

Para resumir

- Em regra, os recursos administrativos em matéria de licitações não possuem efeito suspensivo;
- Uma exceção a esta premissa ocorre quando se interpõe recurso da lavratura da ata do ato que defira ou indefira pedido de pré-qualificação de interessados, o qual, então, reclama a concessão de efeito suspensivo automático – tendo outras exceções neste sentido, também previstas em lei.

19. Término do procedimento e providências

A licitação findará quando julgados todos os recursos, momento em que deve ser lavrada ata pela Comissão Processante e o expediente pertinente deve ser encaminhado à autoridade superior competente. Esta autoridade poderá tomar uma destas ações (art. 28 da Lei nº 12.462/11):

a) determinar o retorno dos autos para **saneamento** de irregularidades que forem supríveis;[174]

b) **anular** o procedimento, no todo ou em parte, por vício insanável;[175]

c) **revogar** o procedimento por motivo de conveniência e oportunidade; ou

d) **adjudicar** o objeto e

e) **homologar** a licitação.

O **saneamento** do procedimento licitatório pode ser feito pela **comissão processante** ou pela **autoridade superior**, desde que não se altere os critérios de julgamento das propostas (segundo nossa interpretação oriunda a partir dos termos da lei). Já a adjudicação, a homologação e a assinatura devem ser feitas, preferencialmente, em um único ato, o que leva o certame a uma celeridade processual considerável.

A revogação da licitação tem por fundamento um juízo de oportunidade e de conveniência por parte do gestor público, sendo típico ato administrativo discricionário e com efeitos *ex nunc*.[176] Assim, para a garantia do interesse público, as licitações imprestáveis merecem ser extintas.

---

[174] Lei nº 12.462/11, art. 28, inciso I.

[175] Nesse caso, deve se assegurar ao licitante o prévios contraditório e ampla defesa (STF, MS 23.550-DF, Rel. Min. Marco Aurélio, Rel. para o acórdão Min. Sepúlveda Pertence, Pleno, j. 04/04/2001).

[176] Na linha do que há muito propugna a Súmula nº 473, do STF.

Contudo, em termos de licitações, importante mencionarmos que algumas providências devem ser tomadas, porque aplicável, à espécie, as disposições do art. 49 da Lei nº 8.666/93, na forma do que dispõe o art. 44 da Lei nº 12.462/11 e art. 60 do Decreto federal nº 7.581/11. Então, a licitação somente poderá ser revogada por razões de interesse público decorrente de **fato superveniente**. Para justificar tal conduta, ele deverá estar

a) devidamente comprovado;

b) ser pertinente; e

c) ser suficiente.

Assim, a revogação não poderá ser feita, caso possua lastro (motivo) em fatos anteriores a ela. Algo inédito deve ter ocorrido depois de homologado o certame. Com isto evita-se que a autoridade pública revogue a licitação simplesmente porque o resultado não a agrada. De qualquer sorte, deverá ser **garantido** o prévio **direito de ampla defesa e de contraditório ao licitante diretamente interessado.**[177]

Para resumir

- A licitação findará quando julgados todos os recursos. Após, a Comissão Processante lavra ata encaminhando o expediente administrativo à autoridade superior competente;
- Esta autoridade poderá decidir de quatro maneiras: determinar o retorno dos autos para saneamento de irregularidades que forem supríveis, anular o procedimento, revogá-lo ou homologar a licitação e adjudicar o objeto;
- Destaque a ser feito consiste no fato de que a revogação somente pode ser praticada se baseada em fato superveniente, bem como é imprescindível que seja garantida a ampla defesa e o contraditório.

[177] Isso porque o Superior Tribunal de Justiça permitiu que se ofertassem ampla defesa e contraditório apenas àqueles diretamente atingidos pela revogação – no caso, somente ao vencedor do certame (STJ, MS 7.017-DF, Rel. Min. José Delgado, 1ª Seção, j. 18/12/2000).

20. Procedimentos auxiliares

Os **procedimentos auxiliares** não são institutos autônomos ou satisfativos, mas sim, têm por meta para **melhorar a dinâmica** dos demais procedimentos ou **reduzir sua complexidade**. Servem, portanto, aos outros ritos, porque não produzem, por si mesmos, um resultado útil à Administração Pública ou para o interessado particular. Contudo, não se pode dizer que eles não terão efeitos próprios no âmbito do RDC, podendo, inclusive, sofrer o pertinente contencioso administrativo, porque inúmeras decisões podem ali ser praticadas.

Tais ferramentas jurídicas, então, visam a prestar uma **assistência** ao administrador público que quer adquirir produtos ou serviços pelo regime diferenciado instituído pela Lei nº 12.462/11. Têm por missão conferir maior **celeridade** e **eficiência** ao regime diferenciado, sem deixar de obedecer a critérios claros e objetivos reclamados pelos certames licitatórios. Apesar disso, tais procedimentos conservam a sua **autonomia** em relação ao rito principal do RDC.

Portanto, são ferramentas que serão criadas para **auxiliar vários procedimentos** licitatórios realizados sob esta modalidade, sendo que não se vinculam a um procedimento licitatório específico, porque servem a um número indeterminado de certames. Além disso, os procedimentos auxiliares visam a trazer inúmeros benefícios às licitações públicas, especialmente permitindo que se ganhe em celeridade, economicidade e eficiência. Um bom exemplo disso é que a decisão em certo procedimento auxiliar poderá ser replicada a um número indeterminado de certames licitatórios.

Ademais, alguns procedimentos permitem justamente que certas decisões administrativas sejam tomadas sem que se tenha urgência em produzir uma decisão, ou mesmo que a sua ausência impeça a continuidade de um certame. Desta forma, pode-se tomar a decisão administrativa com a reflexão necessária, o que gera um incremento à segurança jurídica. A decisão administrativa, então, **não fica premida pelos prazos dos processos licitatórios**.

De outro lado, o administrado vem a ser beneficiado na medida em que os procedimentos auxiliares procuram **evitar a produção de decisões contraditórias**. Ademais, tais ferramentas jurídicas induzem à redução dos custos do certame. Em certos casos, é desnecessário que se apresente uma série de documentos em cada um das licitações, porque acabam valendo para vários certames.

Contudo, o rol de procedimentos auxiliares deve ser visto com parcimônia, na medida em que se devem evitar certos riscos, como a perda de atualidade dos dados fornecidos, a perda da economia de escala e a inadequação a certos certames licitatórios. Aliás, quanto a este último e específico aspecto, deve-se ter cuidado no sentido de selecionar um procedimento auxiliar que se adapte ao certame licitatório em curso e ao objeto a ser contratado.

Por todo o exposto, consegue-se uma redução bastante significativa na complexidade da atividade administrativa, dado que se poupa a repetição de atos desnecessários. Sem contar que os custos estimados aos licitantes, para participarem das disputas, são sensivelmente reduzidos.

Além disso, consegue-se ganhar tempo e diminuir os riscos elevados pelos certames. O desafio consiste em se conseguir com que as decisões padronizadas não percam de mira certas situações excepcionais, bem como que, com o tempo, os atos tomados e as informações colhidas não fiquem desatualizados. Sem contar que, como é notório, deve o Poder Público ser diligente em evitar qualquer tipo de direcionamento ou cartel por parte dos interessados em contratar com os entes estatais.

O RDC, no art. 29, discriminou que são procedimentos auxiliares das licitações regidas pelo disposto nesta Lei:

a) a pré-qualificação permanente – art. 30;

b) o **cadastramento** – art. 31;

c) o sistema de registro de preços (SRP) – art. 32; e

d) o catálogo eletrônico de padronização – art. 33.

Para resumir

- Os procedimentos auxiliares são ferramentas jurídicas que visam a auxiliar o administrador público nas contratações administrativas, primando pela celeridade e pela eficiência. São mecanismos alternativos a viabilizar as licitações públicas de maneira mais ágil e efetiva. Eles conservam sua autonomia em relação ao RDC. Ao mesmo tempo podem dar cabo de reduzir os custos em se desenvolver ou em se participar do certame, bem como fixar uma devida uniformidade a ele;

- São definidos como procedimentos auxiliares no RDC: a pré-qualificação permanente, o cadastramento, o sistema de registro de preços, e o catálogo eletrônico de padronização.

20.1. Pré-qualificação ou pré-qualificação permanente

A análise dos documentos de habilitação, por vezes, gera um encargo muito grande à comissão de licitação, especialmente quando estão concorrendo muitos interessados, e os documentos apresentados por cada um exigem uma análise técnica complexa e apurada. Assim, esta fase do procedimento torna-se sensível e, não raras vezes, alvo de recursos administrativos e de contendas judiciais.

Com o fito de justamente permitir a desburocratização do procedimento, o legislador entendeu por bem antecipar esta fase, permitindo que esta pré-qualificação possa ser **utilizada para várias licitações**. Veja que, em um único momento, qualificam-se os interessados que, caso habilitados, estão aptos a participar de vários certames públicos pertinentes a esta pré-qualificação. Assim, antecipa-se a fase de habilitação, filtrando as empresas ou os bens que estão aptos a participarem de concorrências futuras. Em resumo, após o devido processo, pautado por critérios predeterminados e objetivos, pode-se qualificar certas pessoas ou objetos, para futuros e indeterminados certames que possam ser desenvolvidos. Em termos sintéticos, a pré-qualificação permanente é um **ato administrativo** com a presença de **critérios objetivos de julgamento, precedida de um devido processo legal.**

Note que este procedimento auxiliar se **desvincula de um procedimento específico**, porque pode ser aplicada a **vários certames** que se sucederão. Além disso, importante notar que o instituto em foco não dispensa o respeito aos direitos fundamentais e aos princípios administrativos.

Imagine o caso de a Administração precisar corriqueiramente, por certo período, de determinados materiais de construção. Ela poderia, então, fazer a habilitação prévia dos interessados ou dos bens de que necessita. Assim, em cada aquisição posterior, dispensar-se-ia esta fase, gerando uma economia significativa de recursos e de tempo.

A vantagem auferida com este procedimento centra-se na agilidade e na celeridade implemenadas, porque a decisão sobre os requisitos da qualificação não atravanca qualquer procedimento licitatório, tendo em vista que correm em apartado, sem atrelamento de um ao outro. Além disso, tem-se tempo para decidir sobre eventual impugnação, sem a pressão de concluir o julgamento que atrasa o procedimento da licitação.

Da mesma forma, a pré-qualificação evita decisões contraditórias, porque se aplica de modo uniforme a vários procedimentos que se sucederão. Por outro lado, impede, igualmente, a perda de atualidade dos documentos, bem como a necessidade de ter de juntá-los novamente quando da assinatura do contrato, o que elimina sensíveis custos aos contratados.

De todo modo, a aplicação da pré-qualificação permanente também não pode ser generalizada. Há certas licitações que são específicas e possuem peculiaridades, o que foge do escopo do instituto em comento. Destaca-se que o RDC (art. 7º, inciso II) permitiu que se exigisse, também aqui, **amostra de bem ou de produto**.

A partir desse procedimento auxiliar geram-se, como produto final, dois efeitos:

a) **Declaratório:** enuncia-se que determinado sujeito preenche os requisitos gerais e/ou específicos de qualificação (a depender do que for fixado pela Administração Pública neste sentido), ou que certo bem atende a um dado grau de qualidade;

b) **Constitutivo:** o particular fica habilitado para outros certames no que se refere aos requisitos da pré-qualificação; ou um produto é declarado satisfatório, não se podendo questionar estas condicionantes em licitações que se sucedem.

Como produto final, será fornecido **certificado aos pré-qualificados**, renovável sempre que o registro for atualizado.[178] Contudo, os dados do certificado devem apresentar, sempre, a maior atualidade possível, tanto que o referido documento somente poderá ter **validade** por **no máximo um ano.**[179] Perceba que o Decreto federal nº 7.581/99 estabeleceu outra restrição: a validade da pré-qualificação de fornecedores **não será superior ao prazo de validade dos documentos apresentados pelos interessados** – parágrafo único do art. 82. Logo, caso uma certidão tenha validade de apenas seis meses, o certificado advindo do procedimento auxiliar ora comentado não poderá ter prazo de validade superior.

Tal procedimento auxiliar não é um mecanismo novo, porque já outrora consagrado na Lei nº 8.666/93, art. 114, e tinha por meta justamente também desburocratizar uma das fases mais complexas do procedimento licitatório: a **habilitação**. O procedimento de pré-qualifi-

---

[178] Decreto federal nº 7.581/11, art. 84.

[179] Lei nº 12.462/11, art. 30, § 5º.

cação constante na lei geral de licitações é muito semelhante ao instituto inserido no regime diferenciado. Tanto que a publicidade de ambos muito se assemelha.

Mas os institutos disciplinados nestes dois diplomas normativos (lei geral e RDC) não se confundem. A primeira diferença pode ser estabelecida quando se visualiza que o instituto da *pré-qualificação,* previsto no art. 114 da Lei nº 8.666/93 está atrelado exclusivamente à modalidade de concorrência, enquanto aquele, previsto no art. 30 da Lei nº 12.462/11, liga-se a qualquer procedimento e, por isso, apresenta natureza de ser "permanente".

Na mesma medida, a pré-qualificação permanente disciplinada no RDC possui outras diferenças para com aquela, de mesmo nome, inserida na *Lei Geral de Licitações e Contratos*. O referido art. 114 trata de uma qualificação prévia a ser efetivada para *uma licitação específica*, a ser focada nos requisitos de ordem eminentemente *técnica*. Já a Lei nº 12.462/11 (art. 30, incisos I e II) permite a antecipação da qualificação não para uma disputa específica, porque visa a impor uma análise mais detida, ou seja, avança a uma apreciação de requisitos técnicos e relativos à qualidade do licitante ou de um bem. As diferenças, então, podem ser especificadas assim:

Art. 114, Lei nº 8.666/93	Art. 30, Lei nº 12.462/11
Pré-qualificação efetivada para uma licitação específica	Pré-qualificação efetivada para uma ou mais licitações
Analisam-se apenas os requisitos técnicos	Analisam-se os requisitos técnicos e relativos à qualidade do bem[180]

De outro lado, a **pré-qualificação não se confunde com o cadastramento** e com o **catálogo de padronização** (a seguir expostos). A primeira é anterior aos institutos em questão, porque visa a **avaliar o comportamento do mercado**, ou seja, perceber como ele reage a um eventual certame público, bem como podem ser colhidos valiosos dados às futuras contratações a serem realizadas. É um importante passo para a coleta de informações técnicas de produtos, p. ex., não adquiridos usualmente pela Administração Pública. Dependendo do resultado da pré-qualificação, pode-se optar, inclusive, pela contratação direta, porque se percebeu, no caso, que não há potencialidade nenhuma para eventual disputa. Ou, ainda neste caso, os órgãos estatais podem mo-

[180] Muito embora, em âmbito federal, tenha-se restringido, pela via do Decreto nº 7.581/11 (art. 80), a qualificação apenas no que tange aos requisitos de ordem técnica.

delar as exigências, alterando-as, a fim de permitir uma menor restrição à competitividade, bem como tentar potencializar a seleção de uma proposta mais vantajosa.

Dessa forma, a grande vantagem do instituto constante no regime diferenciado consiste no fato de que a **pré-qualificação permanente**, como o nome já diz, fica **aberta de maneira perene**, ou seja, **não serve a um certame específico**. Pode beneficiar todos aqueles que possuem interesse na qualificação antecipada.

Uma medida importante tomada pelo § 1° do art. 30 consiste em deixar a pré-qualificação permanentemente aberta para a inscrição dos eventuais interessados. Contudo, ela terá validade de até um ano podendo ser atualizada a qualquer tempo (§ 5°). Assim, a empresa tem sua pré-qualificação garantida por até um ano, salvo no caso se o prazo de validade dos documentos expirar em prazo inferior.[181]

Outro dispositivo interessante consta no § 4° do art. 30, porque se *permite que a* **pré-qualificação seja feita de maneira parcial**. Significa dizer que o ente estatal, p. ex., pode identificar aqueles requisitos mais complexos, mais tormentosos nas habilitações e perfazer esta qualificação de modo prévio. Então, as outras condições de habilitação serão analisadas em cada certame que se processará.[182]

Ao final do processo de pré-qualificação, emite-se um **certificado** àquele que logrou êxito em cumprir com as determinações necessárias,[183] até porque a decisão sobre a habilitação já realizada pelo procedimento auxiliar não será mais discutida no limiar do certame. Este documento poderá ser renovado a cada nova pré-qualificação, dado que os certificados possuem, sempre, um **prazo definido de validade**.

No entanto, impõe-se que o interessado informe ao Poder Público as **alterações** que eventualmente ocorram em sua **qualificação**, como, p. ex., no caso de se operar a modificação do seu quadro de técnicos, etc. Da decisão que defere ou nega o pedido de qualificação antecipada, cabe **recurso no prazo de cinco dias úteis**, cujo início se dá a partir da intimação da decisão ou da ata que acolha ou indefira o pedido – art. 45, inciso II, alínea *a*, da Lei n° 12.462/11.[184]

---

[181] Essa ressalva, no sentido de que a validade da pré-qualificação de fornecedores não será superior ao prazo de validade dos documentos apresentados pelos interessados, foi acrescentada de maneira *praeter legem* pelo parágrafo único do art. 82 do Decreto federal n° 7.581/11.

[182] A título de complementação, a regularidade fiscal, no RDC, pode ser postergada (art. 14, inciso IV, da Lei n° 12.462/11), ou seja, avaliada em momento posterior à habilitação e somente daquele que será contratado, ou seja, do vencedor, na linha do que já dispõe a LC n° 123/06.

[183] Decreto federal n° 7.581/11, art. 84.

[184] Disposição semelhante consta no Decreto federal n° 7.581/11, art. 85.

A pré-qualificação será convocada de maneira discricionária pela Administração Pública, sempre que esta julgar conveniente. No caso, o ato de convocação explicitará as exigências de qualificação técnica ou de aceitação de bens, conforme a situação.[185] Neste caso, tal ato deverá deter as seguintes formalidades:

a) publicação de extrato do instrumento convocatório no Diário Oficial da União, do Estado, do Distrito Federal ou do Município, conforme o caso, sem prejuízo da possibilidade de publicação de extrato em jornal diário de grande circulação; e
b) divulgação em sítio eletrônico oficial centralizado de publicidade de licitações ou sítio mantido pelo órgão ou entidade.[186]

Para resumir

- A pré-qualificação consiste na antecipação da fase de habilitação, momento em que se qualificam pessoas ou bens para que possam participar de várias licitações. Em uma única ocasião, qualificam-se os interessados que, caso habilitados, estão aptos a participar de vários certames públicos pertinentes a esta pré-qualificação. É um ato administrativo com a presença de critérios objetivos de julgamento, precedido de um devido processo legal;
- O RDC permitiu que, também aqui, exigisse-se amostra de bem ou de produto;
- Ao final, emite-se um certificado àquele que foi declarado habilitado antecipadamente. Este documento terá um determinado prazo de validade, que, quando expirado, poderá ser renovado;
- Da decisão acerca da pré-qualificação cabe recurso no prazo de cinco dias úteis, contados a partir da data da intimação ou da lavratura da ata do ato que defira ou indefira pedido de pré-qualificação de interessados.

20.1.1. Objeto da pré-qualificação – espécies

Deve ficar claro que este procedimento não se presta a qualificar produtos pouco complexos. Ao contrario, deve ser focado em objetos que detenham bastante complexidade. Para o RDC, considera-se pré-qualificação permanente o procedimento anterior à licitação, destinado a identificar duas coisas (art. 30, *caput* e incisos I e II):[187]

[185] Decreto federal nº 7.581/11, art. 83, § 2º.

[186] Decreto federal nº 7.581/11, art. 83, § 1º.

[187] Com correspondência nos arts. 80 e ss. do Decreto federal nº 7.581/11.

a) **Pré-qualificação subjetiva (art. 30, inciso I)**: visa a habilitar fornecedores que reúnam condições de qualificação exigidas para o fornecimento de bem ou a execução de serviço ou obra nos prazos, locais e condições previamente estabelecidos.[188] Cabe aqui uma ressalva no sentido de que o art. 80, inciso I, do Decreto federal nº 7.581/11, autorizou que se perfizesse a dita análise prévia *apenas* no que se refere aos requisitos de ordem *técnica*, fazendo, assim, uma restrição em relação à Lei nº 12.461/11 (de hierarquia superior). Além disso, as condições da pré-qualificação subjetiva não podem destoar daqueles catalogados no art. 30, da Lei nº 8.666/93 – *requisitos de qualificação técnica*; e

b) **Pré-qualificação objetiva (art. 30, inciso II)**: visa a qualificar bens que atendam às exigências técnicas e de qualidade estabelecidos pela Administração Pública. Na pré-qualificação *objetiva* confere-se ao beneficiado uma espécie de certificado de qualidade de determinado produto.

Percebe-se, assim, que a **pré-qualificação subjetiva** e **objetiva** têm por meta identificar **pessoas** ou **bens** que possam satisfazer as necessidades da Administração Pública que se farão incidentes de maneira sucessiva (permanente), nos prazos, locais e condições previamente estabelecidos. Destaca-se que se pode qualificar um interessado que forneça determinado bem, ou um bem fornecido por vários interessados, em certames licitatórios ou contratações administrativas futuras.

A pré-qualificação objetiva, por exemplo, tem a potencialidade de dar mais celeridade aos certames, na medida em que se pode antecipar eventual fase de exigência de amostras – entre outros –, fato que aumentava a complexidade de procedimentos como o do pregão. Assim, antecipa-se esta fase por meio do instituto ora comentado. Claro que admitimos a possibilidade de que este tipo de pré-qualificação seja feito sem amostras. Mas o usual seria o contrário, ou seja, requerer a prova. Além disso, este tipo específico de procedimento auxiliar será aplicado exclusivamente nas licitações para efetivar **contratos de compra**. Sendo assim, **não poderá ser utilizado para os casos de contratos de serviços ou de obra**.[189]

---

[188] No caso da pré-qualificação subjetiva, os requisitos para a habilitação não podem destoar daqueles catalogados a Lei nº 8.666/93, especialmente aqueles listados no art. 30.

[189] Consideramos possível que a pré-qualificação objetiva possa ser utilizada nas hipóteses de contratos de obras ou serviços que envolvam o fornecimento de bens.

ANÁLISE CRÍTICA

A avaliação feita na pré-qualificação objetiva deve ser aprofundada e específica, ou seja, deve-se conhecer o objeto a ser licitado em concreto, e não em abstrato, ou seja, sem se perfazer avaliações teóricas. Bem por isso que dificilmente se conseguirá escapar de experimentações ou da apreciação de amostras. O mero recebimento de documentos de qualidade, na maioria das vezes, não se mostrará útil à pré-qualificação objetiva.

É bom que se destaque que aqueles que foram sancionados pelo Poder Público em momento anterior e, por conta disto, estão impedidos de contratar com os entes estatais, também não poderão participar da pré-qualificação. Seria ilógico habilitar previamente um sujeito que está proibido de contratar com a Administração Pública.

A pré-qualificação subjetiva não pode ser confundida com a figura do *cadastramento*, a seguir analisado – conforme já antecipamos logo no início da exposição deste tópico. Este último instituto nada mais é do que um banco de dados que indica as condições de habilitação de um futuro interessado em contratar com o Poder Público. Já o primeiro procedimento auxiliar vai mais além, porque reconhece, de maneira formal, que o interessado possui os requisitos de qualificação técnica, ofertando-lhe, pois, a titularidade de um direito subjetivo neste sentido. Percebe-se, assim, que a pré-qualificação possui uma decisão administrativa muito mais densa e qualificada do que o cadastramento, ou seja, uma carga decisória bem mais concreta.

Então, a diferença entre a figura do cadastramento e da pré-qualificação consiste no fato de que este ultimo instituto possui uma carga decisória, uma avaliação da qualidade dos documentos, o que não se percebe no primeiro. No cadastramento, somente se tem um depósito, ou seja, um arquivamento dos documentos necessários para participar do certame, a fim de não se precisar apresentá-los a qualquer procedimento no qual o fornecedor venha a participar.

Além disso, pode-se dizer que a pré-qualificação subjetiva pode **estabelecer grupos** ou **segmentos de fornecedores**. P. ex., pode-se dividir a qualificação para quem constrói vinte quilômetros de rodovia, e outra para quem faz cem quilômetros, porque a habilitação nestes dois casos será diferente. Assim, poderá se ter um grau de segmentação de acordo com os diversos níveis de complexidade do objeto a ser contratado.

Ainda, podemos classificar a pré-qualificação em total ou parcial, subdivisão esta, ressalta-se, aplicável apenas à modalidade de **pré-qualificação subjetiva**.

a) **Pré-qualificação total**: é exigida a habilitação prévia de todos os requisitos de ordem técnica;

b) **Pré-qualificação parcial**: a Administração Pública pode exigir apenas parte dos requisitos de habilitação. Neste caso, haverá um direcionamento para quais especificidades se quer qualificar previamente.

De acordo com aquilo que foi visto, a pré-qualificação pode ser total ou parcial. No ultimo caso, poderá estar restrita a alguns requisitos de habilitação. É o caso do art. 80 do Decreto nº 7.581/11, porque se optou por restringir a qualificação dos interessados apenas no que se refere aos requisitos de ordem técnica. Sendo assim, em âmbito federal, não se poderão exigir outros requisitos que não aqueles previstos no referido ato normativo. Aqui, podemos dizer que não se exorbitou do poder normativo infralegal, porque a própria lei permite que a Administração Pública restrinja os requisitos no caso de qualificação prévia. Então, a União, de maneira discricionária, elegeu por assim fazer a todas as licitações que correrem pelas regras do regime diferenciado e se utilizarem do procedimento auxiliar em análise.

Segundo depreendemos do § 4º do art. 30 da Lei nº 12.462/11, pode-se previamente qualificar um sujeito "[...] parcial ou total, contendo alguns ou todos os *requisitos de habilitação ou técnicos necessários* à contratação.". O § 1º do art. 80 do Decreto federal nº 7.581/11 possui redação um pouco diversa: "A pré-qualificação poderá ser parcial ou total, contendo alguns ou todos os *requisitos de habilitação técnica necessários* à contratação (....).". Assim, os órgãos e entes da União, ou dos demais entes federados que adotem expressamente tal ato normativo em seu âmbito interno, serão regidos por esta última disposição, em verdadeira aplicação da *Teoria da Autorregulação Administrativa*.

Em verdade, consideramos que o dispositivo infralegal corrigiu a legislação, ou seja, promoveu uma verdadeira interpretação autêntica – ainda que seja uma providência de discutível constitucionalidade. Passou-se a reconhecer, assim, que a alteração acabou por referendar que essa regra se aplica apenas à pré-qualificação subjetiva, porque a autoridade licitante pode querer qualificar todas ou parte das condições de *qualificação técnica* dos interessados. E assim posto, acabou por excluir, de quebra, a pré-qualificação de objetos.

Para resumir

- A pré-qualificação pode ser dividida em subjetiva ou objetiva;

- A subjetiva visa a habilitar fornecedores que reúnam condições de qualificação exigidas para contratações futuras. Ela pode estabelecer grupos ou segmentos de fornecedores;
- A pré-qualificação objetiva tem por meta qualificar bens que atendam às exigências técnicas e de qualidade da administração pública;
- O procedimento auxiliar objetivo será aplicado exclusivamente nas licitações para efetivar contratos de compra. Sendo assim, não poderá ser utilizado para contratos de serviços ou de obra;
- Ainda, a pré-qualificação pode ser total (quando se exige a comprovação de todos os requisitos de ordem técnica) ou parcial (momento em que se reclamam apenas parte das condições ligadas à habilitação).

20.1.2. Da possibilidade de licitações restritas

Deve-se ter atenção ao disposto no art. 30, § 2º, da Lei nº 12.462/11, porque ele **permite que a licitação seja restrita aos pré-qualificados,**[190] conforme determine o regulamento. Neste caso, deve ser promovida uma **ampla e intensa divulgação**, para que outros interessados não se surpreendam com a publicação de um edital cujo certame seja restrito aos interessados.

Cabe referir que as **licitações restritas** já eram admitidas em outras áreas. Basta visualizar aquilo que dispõe o art. 3º, § 12, da Lei nº 8.666/93, o qual permite que as licitações para a implantação, manutenção e ao aperfeiçoamento dos sistemas de tecnologia de informação e comunicação possam ser restritas a bens e serviços com tecnologia desenvolvida no País e produzidos de acordo com o processo produtivo básico de que trata a Lei nº 10.176, de 11 de janeiro de 2001. Sem contar que o art. 48, inciso I, da Lei Complementar nº 123/06, autoriza que em certos certames disputem apenas a microempresas e empresas de pequeno porte.

Importa perceber que, no caso de se restringir o certame somente àqueles pré-qualificados, já no edital de qualificação prévia se deveria indicar esta intenção, a fim de garantir a isonomia. Até porque, neste momento, deve-se fazer menção aos montantes e às estimativas de contratação no instrumento convocatório, bem como aos prazos para qualificação e ingresso na competição. Neste caso, não se admitiria interessados outros, que não participaram da pré-qualificação. Do

[190] Lei nº 12.462/11, Art. 30, § 2º: "A administração pública poderá realizar licitação restrita aos pré-qualificados, nas condições estabelecidas em regulamento".

contrário, este procedimento se transformaria em um cadastro. Outro ponto a ser destacado: deve se cuidar para não violar o princípio da proporcionalidade ao se exigir dos participantes, no caso, requisitos excessivos.

Assim, para que a dita restrição aos participantes seja possível, é necessário que, cumulativamente, se congreguem todos esses requisitos:[191]

a) que a convocação para a pré-qualificação discrimine que as futuras licitações serão restritas aos pré-qualificados;

b) que, na convocação mencionada no item "a", conste estimativa de quantitativos mínimos que a administração pública pretende adquirir ou contratar nos próximos doze meses, bem como se indiquem os prazos para publicação do edital;

c) que a pré-qualificação seja total, ou seja, que contenha todos os requisitos de habilitação técnica necessários à contratação;

d) que a pré-qualificação deva ser amplamente divulgada;

e) que deva estar permanentemente aberta aos interessados, obrigando-se a unidade por ele responsável a proceder, no mínimo anualmente, a chamamento público para a atualização dos registros existentes e para eventual ingresso de novos interessados;

f) que só poderão participar da licitação restrita os pré-qualificados que, na data da publicação do respectivo instrumento convocatório:

  f1) já tenham apresentado a documentação exigida para a pré-qualificação, ainda que o pedido feito à habilitação prévia seja deferido posteriormente; e

  f2) estejam regularmente cadastrados.

No caso de realização de licitação restrita, a administração pública deve enviar **convite por meio eletrônico** a todos os pré-qualificados no respectivo segmento. Tal missiva não exclui a obrigação de atendimento aos requisitos de publicidade do instrumento convocatório (art. 86, §§ 3º e 4º, do Decreto federal nº 7.581/11).

De acordo com o que se mencionou no item *b*, o ente estatal contratante deverá indicar, no instrumento convocatório, **os quantitativos mínimos**. Tal situação levaria a crer que não se precisaria indicar, então, as quantidades máximas. Esta não é a melhor solução, porque, se

---

[191] Lei nº 12.462/11, art. 30, § 2º, o qual remete ao regulamento. No âmbito federal, o dispositivo foi complementado pelo art. 86, do Decreto nº 7.581/11.

assim fosse, estar-se-ia a prejudicar a economicidade do certame. Sabe-se, de antemão, que, quanto maior a quantidade de um produto ou de um serviço licitado, menor tende a ser o preço a ser pago por eles. Significa dizer que, se um edital previu a aquisição de dado montante de um produto e, posteriormente, compra-se o dobro dele, estar-se-á correndo o risco de se originar, em razão da aplicação da teoria da economia de escala, uma desvantagem desmedida.[192]

Além disso, quando a pré-qualificação se der somente sobre bens, não se teria como perfazer licitação restrita àqueles qualificados antecipadamente, pelo simples motivo de que, com esta medida, não se procura identificar licitantes em potencial. Enfim, tem-se aqui a intenção de qualificar tecnicamente produtos, independentemente de quem os forneça. Daí por que qualquer restrição relativa a fornecedores torna-se irrazoável. De outro lado, também não se poderia restringir a licitação somente quanto a bens pré-qualificados, porque, neste caso, não há previsão legal. Concluindo: *quando se está diante de uma pré-qualificação objetiva* – já explicada –, *não há que se falar em licitação restrita.*

Note que, nesse caso, a competitividade ficaria altamente limitada, impedindo que outros participantes possam acessar o certame. Esta crítica é minimizada pelo fato de que a pré-qualificação está permanentemente aberta, sendo que, em momento anterior, as empresas poderiam, a qualquer tempo, ter buscado sua qualificação. Contudo, essa figura jurídica, mesmo já efetivada, não gera direito adquirido àqueles já habilitados. O Poder Público pode optar pela realização do certame, na hipótese em que se verifique existir potencial para uma ampla competição.[193] Assim, os qualificados possuem mera **expectativa de direito**.[194]

ANÁLISE CRÍTICA

Dessa forma, o art. 30, da Lei nº 12.462/11, mostra-se como uma disposição interessante, mas a ser aplicada com parcimônia, porque, como visto, prevê a possibilidade de se perfazerem licitações restritas

[192] O TCU (Acórdão nº 4.410/2010, 2ª Câmara) já decidiu que os quantitativos máximos deveriam ser indicados no edital de pré-qualificação.

[193] Nesse caso, poder-se-ia aplicar a mesma interpretação dada aos concursos públicos feitos para preencher *cadastro de reserva*, ou seja, não se gera, com pré-qualificação, um direito subjetivo à contratação, tendo em vista que este instituto não é um *pré-contrato*, até porque o próprio dispositivo trata como mera "expectativa".

[194] As estimativas previstas no edital de pré-qualificação são *indicativas*, ou seja, não vinculam o Poder Público. Tais montantes também constam no sistema de registro de preços, e nunca geraram direitos subjetivos, o que demonstra que não originariam direitos adquiridos. Aliás, a doutrina admite que a Administração Pública possa contratar em valores superiores àqueles estimados, desde que, para tanto, motive sua decisão de forma clara, suficiente e razoável.

a determinado segmento de fornecedores. De imediato poder-se-ia pensar que se trata de típico caso de medida normativa que viola um elemento nuclear das licitações: a *competividade*. Contudo, como todo o principio, ele deve ser ponderado para com os demais incidentes à espécie, não podendo ser tomado como absoluto ou mesmo concebido sem a devida ponderação. O que se quer dizer é que a competitividade pode sim ser relativizada (restringida) em determinadas situações e para se atingir outros bens jurídicos, quiçá mais relevantes. E justamente estes são os fundamentos que dão base às licitações restritas.

O risco que a dita restrição pode gerar é muito mais pragmático do que jurídico. Consiste no fato de que os licitantes já pré-qualificados, sabedores que o certame se restringirá a eles, venham a formar, entre si, um conchavo e, p. ex., dar cabo de combinar preços. Veja que, neste caso, a pré-qualificação pode servir de verdadeira "arena" para que os interessados habilitados antecipadamente atuem em conluio, frustrando os princípios da seleção da melhor proposta, com o direcionamento ou rateio do objeto licitatório. Sabe-se que qualquer arranjo jurídico que traga a público quem são os participantes antes do início do certame, aumenta a chance de conluio.

Para resumir

- O RDC permite que a licitação esteja restrita aos pré-qualificados;
- Caso se opte por este cerceamento, deve-se, antes, promover a divulgação ampla da pré-qualificação;
- Quando se realizar a licitação restrita, a administração pública deve enviar convite por meio eletrônico a todos os pré-qualificados no respectivo segmento.

20.2. Cadastramento

O **cadastramento** também não é um instituto jurídico inédito, porque a União já utilizava esta prática há muito, pelo *Sistema de Cadastramento de Fornecedores (SICAF)*.[195] No RDC, este mecanismo é disciplinado pelo art. 31, e regulamentado, na esfera federal, pelos arts. 78 e 79 do Decreto nº 7.581/11.

Os cadastros podem ser mantidos, para efeito de **habilitação** dos inscritos em procedimentos licitatórios, por um **prazo máximo de um ano**, podendo ser **atualizados a qualquer tempo**. Significa dizer que uma determinada empresa pode antecipar certos documentos e

[195] Regulamentado, na esfera federal, pelo Decreto nº 3.722/01.

cadastrá-los previamente no sistema mencionado, porque existem requisitos absolutos ou genéricos, que valem para qualquer licitação.

Depois de validado o cadastro, basta que, nos variados certames que se sucederão, o interessado apresente seu regular comprovante junto ao sistema competente. O custo para a empresa é diminuído substancialmente, porque precisará apresentar os documentos uma única vez. Caso seja indeferido o pedido de cadastramento, caberá recurso específico.

Além disso, importante notar que a igualdade na disputa permanecerá mantida, dado que qualquer outro interessado, ainda que não previamente cadastrado, pode participar do certame. Justamente por isso que **não se pode exigir que um certame condicione o licitante ao prévio cadastramento**, por restringir a competitividade. Além disso, tal prática não tem amparo na legislação em vigor.[196]

Esse procedimento auxiliar pode ser concebido como um verdadeiro **banco de dados** que reúne informações relativas à habilitação de potenciais fornecedores de produtos ou de serviços. O cadastramento não se refere a um único certame, sendo que os documentos colhidos pelo Poder Público podem servir para várias licitações que ocorrerem dentro do prazo de validade do cadastro. Da mesma forma como ocorre com a pré-qualificação, os registros cadastrais serão **amplamente divulgados** e ficarão permanentemente **abertos** para a inscrição de interessados (§ 1° do art. 31).

De outro lado, tais assentamentos cumprem outro papel: de **divulgar e arquivar dados sobre a conduta do licitante**, ou seja, se ele age com correção quando contrata com o Poder Público. Veja que, se o licitante não cumpre com suas obrigações contratuais, pode ter esta observação inserida no seu cadastro (§ 3° do art. 31), até para que, em um futuro certame, saiba-se sobre este fato. Logo, se o licitante agiu de forma desidiosa em outras contratações, isto pode ser averbado no cadastro.

Em termos simples, o cadastramento serve:

a) para efeito de permitir a **habilitação** dos inscritos em procedimentos licitatórios que surgirão;

b) para dar uma maior sistematicidade e complicação dos dados no que se referem à **atuação do licitante** no cumprimento de obrigações assumidas, podendo ser registrado o seu histórico neste sentido.

[196] TCU, Acórdão n° 330/2010, 2ª Câmara.

Os requisitos do cadastro de fornecedores devem constar de um **regulamento** (§ 2º do art. 30). Cumprido todo o procedimento definido nos atos normativos pertinentes, o interessado recebe o **Certificado de Registro Cadastral (CRC)**, qualificação que o deixa apto a participar dos futuros certames sem que precise depositar todos os documentos relativos à habilitação e que já foram requisitados quando do mencionado cadastramento prévio.

O cadastro é cambiante, ou seja, a qualquer momento pode ser modificado, quando o interessado deixar de deter os requisitos para a habilitação (art. 31, §§ 1º e 2º, da Lei nº 12.462/11). Cabe referir que o Decreto federal nº 3.722/01, art. 1º, §§ 1º e 3º, determina que os *documentos de habilitação técnica não devam fazer parte do cadastramento*, devendo ser exigidos em momento próprio, ou seja, a cada licitação a ser realizada.

Quando o pedido de registro cadastral for **indeferido**, o interessado pode interpor **recurso administrativo** no prazo de **cinco dias úteis**, contados da **intimação** do sujeito prejudicado. Tal impugnação pode ser vinculada também quando o registro for cancelado ou alterado.[197]

Para resumir

- Os cadastros são mantidos para efeito de se depositar (arquivar) os documentos relativos à habilitação de interessados a concorrer em futuras e sucessivas licitações. A cada certame, o sujeito cadastrado apenas apresenta o Certificado de Registro Cadastral (CRC);
- Ainda, tal procedimento auxiliar tem por finalidade divulgar e arquivar dados sobre a conduta do licitante perante os órgãos públicos;
- Terá prazo máximo de validade de um ano, podendo ser atualizados a qualquer tempo;
- Os registros cadastrais serão amplamente divulgados, e ficarão permanentemente abertos para a inscrição de interessados;
- Será o regulamento que definirá os requisitos para se perfazer o cadastramento;
- Do indeferimento do cadastro cabe recurso no prazo de cinco dias úteis.

20.3. Sistema de registro de preços

O **sistema de registro de preços (SRP)**, em igual medida daquilo que se viu quando da análise outros procedimentos auxiliares, já não é

[197] Lei nº 12.462, art. 45, inciso II, alínea *e*: "Dos atos da administração pública decorrentes da aplicação do RDC caberão: (...) recursos, no prazo de 5 (cinco) dias úteis contados a partir da data da intimação ou da lavratura da ata, em face: (...) do indeferimento do pedido de inscrição em registro cadastral, sua alteração ou cancelamento;".

nenhuma novidade, até porque, há muito, é previsto expressamente no art. 15, §§ 1º a 8º, da Lei nº 8.666/93. A lei geral adota esta ferramenta para **aquisições**, a fim de viabilizar um procedimento mais célere aos entes estatais. Embora autoaplicável, o referido dispositivo pode sofrer limitações por regulamento estadual ou municipal, como previsto no § 3º do mencionado art. 15. E esta normatização infralegal, no âmbito da União, tem assento no Decreto federal nº 7.892/13.[198]

Esse último regulamento tem por meta aperfeiçoar as regras que disciplinavam o sistema de registro aqui mencionado, como, p. ex., ofertando regras mais claras à figura da adesão dos órgãos não participantes, compatibilizando a atuação administrativa com as orientações jurisprudenciais do TCU. Assim, tentou-se, a todo o custo, preservar a essência deste procedimento licitatório, sem que, para tanto, fosse desviada sua finalidade.[199]

Contudo, a legislação do RDC (falo, aqui, tanto da Lei nº 12.482/11, como do Decreto nº 7.581/11) deu cabo de cumprir com uma agenda ainda pendente de ser cumprida: a regulamentação mais completa e minuciosa desta modalidade licitatória. Esta medida tributou uma adaptação do registro de preços à realidade atual, no intuito de superar eventuais inconvenientes surgidos a partir da legislação de outrora.

Enfim, pode-se dizer que o sistema de registro de preços é a modalidade de licitação apta a viabilizar **diversas contratações concomitantes** ou **sucessivas**, sem a realização de um específico procedimento licitatório para cada uma delas. Este sistema pode **servir a um ou a mais órgãos da Administração Pública**. Normalmente é empregado para o caso de **compras corriqueiras** de determinados bens ou serviços, quando **não é conhecida a quantidade que será necessária adquirir**. Ou, ainda, quando estas compras tiverem a previsão de **entregas parceladas**. Visa, com isto, a agilizar as contratações e a evitar a formação de estoques, os quais geram um custo de manutenção muito grande, sem contar no risco de que tais bens possam vir a perecer ou a se deteriorar.

Em melhores termos, o *registro de preços* constitui um conjunto de procedimentos para formalizar e anotar a pretensão de certos interessados em fornecer certos bens ou serviços, inclusive de engenharia (art.

---

[198] STJ, REsp. nº 15.647/SP, Segunda Turma, j. 25/03/2003

[199] O Decreto federal nº 7.892/13 regulamentou o *Sistema de Registro de Preços* no âmbito da União. Como principais inovações, trouxe a proibição da adesão da União às atas gerenciadas por outros entes federados; o procedimento de *intenção de registro de preços*; estabeleceu serem proibidos acréscimos quantitativos fixados pela ata de preços, inclusive aqueles catalogados no § 1º do art. 65 da Lei nº 8.666/93; estabeleceu quantitativos máximos às adesões; prevê readequação da equação econômico-financeira, em caso de câmbio no preço de mercado dos itens registrados.

88, inciso I, do Decreto federal nº 7.581/11), os quais o Poder Público necessitará corriqueiramente, mas em quantidades variáveis. Então se, por um lado, o Estado fica obrigado a dar, no mínimo, **preferência** àquele que ofereceu a melhor proposta para contratar em iguais condições de outro que se proponha a fornecer o objeto licitado em situação mais vantajosa (§ 3º do art. 32 da Lei nº 12.462/11 e parágrafo único do art. 101 do Decreto federal nº 7.581/11), de outro lado, importa notar que o particular está **obrigado** a fornecer os produtos ou serviços nas quantidades, preços e condições previstas no instrumento convocatório.

O Decreto federal nº 7.581/11 definiu o *Sistema de Registro de Preços (SRP)* no art. 88, inciso I, com redação dada pelo Decreto federal 8.080/13: "Sistema de Registro de Preços – SRP – conjunto de procedimentos para registro formal de preços para contratações futuras, relativos à prestação de serviços, inclusive de engenharia, de aquisição de bens e de execução de obras com características padronizadas.".

Em verdade, a parte final do dispositivo enfrenta – de maneira corajosa, é certo – um tema divergente. Enfim, ser é possível contratar a execução de serviços de engenharia (ou quiçá de obras) por este sistema.

Primeiro, importante mencionar que o Tribunal de Contas da União sempre se posicionou de maneira contrária a esta possibilidade.[200] Ao mesmo tempo, a Corte de Contas não impedia que obras e serviços de engenharia fossem contratados pela modalidade licitatória do pregão,[201] apesar de que ambas as espécies de procedimentos reclamam a contratação de *objetos serviços comuns*[202] – o que é bastante curioso. Ainda que o grande desafio consista, justamente, em definir o que se insere na expressão "serviço comum".[203]

Consideramos que é correta a opção do legislador, em permitir a contratação de serviços de engenharia pela via do SRP, desde que cumpridas algumas formalidades específicas. Para tanto, é imprescindível que elas adotem uma **metodologia comum**, ou seja, **padronizada**. An-

---

200 TCU, Acórdãos nº 296/2007, 2ª Câmara; nº 1.615/2008, Pleno; nº 2.545/2008, Pleno; e nº 1815/2010, Pleno. E mais recentemente, podemos consultar: TCU, Acórdão nº 2006/2012, Pleno.

201 TCU, Acordão nº 817/2005, 1ª Câmara; TCU, Acordão nº 2.079/2007, Pleno.

202 "A Lei 10.520/2002 e o Decreto 5.450/2005 amparam a realização de pregão eletrônico para a contratação de serviços comuns de engenharia, ou seja, aqueles serviços cujos padrões de desempenho e qualidade possam ser objetivamente definidos pelo edital, por meio de especificações usuais no mercado." (TCU, Acórdão nº 286/2007, Pleno).

203 De acordo com o que se manifestou o TCU: "[....] os serviços intelectuais não podem ser considerados comuns, muito menos repetitivos, a exemplo dos Acórdãos nº 1.615/2008-Plenário, nº 2545/2008-Plenário e nº 1815/2010-Plenário".

tes, discutia-se muito se este tipo de contratação seria viável por esta modalidade de licitação, tendo em vista que uma obra, no mais das vezes, possui peculiaridades casuísticas e uma complexidade bastante a inviabilizar um padrão. Contudo, na prática, percebeu-se que, em certas situações, as obras podem receber uma padronização que franqueie a contratação pelo registro de preços.

De outro lado, consegue-se, além destas vantagens, propiciar a transparência quanto aos bens e serviços que são frequentemente contratados, uma vez que *qualquer sujeito tem legitimidade para impugnar preço constante na tabela geral*, quando distorcidos ou incompatíveis com o mercado (art. 15, § 6º).

Com essa modalidade de licitação quer-se evitar problemas como o desabastecimento de produtos de que se necessita corriqueiramente, ou a perda de produtos perecíveis quando não utilizados. Afinal, consegue-se, com o registro de preços, uma aquisição corriqueira ou em momentos específicos, evitando-se a burocracia de um procedimento licitatório complexo. Enfim, visa a regularizar situações em que não se tem a condição de se ter aquisições uniformes.

Essa concepção impõe que a Administração Pública fique **dispensada de mencionar**, no instrumento convocatório, o **montante mínimo a ser adquirido**. Contudo, há **necessidade** de estipulação do **quantitativo máximo** a ser contratado, até para se auferir, já de início, o quanto os fornecedores poderão ser demandados, bem como os limites à figura da adesão, a seguir estudada. Segundo decidiu o TCU, no caso de eventual prorrogação da ata de registro de preços, dentro do prazo de vigência não superior a um ano, não se restabelecem os quantitativos inicialmente fixados na licitação, sob pena de se infringirem os princípios que regem o procedimento licitatório, indicados no art. 3º da Lei nº 8.666/93.[204]

O SRP é um sistema muito profícuo para a aquisição de produtos ou para a prestação de serviços aos entes estatais. Tanto que o art. 15, inciso II, da Lei nº 8.666/93, preceitua que as compras feitas pelo Poder Público, na medida do possível, devem ser adquiridas por este sistema. Com ele, consegue-se um ganho muito importante: a potencial participação de empresas menores, uma vez que o fornecimento é parcelado ao longo do prazo de validade da ata de registro de preços.

Quando mais de uma unidade administrativa pretende adquirir os mesmos produtos ou serviços, pode-se utilizar do mesmo procedimento de registro de preços, sendo desnecessário que cada órgão ou

[204] TCU, Acórdão nº 991/2009,Pleno j. 13/05/2009.

ente repita o certame. Neste caso, encarrega-se um determinado órgão ou ente de conduzir a licitação, gerir o sistema, formar o cadastro, etc., sendo este denominado de "**órgão gerenciador**".[205] Esta entidade deverá divulgar que possui a intenção em promover o registro de preços de determinado objeto a ser contratado, para que os demais órgãos ou entes da mesma unidade federada possam manifestar seu interesse contratar conjuntamente, por meio de um mesmo certame.[206]

Assim, o legislador percebeu que o registro de preços poderia bem ser auxiliar o RDC, momento em que o insere a partir das premissas alocadas no art. 32,[207] podendo ser utilizado para várias espécies contratações. Uma diferença candente entre o sistema de registro de preços inserido na lei geral de licitações (art. 15, § 3º, inciso I, da Lei nº 8.666/93), para com aquele previsto pelo RDC (art. 32, § 2º, inciso II, da Lei nº 12.462/11) é a seguinte: *enquanto que o primeiro adota, inexoravelmente, a modalidade de concorrência para a formação do registro, no regime diferenciado este certame é feito de acordo com os procedimentos previstos em regulamento.*

ANÁLISE CRÍTICA

O sistema de registro de preços é a modalidade de licitação apta a viabilizar diversas contratações concomitantes ou sucessivas, sem a realização de um específico procedimento licitatório para cada uma delas. Assim, este procedimento auxiliar compreende o conjunto de procedimentos para registro formal de preços para contratações futuras, relativos à prestação de serviços, inclusive de engenharia, de aquisição de bens e de execução de obras com características padronizadas.

20.3.1. Objeto

No RDC, o registro de preços está previsto no art. 32, sendo mais bem detalhado nos arts. 87 e ss. do Decreto federal nº 7.581/11. Para se

---

[205] O decreto federal previu, já há muito tempo, a figura do *órgão gerenciador*, responsável pela realização da licitação e formalização do registro. Desta maneira, constitui-se uma gestão centralizada do SRP. A partir da edição do regulamento federal nº 7.892/2013, tal órgão ganhou novas atribuições, ou teve elas mais bem detalhadas.

[206] Esse já era o entendimento do Tribunal de Contas da União no tema (TCU, Acórdão n 1.792/2011, Pleno).

[207] Decreto federal nº 7.581/11, art. 87 e ss.

ter uma ideia de quais seriam os objetos desta espécie de procedimento, o art. 89 do referido ato normativo traz uma **lista.**[208]

Contudo, é de se referir que o registro de preços, com o tempo, passou a ser considerado um mecanismo muito eficiente a inúmeros tipos de contratações, porque é notadamente mais ágil, reduzindo significativamente a necessidade de se realizar um certame para cada objeto idêntico de que se necessitar. Hoje, discute-se se este sistema poderia ser estendido a serviços e a obras, aplicando-o, assim, a outras situações.

Um exemplo interessante de aplicação do SRP pode aclarar o panorama exposto: a Administração Pública não tem como prever, de antemão, quantos medicamentos de determinada espécie estará obrigada a fornecer durante um ano, ou mesmo terá dificuldade de armazenar todo este plantel de fármacos, caso os adquira de uma só vez. Com o registro de preços, ela consegue ir adquirindo a quantidade de remédios aos poucos, de acordo com a demanda da população. Em certos meses pode necessitar de uma quantia diversa daquela comprada em outros períodos.

Evita-se, ainda, a sobra de remédios, caso fosse adquirida quantidade fixa, mas a demanda da população foi bem aquém deste patamar. Neste caso, corre-se o risco de se ter remédios descartados pelo vencimento de seu prazo de validade.

O importante é que demonstre ao mercado uma estimativa de custos, ou seja, quanto pretende gastar em face de determinada quantidade de produtos, a fim de parametrizar a licitação por esta modalidade aqui comentada. Segundo o TCU,[209] as estimativas servem para fixar os valores máximos a serem contratados. Esse entendimento é correto e vem ao encontro do próprio interessado, que saberá o maior quantitativo que poderá ser dele demandado. Esta providência privilegia, então, a competitividade, estando conforme os postulados da economicidade. da isonomia, entre outros.

Além disso, a Administração Pública utiliza o registro de preços não só para **produtos de que necessita periodicamente**, mas também para quando está diante de **vários entes estatais interessados em con-**

[208] Decreto federal nº 7.581/11, Art. 89. "O SRP/RDC poderá ser adotado nas seguintes hipóteses: I – quando, pelas características do bem ou serviço, houver necessidade de contratações frequentes; II – quando for mais conveniente a aquisição de bens com previsão de entregas parceladas ou contratação de serviços remunerados por unidade de medida ou em regime de tarefa; III – quando for conveniente a aquisição de bens ou a contratação de serviços para atendimento a mais de um órgão ou entidade, ou a programas de governo; e IV – quando, pela natureza do objeto, não for possível definir previamente o quantitativo a ser demandado pela administração pública.".

[209] TCU, Acórdão nº 4.411/2010, 2ª Câmara.

tratar o mesmo objeto. Neste caso, o mesmo produto pode ser objeto de aquisição por mais de um órgão ou ente públicos, momento em que se racionaliza o procedimento, permitindo, é certo, que se franqueiem estas várias pretensões contratuais em um único certame.

Exemplificando: imagine que vários órgãos (que podem pertencer, inclusive, a entes federados diversos) pretendam adquirir determinado mobiliário. Sendo assim, estabelece-se a quantidade que cada um quer negociar e se faz, em conjunto, um único certame pela modalidade de registro de preços. Visualizam-se, aqui, duas vantagens: racionalizam-se recursos públicos (porque se faz um único certame), em vez de cada órgão realizar o seu, bem como se tem a potencialidade de se conseguir preços melhores ao objeto licitado, porque a quantidade a ser adquirida é maior. Sem contar no ganho em celeridade.

Então, o objeto do registro de preços **não se destina a selecionar um fornecedor para uma contratação específica**, como ocorre com os certames comuns (gerais). Ao contrário, visa a dar cabo de escolher a melhor proposta para **eventuais contratações sequenciais, escalonadas** e **não específicas**, ou seja, que podem ocorrer repetidas vezes durante o prazo do registro.

Em resumo, o registro de preços é aplicado:[210]

a) quando o **objeto tiver de ser entregue de maneira parcelada**;

b) quando a contratação de **produtos forem remunerados por unidade ou os serviços forem remunerados por tarefa**;

c) quando se tiver a necessidade de **contratações frequentes**;

d) quando o objeto a ser contratado for de **interesse de mais de um órgão** ou se prestar a satisfazer um **programa de governo**;

e) quando **não se consegue definir a quantidade a ser adquirida** no momento de se perfazer o certame licitatório.[211]

No primeiro caso (item "(a)"), ou seja, quando o objeto da contratação deva ser entregue de modo parcelado, a opção pelo *sistema de registro de preços* deve ser adotada com cautela. Esta não poderia ser a justificativa única para a escolha do SRP, porque de antemão se sabe o quanto se quer contratar. A peculiaridade, na situação em apreço, res-

---

[210] Decreto federal nº 7.892/13, art. 3º e Decreto federal nº 7.581/11, art. 89, com redação conferida pelo Decreto federal nº 8.080/13.

[211] Nesse último caso, a vantagem da adoção do registro de preços mostra-se muito congruente, porque se evitam desperdícios com a contratação de quantitativos maiores do que o realmente necessário. A Corte de Contas federal declarou que não é incompatível com a lei ou com a Constituição Federal a utilização desse sistema, que o admite, quando, pela natureza do objeto, não for possível definir previamente o quantitativo a ser demandado pela Administração (TCU, Acórdão nº 0492/2012, Pleno, j. 07/03/2012).

tringe-se apenas ao prazo de entrega, o que pode bem ser definido em um cronograma. Aliás, o próprio TCU[212] já questionou a contratação de objeto parcelado pelo SRP, quando se sabia, de antemão, quando seriam entregues as parcelas do objeto contratual, bem como sua quantidade.

Na hipótese de contratações frequentes, consegue-se perceber um ganho em celeridade no que se refere à economia de procedimentos licitatórios. Por consequência e igualmente, intenta-se evitar que se gastem recursos públicos com a realização do próprio procedimento. Contudo, quando se está diante de objetos com entrega parcelada (em etapas), a economia não necessariamente é percebida com mais intensidade, porque, pragmaticamente, o registro de preços não se diferencia da contratação comum, cuja entrega do objeto seria feita desta mesma maneira.[213]

Especificamente quanto àquilo que pode ser adquirido, o SRP, ao menos em termos de RDC, permite que se contrate a "[...] prestação de serviços, **inclusive de engenharia**, e aquisição de bens, para contratações futuras;" – art. 88, inciso I, do Decreto federal nº 7.581/11. Assim, de acordo com o que já foi referido, esta hipótese foi prevista expressamente no RDC. Destacamos que a legislação foi alterada para que se permitisse que se fizesse registro de preços para *obras de engenharia* – parte final do inciso I do art. 88.

Ademais, importante mencionar que o sistema em questão, quando normatizado pelas regras do novo regime de contratações, **difere da Lei nº 8.666/93**, porque, neste último caso, somente se permitiu o registro de **serviços de natureza comum**.[214] O **RDC** veio a corrigir este equívoco, permitindo, a nosso ver, a contratação de **serviços comuns ou não**, porque, justamente, este dado não é relevante à espécie.

Uma disposição interessante consta no art. 93, § 2º, do Decreto federal nº 7.581/11, o qual determina que seja **evitada a adoção da contratação simultânea**[215] **no SRP**, ou seja, a contratação de mais de uma empresa para a execução do mesmo serviço, em uma mesma localidade, no âmbito do mesmo órgão ou entidade. Esta providência visa, assim, a assegurar a responsabilidade contratual e o princípio da padronização.

---

212 TCU, Acórdão nº 3.273, 2ª Câmara.

213 Tanto que o próprio TCU apontou como sendo inadequado o uso do registro de preços em licitação para objeto de entrega parcelada, porque não se justificava a adoção desta modalidade em relação ao certame comum (TCU, Acórdão nº 3.272/2010, 2ª Câmara).

214 O que era referendado pelo TCU (Acórdão 668/2005, Pleno).

215 Disciplinada no art. 11 da Lei nº 12.462/11.

No caso de contratação de **obras**, o Decreto federal 8.080/13 preocupou-se em fornecer requisitos para ofertar a devida segurança jurídica à espécie. Para tanto, inseriu várias condições,[216] dizendo que a contratação deste objeto somente pode ser feito por esta modalidade de licitação se:

a) for conveniente para atendimento de mais de um órgão ou entidade, ou a programas de governo; ou

b) diante da natureza do objeto, não for possível definir previamente o quantitativo a ser demandado pela administração pública.

Ainda, o dispositivo impõe que as licitações deverão ser realizadas pelo "Governo federal" para que se possam contratar obras pelo *Sistema de Registro de Preços*. Aqui, o legislador não se pautou pela melhor técnica legislativa, pois se afastou dos denominativos típicos da Ciência do Direito Administrativo. O correto seria alocar, no lugar de "Governo federal", a expressão "Administração Pública direta" ou "Administração Pública central", etc.

Também, exige-se que as obras tenham projeto de referência padronizado, seja ele básico ou executivo, sem esquecer as peculiaridades encontradas em cada região do País. Significa dizer que as obras construídas na Amazônia, no Nordeste ou no Sul do País, p. ex., possuem características diversas, dado que as condições climáticas, atmosféricas e geológicas reclamam adaptações próprias. Por isto que o artigo impõe que o padrão exigido seja regionalizado.

Por fim, no caso de se ter inserido no SRP o instituto da **adesão**,[217] exige-se que haja **compromisso** do aderente em suportar as despesas das ações necessárias à adequação do projeto padrão às peculiaridades da execução.

Para resumir

- Os regulamentos editados pelos entes públicos poderão elaborar uma lista de objetos que podem ser contratados pelo Sistema de Registro de Preços (SRP), como assim o fez a União.
- O SRP não pretende selecionar um fornecedor para uma contratação específica, como ocorre com os certames em geral, porque tem por meta selecionar a melhor proposta para eventuais contratações sequenciais, escalonadas e não específicas;
- É aplicado quando o objeto tiver de ser entregue de maneira parcelada, quando a contratação de produtos forem remunerados por

[216] Dispostas no parágrafo único no art. 89, do Decreto federal 7.581/11.

[217] Figura jurídica a ser detalhada no item "20.3.7".

unidade ou os serviços forem remunerados por tarefa, quando se tiver a necessidade de contratações frequentes, quando o objeto a ser contratado for de interesse de mais de um órgão ou se prestar a satisfazer um programa de governo.

20.3.2. *Atores do regime de preços*

Segundo a interpretação autêntica feita pelo art. 2º do Decreto federal nº 7.982/13, três personagens podem circundar no limiar do *Sistema de Registro de Preços*:

- **Órgão Gerenciador**: órgão ou entidade da Administração Pública federal que é responsável pela condução do conjunto de procedimentos do SRP, bem como pelo gerenciamento da ata dele decorrente.[218] Suas competências estão definidas no art. 95 do Decreto federal nº 7.581/11 e no art. 5º do Decreto federal nº 7.892/13. Em síntese, trata-se de um personagem que faz e planeja a licitação;

- **Órgão participante**: órgão ou entidade da administração pública federal que participa dos procedimentos iniciais do Sistema de Registro de Preços e integra a ata respectiva[219] – suas competências estão definidas no art. 96 do Decreto federal nº 7.581/11 e no art. 6º do Decreto federal nº 7.892/2013. A manifestação do órgão que quer aderir ao registro se dá pelo ato administrativo de *Intenção de Registro de Preços*. Logo, trata-se, aqui, de personagem que não gerencia ou conduz o SRP, mas dele se beneficia e a ele adere antes do certame iniciar;

- **Órgão aderente** (ou denominado de "**não participante**" pelo Decreto federal nº 7.892/13): órgão ou entidade da administração pública que, não tendo participado dos procedimentos iniciais da licitação, faz adesão à ata de registro de preços, desde que atendidos os requisitos dos atos normativos pertinentes.[220] Tal personagem também é chamado de "**carona**".[221]

Temos depois, o Decreto federal nº 8.251, de 23 de maio de 2014, incluiu mais dois incisos no art. 88 do Decreto federal nº 7.581/11. Logo, trouxe à tona, mais um ator do SRP, a saber:

- **Órgão participante de compra nacional**: órgão ou entidade da administração pública que, em razão de participação em programa ou projeto federal, é contemplado no registro de preços independentemente de manifestação formal;

Aqui, criou-se uma figura interessante: o órgão gerenciador poderá, de ofício, ou seja, sem a anuência de outro órgão público ou ente, beneficiar este último pela ata de registro de preços. A partir disso, o próprio art. 88, que ganhou um inciso VI pelo mesmo Decreto fede-

---

[218] Decreto federal 7.581/11, art. 88, inciso III.

[219] Decreto federal 7.581/11, art. 88, inciso IV.

[220] Decreto federal 7.581/11, art. 88, inciso V.

[221] Frente às peculiaridades desse personagem, ocupar-nos-emos dele no item "20.3.7".

ral nº 8.251, interpreta, de forma autêntica, o que seria "compra nacional". Trata-se de: "[...] compra ou contratação de bens, serviços e obras com características padronizadas, inclusive de engenharia, em que o órgão gerenciador conduz os procedimentos para registro de preços destinado à execução descentralizada de programa ou projeto federal, mediante prévia indicação da demanda pelos entes federados beneficiados.". Então, já no edital de um SRP, a autoridade gerenciadora deveria indicar quais seriam os "órgãos participantes de compra nacional", bem como os quantitativos que cada qual poderá, reclamar dos fornecedores.

Mesmo a partir do texto destes dois dispositivos, surgiria a dúvida se um órgão poderia ser contemplado no registro de preços independentemente de manifestação formal de maneira a se obrigar a fazer as contratações somente por esta via. Logo, resta saber se a ata oriunda de SRP seria, neste caso, vinculante.

A resposta, ao nosso sentir, perpassa por dois momentos: ao que nos parece, a finalidade do dispositivo foi esta mesma, ou seja, impor uma padronização e uma uniformização a partir das atas que derivam dos SRP's, independentemente de solicitação de determinado órgão. Portanto, os órgãos participantes de compra nacional estariam obrigados a utilizar a ata da registro de preços, como se a tivessem solicitado. De outro lado, o dispositivo cria uma obrigação legal a qualquer órgão que queira aderir a projeto ou programa federal: caso assim se defina, poderá o aderente ser sujeitado a respeitar ata de SRP a ser feita, independentemente de solicitação, justamente porque, voluntariamente, aderiu ao mencionado projeto ou programa. Claro que a imposição em destaque deverá ter pertinência a estes planos de trabalho federais.

Além disso, no caso de compra nacional, o órgão gerenciador promoverá a divulgação da ação, a pesquisa de mercado e a consolidação da demanda dos órgãos e entidades da administração direta e indireta da União, dos Estados, do Distrito Federal e dos Municípios.

Para resumir

- São atores do SRP: o órgão gerenciador, o órgão participante, o órgão aderente e o órgão participante de compra nacional.

20.3.3. A natureza jurídica e os efeitos da ata oriunda do Sistema de Registro de Preços

Como "produto", por assim dizer, do registro de preços, gera-se uma **ata**, que nada mais é do que um **documento vinculativo**, tanto para a **Administração Pública**, quanto para os **particulares**. Mas em que termos?

A legislação estipula que o Poder Público deva respeitar a **ordem de classificação** e os **termos** estabelecidos no procedimento licitatório. E o fornecedor que tem o **preço registrado** obriga-se a entregar à Administração Pública aquilo a que se propôs durante o prazo estabelecido que, no máximo, pode ser de **doze meses**.

Assim, a validade da ata do registro de preços não será superior a doze meses, **incluídas eventuais prorrogações**, conforme dispõe o inciso III do § 3º do art. 15 da Lei nº 8.666/93.[222] Logo, não se admitem aditivos que aumentem o prazo para além destes doze meses.

Importante notar que o Decreto federal nº 7.581/12, que regulamenta o *Regime Diferenciado de Contratações*, no art. 99, parágrafo único, determina que a ata tenha *um prazo de validade mínima de três meses*, o que não se percebe nas regras licitatórias gerais. Veja que esta medida é salutar, porque se impede que se implementem certames com validade exígua, prejudicando a competitividade.

Como produto do registro de preços, obtém-se um **cadastro de potenciais fornecedores**, o qual listará, de maneira clara e particular, o **objeto a ser contratado**, as **quantidades** que cada fornecedor tem possibilidade de entregar quando solicitado (de acordo com o que foi definido no instrumento convocatório), e, por fim, deve a ata deixar especificado o **preço** de cada objeto. Todas estas informações constarão em um documento importantíssimo: a **ata do registro de preços**. Em resumo: **na ata se fará inserir, dentre outros itens, os preços e quantitativos do licitante mais bem classificado durante a etapa competitiva, bem como os preços e quantitativos dos licitantes que tiverem aceitado cotar seus bens ou serviços em valor igual ao do licitante mais bem classificado**. Então, ao final, esse documento formará uma **lista de potenciais fornecedores**.

Tal documento possui, como traço marcante, a possibilidade de gerar compromisso para futuras contratações, de acordo com as especificações ali mencionadas. Como dito, durante o prazo máximo um ano,[223] o Poder Público tem a **faculdade** *(facultas agiendi)* de solicitar os préstimos dos fornecedores registrados na ordem de classificação.[224]

---

[222] Decreto federal nº 7.892/13, art. 12, *caput*.

[223] TCU, Acórdão nº 3028/2010, Segunda Câmara, j. 15/06/2010.

[224] O conceito da ata do registro de preços pode ser retirado, por meio de interpretação autêntica, do texto do art. 88, inciso II, do Decreto federal nº 7.581/11: "ata de registro de preços – documento vinculativo, obrigacional, com característica de compromisso para futura contratação, em que

Depois de homologada, qualquer outra entidade pública poderá consultá-la e utilizá-la mediante prévia sondagem do órgão gerenciador daquele SRP, desde que devidamente comprovada a vantagem neste sentido (art. 8º do Decreto federal nº 7.892/13). Trata-se, aqui, da figura da "adesão" ou também chamada de "carona", a ser analisada na sequência da exposição.

Para o fim de dar **atualizar** a ata para com os preços praticados no mercado, a autoridade que gerencia o sistema deverá verificar a **compatibilidade do registro para com a realidade.**[225] Constatado que o preço registrado é superior ao valor de mercado, ficarão vedadas novas contratações até a adoção das providências cabíveis, que consistem em:[226]

a) convocar os fornecedores, na ordem de classificação, para dizer se aceitam ou não reduzir os preços aos valores praticados pelo mercado;

b) os fornecedores que se neguem a baixar seus preços aos valores praticados pelo mercado serão liberados do compromisso assumido, sem aplicação de penalidade;

c) para os fornecedores que aceitarem reduzir seus preços aos valores de mercado, o registro de preços continua hígido, observando-se, para tanto, a classificação original.

A ata de registro de preços não se confunde com os contratos administrativos celebrados com base nela. Logo, o próprio prazo do contrato poderá ser superior a doze meses de validade do SRP, ou seja, não se baliza por aquele documento. Em resumo, os prazos de vigência dos contratos regem-se pelos termos do art. 57 da Lei nº 8.666/93, por exemplo,[227] e não pela ata. Aliás, dela podem se gerar vários contratos, que são, como dito, documentos com regime jurídico diverso.

É importante notar que o RDC **não obriga a Administração Pública a contratar** com o fornecedor cadastrado na referida ata, ou seja, não se defere um direito subjetivo ao interessado mais bem classificado no certame de registro de preços em ser acionado a sempre fornecer o produto a que se obrigou. O que a lei confere é um **direito subjetivo à preferência na aquisição**, instituto bem diverso (art. 32, § 3º, da Lei nº 12.462/11; art. 101 do Decreto federal nº 7.581/11; e art. 16 do Decreto

---

se registram os preços, fornecedores, órgãos participantes e condições a serem praticadas, conforme as disposições contidas no instrumento convocatório e propostas apresentadas;".

[225] Decreto federal nº 7.581/11, art. 104.

[226] Decreto federal nº 7.581/11, art. 105.

[227] Decreto federal nº 7.892/2013, art. 12, § 2º.

federal nº 7.892/13). Assim, a ata do registro é um d**ocumento vinculativo** e **obrigacional** no que se refere à **preferência** mencionada.

Explico. O Poder Público pode bem resolver realizar uma licitação específica no que se refere aos objetos já selecionados pelo registro de preços, desde que, no caso, assegure direito de preferência no fornecimento ao licitante vencedor deste último certame, (art. 15, § 4º, da Lei nº 8.666/93). Neste caso, o interessado não é obrigado a entregar o produto por condições diversas a que se obrigou.

O que se defere ao fornecedor que integre a ata é a preferência de fornecimento, em igualdade de condições. Em outros termos, caso um ente público realize um certame específico e consiga o bem por um preço inferior, mesmo assim deve ser dada preferência para que o interessado que registrou seu preço possa cobrir a oferta, ou seja, deve ser dada premência a ele (art. 7º do Decreto federal nº 7.892/2013).

Por fim, pode-se mencionar que os **contratos** deverão ser **assinados no prazo de validade da ata de registro de preços** (art. 12, § 4º, do Decreto federal nº 7.892/13). Sendo assim, não basta que a adjudicação, p. ex., seja operada neste interregno. O que precisa ser efetivado é assinatura do negócio jurídico no limiar da validade da ata. Os ajustes derivados do *Sistema de Registro de Preços* seguem as regras gerais de contratação – art. 100, *caput*, do Decreto federal nº 7.581/2011.

Para resumir

- Ao final do procedimento do SRP, gera-se uma ata, ou seja, um documento em que fixará a ordem de classificação dos competidores (a ser respeitada pela Administração Pública), bem como as estimativas, os preços e o que o particular se obrigará a entregar;
- A ata tem prazo máximo de validade de doze meses, incluídas eventuais prorrogações;
- Assim, é constituído uma espécie de cadastro de fornecedores, sendo que, durante o prazo de validade da ata de registro de preços, o Poder Público tem a faculdade (não a obrigação) de demandar o fornecimento dos objetos ali demandados;
- Os preços registrados em ata deverão ser constantemente atualizados. Caso o Poder Público encontre, no mercado, preço mais vantajoso, deverá negociar com os licitantes para saber se eles se adéquam a tal montante. Caso não aceitem reduzir suas propostas, estarão liberados do compromisso, sem que seja a eles aplicada qualquer sanção. Na hipótese de concordarem em cobrir o novo preço do objeto a ser adquirido, os licitantes terão preferência na contratação, respeitada a ordem de classificação original;

- A ata de registro de preços não obriga o Poder Público a contratar com os fornecedores. O que a lei confere é um direito subjetivo à preferência na aquisição;
- Os contratos deverão ser assinados no prazo de validade da ata de registro de preços.

20.3.4. Etapas e atos do Sistema de Registro de Preços

Operacionalmente, o registro de preços pode ser resumido em três fases distintas:

a) por primeiro, estabelece uma **competição** entre os interessados a contratarem com o Poder Público. Cada qual oferta seus lances, gerando o registro do licitante vencedor, com seus quantitativos e preços ofertados;

b) em um segundo momento, passa-se a colher o **registro dos demais interessados que concordam em praticar os mesmos quantitativos e preços do primeiro colocado**, mantendo-se a ordem de classificação obtida na etapa inicial.[228] Logo, os demais licitantes podem reduzir seus preços para igualá-los ao primeiro colocado. Todavia, as novas ofertas não prejudicarão o resultado do certame em relação ao licitante mais bem classificado;

c) após e por fim, registram-se os preços e os quantitativos daqueles que não praticam os valores do primeiro colocado, na ordem de classificação ordenada pelos lances respectivos.

No que tange ao **instrumento convocatório** do registro de preços, deve-se destacar que **não** necessariamente se **terá de indicar a dotação orçamentária correspondente** – como ocorre com o regime geral de licitações e contratos. Ao contrário. A menção a este dado surgirá quando da realização da efetiva contratação, porque, antes – mesmo quando da formação da ata de registro de preços –, o ente estatal não se obriga a adquirir o objeto licitado.[229] Em resumo, como o registro de preços não cria obrigações imediatas ao Poder Público, o certame pode iniciar independentemente de se ter dotação orçamentária.[230]

Aliás, a Corte de Contas federal declarou como irrazoável a consecução de registro de preços para posterior contratação dos valores constantes exatamente na ata, ou seja, para celebração de contrato com

---

228 Decreto federal nº 7.581/11, art. 97.

229 Decreto federal nº 7.581/11, art. 91.

230 TCU, Acórdão nº 297/2011, Pleno.

objeto absolutamente idêntico a este documento que lhe deu origem. Assim, o tribunal entendeu que o referido objeto deveria ter sido contratado por outra modalidade licitatória.[231]

Note que contrato decorrente do *Sistema de Registro de Preços* **não poderá sofrer qualquer acréscimo no seu quantitativo**. Logo, não se lhe aplicam as disposições do art. 65, § 1º, da Lei nº 8.666/93, que permitem acréscimos na ordem de vinte e cinco e de cinquenta por cento, dependendo do que se queira adquirir. Esta providência é reforçada pelo art. 100, § 1º, do Decreto federal nº 7.581/11, o qual determinou que os contratos derivados deste procedimento não podem sofrer qualquer modificação quantitativa, de modo que não está autorizada a contratação de eventuais aditivos que visem a aumentar o montante a ser adquirido.

Contudo, importante notar que o art. 99, *caput*, do Decreto federal nº 7.581/11, dispõe que os licitantes ficam obrigados ao fornecimento de bens ou à prestação de serviços nas condições a que se obrigaram, durante o prazo de validade da ata. Neste ínterim, a Administração Pública poderá realizar quantas aquisições necessite. Será o instrumento convocatório que dará os contornos de quanto se pode adquirir. Assim, as balizas quantitativas serão dispostas no instrumento convocatório.

O registro de preços pode ter a participação de mais de um órgão ou ente. Logo, o certame é feito desde já com a presença de mais de um interessado, os quais contratarão a partir da ata de preços a ser constituída. Assim, quando outros órgãos ou entes quiserem participar do procedimento de registro de preços, deverão manifestar sua intenção ao órgão gerenciador, **no prazo por ele estipulado** (art. 92, § 1º, do Decreto federal nº 7.58/11), bem como concordar com o registro de preços, indicando sua estimativa de demanda e o cronograma de aquisições (§ 2º do art. 92 do mesmo ato normativo infralegal). Esta proposição feita por outro(s) órgão(s) público(s) deverá ser considerada no montante a ser licitado, ou seja, na estimativa de demanda do SRP – art. 95, § 2º. Compete ao órgão gerenciador deliberar quanto à inclusão posterior de participantes que não manifestaram interesse durante o período de divulgação da intenção de registro de preços.[232]

Um cuidado importante neste aspecto foi tomado pelo Decreto federal nº 7.581/11, no art. 106, parágrafo único, qual seja: "[...] os órgãos ou entidades da administração pública federal não poderão participar ou aderir à ata de registro de preços cujo órgão gerenciador integre a administração pública de Estado, do Distrito Federal ou de Município,

[231] TCU, Acórdão nº 113/2012, Pleno.

[232] Decreto federal nº 7.581/11, art. 92, § 2º, inciso VII.

ressalvada a faculdade de a APO [Autoridade Pública Olímpica] aderir às atas gerenciadas pelos respectivos consorciados.". Ao reverso, não se vislumbram quaisquer óbices para que as entidades públicas dos demais entes federados participem no registro de preços realizado pela União.

Para resumir

- O SRP possui, em termos objetivos, três etapas: por primeiro, estabelece-se uma competição entre os interessados, momento em que se classificam as propostas. Após, colhe-se o registro dos demais concorrentes que eventualmente concordem em praticar os mesmos quantitativos e preços do primeiro colocado, mantendo-se a classificação original. Ao final, registram-se os preços e os quantitativos daqueles que não praticam os valores do primeiro colocado;
- Perceba que o instrumento convocatório do registro de preços não necessariamente terá de indicar a dotação orçamentária correspondente;
- O contrato decorrente do SRP não poderá sofrer qualquer acréscimo no seu quantitativo, sendo vedados aditivos neste caso.

20.3.5. Critérios de julgamento e modos de disputa no SRP

O art. 32, § 2°, inciso II, da Lei n° 12.462/11, relega a regulamento a forma com que o registro de preços será efetivado. Em âmbito federal, o art. 90, inciso I, do Decreto n° 7.581/11, dizia que o SRP poderia **utilizar qualquer dos modos de disputa previstos no RDC**, sejam eles combinados ou não. Quanto aos **critérios de julgamento**, houve uma mudança, porque o Decreto federal n° 8.251, de 2014, determinou que este procedimento auxiliar poderá utilizar os parâmetros de **menor preço, maior desconto** ou **técnica e preço** – inciso II do art. 90. Mas, como dito, a seleção da melhor proposta poderá se valer de todos modos de disputa: fechado, aberto ou combinado, todos eles a serem aplicados nos julgamentos mencionados – inciso I do art. 90.

Já o **sistema geral de licitações** determinava que a seleção fosse feita mediante **concorrência** – art. 15, § 3°, inciso I, da Lei n° 8.666/93. Esta assertiva foi flexibilizada pelo art. 11 da Lei n° 10.520/2002,[233] e recepcionada pelo Decreto federal n° 7.892/13 (art. 7°, *caput*), os quais permitiram a figura do **pregão** para a viabilização do registro de pre-

[233] Lei n° 10.520/2002, art. 11: "As compras e contratações de bens e serviços comuns, no âmbito da União, dos Estados, do Distrito Federal e dos Municípios, quando efetuadas pelo sistema de registro de preços previsto no art. 15 da Lei n° 8.666, de 21 de junho de 1993, poderão adotar a modalidade de pregão, conforme regulamento específico".

ços. Esta conjuntura prova, assim, que o RDC foi mais flexível do que a lei geral no que se refere às modalidades licitatórias de seleção do registro.

O Decreto federal nº 7.892/13 (art. 7º, *caput*) – que regulamenta, em nível infralegal e federal, o SRP –, franqueia a utilização do tipo "**menor preço**" e, excepcionalmente, o tipo "**técnica e preço**" (§ 1º), a critério do órgão gerenciador e mediante despacho fundamentado da sua autoridade máxima. Contudo, caso escolhida a modalidade de **pregão**, sempre deve se adotar o critério "**menor preço**".

Nessa situação, caso seja adotado o critério de julgamento "técnica e preço", ressalva-se que deverá ser evitada a contratação, em um mesmo órgão ou entidade, de mais de uma empresa para a execução de um mesmo serviço, em uma mesma localidade. Esta providência é salutar, pois visa a assegurar a responsabilidade contratual e o princípio da padronização (art. 8º, § 2º, do Decreto federal nº 7.892/2013). O instrumento convocatório ainda poderá **prever mais um critério de seleção da proposta mais vantajosa**, dado que o menor preço poderá ser aferido pela oferta de desconto sobre tabela de preços praticados no mercado, desde que tecnicamente justificado – art. 9º, § 1º, do Decreto federal nº 7.892/13.

Para resumir

- No RDC, o registro de preços é efetivado por qualquer modo de disputa (seja ele aberto, fechado ou combinado), mas terá como critério de julgamento da proposta mais vantajosa sempre o menor preço, o maior desconto ou a técnica e preço;
- Na Lei nº 8.666/93, o registro de preços derivava do procedimento de concorrência. Posteriormente, a partir da Lei nº 10.520/02 (*Lei do Pregão)*, o registro pôde ser obtido também por esta modalidade licitatória;
- Já o Decreto federal nº 7.892/13 (que regulamenta, em nível infralegal e federal, o SRP) permite a utilização do tipo "menor preço" e, excepcionalmente, o tipo "técnica e preço".

20.3.6. Da revisão e da revogação (cancelamento) dos preços registrados

Os preços registrados poderão ser **revogados** (ou ditos "**cancelados**" pelo Decreto federal nº 7.892/13) ou **revistos**, quando diante de situações variadas. Para uma melhor compreensão do tema, primeiramente se apresentará um quadro-resumo em que se sistematiza a matéria:[234]

a) **Revisão**:

a1) por **redução nos preços** (cuja previsão não está inserida no decreto que trata do RDC, somente no decreto que disciplina o regime geral do SRP);

a2) por aumento nos preços;

b) **Revogação ou cancelamento**:

b1) por **inadimplência do interessado** que teve seu preço registrado, sendo estabelecido, em ambos os decretos, uma lista de casos que tipificam hipóteses que autorizam esta perspectiva;

A segunda hipótese de revogação/cancelamento da ata passa por uma divergência entre as duas disciplinas jurídicas:

b2.1) **Decreto nº 7.892/13, art. 21**: decorrente de **caso fortuito ou de força maior**, desde que:

b2.1.1) por motivos de interesse público;

b.2.1.2) por pedido do fornecedor.

b2.2) **Decreto nº 7.581/11, art. 107, § 1º, incisos I e II**: A revogação do registro poderá ocorrer:

b.2.2.1) por **iniciativa da administração pública**, conforme **conveniência e oportunidade**; ou

b.2.2.2) por **solicitação do fornecedor**, com base em **fato superveniente** e **devidamente comprovado**, que justifique a impossibilidade de cumprimento da proposta.

A revisão da tabela de registro de preços poderá ser feita por conta de eventual redução dos preços praticados no mercado, ou em decorrência de fato que eleve o custo dos serviços ou bens registrados. Neste caso, o órgão gerenciador deverá negociar junto aos fornecedores as quantidades de redução ou de aumento. Veja que, diante desta conjuntura, a legislação pertinente não definiu os critérios objetivos e em que níveis podem se dar as tratativas, salvo que elas devem observar as disposições contidas na alínea *d* do inciso II do *caput* do art. 65 da Lei nº 8.666/93.

Cabe referir que os fornecedores que registraram seus preços na ata não estão obrigados a aceitar reduzir tais valores àqueles praticados

234 Decreto federal nº 7.892/13, arts. 105 e 107, e Decreto federal nº 7.892/13, arts. 17 a 21.

pelo mercado quando o órgão gerenciador convocá-los à negociação. Trata-se de uma faculdade a eles conferida. Neste caso, serão liberados do compromisso assumido, sem aplicação de penalidade. Contudo, para aqueles fornecedores que aceitem reduzir seus preços, a ordem de classificação original se mantém.[235]

Diante de um preço de mercado que se torna **superior** aos preços registrados, aliado ao fato de o fornecedor não poder cumprir o compromisso, a legislação autoriza o órgão gerenciador a liberar o particular da obrigação assumida. Nesta situação, a **comunicação** deste fato deve ocorrer **antes do pedido de fornecimento**, para que o interessado fique isento da aplicação da penalidade, isto se confirmada a veracidade dos motivos e comprovantes apresentados. A partir desta etapa, o referido órgão deve convocar os demais fornecedores para assegurar igual oportunidade de negociação.

Em qualquer caso, quando restam frustradas as negociações, o órgão gerenciador deverá proceder à revogação da ata de registro de preços, adotando as medidas cabíveis para obtenção da contratação mais vantajosa.

Para resumir

- Os preços registrados poderão ser revogados ("cancelados") ou revistos, quando ocorrer aumento ou redução dos preços.

20.3.7. Adesão

A **adesão**, prevista no SRP, é um instituto bastante peculiar, sendo apelidado de "**carona**". Tem sua definição capitaneada pelo § 1º do art. 32 da Lei nº 12.462/11: "Poderá aderir ao sistema referido no *caput* deste artigo qualquer órgão ou entidade responsável pela execução das atividades contempladas no art. 1º desta Lei". Em termos singelos, a *adesão* permite que outro órgão público, que não participou do registro de preços, firme contratos com base em ata constituída por outros organismos estatais.

Cabe referir, por oportuno, que esta figura jurídica já era prevista no Decreto nº 3.931/01, art. 8º, § 3º, e foi repetido pelo art. 22 do Decreto nº 7.892/13. Desde esta época já muito se questionava acerca da constitucionalidade do primeiro ato normativo, por justamente não possuir lastro na Lei nº 8.666/93. No caso, alegava-se que o decreto havia inovado a ordem jurídica, sendo considerado *praeter legem*.

---

[235] Decreto federal nº 7.892/13, arts. 105, § 2º.

ANÁLISE CRÍTICA

O instituto do "carona" pode ser considerado verdadeiro caso de **dispensa de licitação,** sendo esta sua natureza jurídica. Cabe referir que os casos de dispensa somente podem derivar de previsão legal expressa, ou seja, reclamam **reserva de legislação**. Sendo assim, por esta ótica, a figura do "carona" seria ilegal, bem como inconstitucional, caso fosse somente tutelada por ato normativo infralegal. Este argumento é sedutor, uma vez que, ao que se vê, criou-se uma espécie de contratação direta, *sem reserva de legislação*, ou seja, sem lei formal prevendo expressamente, porque somente foi positivada via decreto.

Além disso, pode-se alegar que a adesão é contrária ao **princípio da isonomia**, porque o certame, da forma como originalmente feito, cria uma expectativa específica no mercado. Ora, poder-se-ia alegar que outras empresas que não compareceram à disputa, teriam dela participado, caso esta fosse feita, desde o início, a partir dos quantitativos máximos, incluindo as adesões que ocorreram futuramente. Este argumento não nos convence, porque aquele que participa de um certame envolvendo o registro de preços deve calcular e prever esta potencialidade. Aliás, os quantitativos da própria ata são mera expectativa de direito.

O que pode ocorrer – e este é um dado importante a ser considerado – consiste no fato de se ter a potencialidade real de perda de economia de escala nas aquisições, porque a contratação de uma quantidade maior tem a possibilidade clara de gerar propostas mais vantajosas. Em termos simples: licitar a quantia "x" gera propostas, no mais das vezes, mais caras do que se o certame previsse uma quantidade cinco vezes maior do mesmo objeto. Ex.: em tese, consegue-se um preço menor quando de adquire quinhentas toneladas de arroz, do que se fosse se adquirir apenas cinqüenta. Sendo assim, como se licitou, na origem, apenas "x", o restante a ser contratado pela figura do "carona" não terá o ganho de escala mencionado. Em termos objetivos, a licitação de cem objetos tem a visível possibilidade de fixar preço superior caso se licitasse cinco mil objetos.

Além disso, alegava-se que este instituto violava o art. 37, XXI, da CF/88, porque esta regra impunha a todo órgão público o dever de licitar, e, diante da adesão, a disputa pública não ocorreria. Contudo, este argumento não nos serve, justamente porque se adere a um procedimento em que se efetivou um certame. O dever de licitar – que, inclusive, é relativizado em muitos aspectos – foi preservado. Essa discussão foi levada ao TCU, que se manifestou pela legalidade do procedimento.[236]

Para tanto, a fim de se evitarem abusos, algumas premissas e condições foram previstas também no Decreto federal nº 7.892/13 – que vale para as licitações gerais do SRP, não para os registros que seguem

[236] TCU, Acórdão nº 1.487/2007, Pleno.

o RDC, tendo em vista que, neste último caso, temos a aplicação do Decreto federal nº 7.581/11.[237]

a) A adesão deve contar com a **anuência do órgão gerenciador**.[238] Neste caso, segundo o art. 103, do Decreto nº 7.581/11, quando solicitado, o órgão gerenciador indicará os fornecedores que poderão ser contratados pelos órgãos ou entidades participantes ou aderentes, bem como os respectivos quantitativos e preços, conforme a ordem de classificação. Neste caso, o órgão gerenciador indicará o fornecedor registrado que está mais bem classificado e, sucessivamente, os demais licitantes que registraram seus preços em valor igual ao primeiro colocado;
b) Ainda, para se ter a aderência mencionada, deve-se contar com a **anuência** também **do fornecedor beneficiário da ata de registro de preços** (art. 102, § 4º, do Decreto federal nº 7.581/11), desde que não prejudique as obrigações presentes e futuras decorrentes do mencionado documento, assumidas com o órgão gerenciador e órgãos participantes (§ 5º do mesmo ato normativo);[239]
c) Por fim, a adesão deve se limitar aos quantitativos definidos nos regulamentos próprios.[240]

No art. 22, *caput*, primeira parte, do Decreto federal nº 7.892/13, estipula-se um requisito a mais, não mencionado pelo regulamento federal que trata do RDC: deve ser justificada a **vantagem da adesão à ata de registro de preços**. A Corte de Contas federal[241] entendeu que, para se possibilitar o "carona", é importante que, antes, seja feita ampla pesquisa de mercado, com o intuito de avaliar a vantagem da ata a ser aderida sob os aspectos temporais, econômicos e técnicos.

Destaca-se que o terceiro requisito (item "c") refere-se aos limites quantitativos da adesão, ou seja, até quanto o "carona" poderá aderir. Esta previsão veio à tona, porque, outrora, muitos abusos foram cometi-

[237] A Corte de Contas federal já há algum tempo preocupava-se com os abusos cometidos no limiar do instituto da adesão, o que fez com que, não raras vezes, apontasse parâmetros e abusos. *V.g.* TCU, Acórdão nº 1.233/2012, Pleno.

[238] Art. 22, *caput*, segunda parte, e § 1º, do Decreto federal nº 7.892/13.

[239] Art. 22, § 2º, do Decreto federal nº 7.892/13.

[240] A Corte de Contas federal estipulou outros requisitos (TCU, Acórdão nº 2.764/2010, Pleno): (a) deve existir plena discriminação do objeto a ser contratado pelo sistema de registro de preços, acompanhado da pertinente justificativa e necessidade da contratação; (b) comprovação da compatibilidade econômica, avaliando a conectividade do valor dos bens, para com os preços de mercado; (c) respeito aos quantitativos discriminados na ata de registro de preços, sendo vedada a contratação em patamares superiores.

[241] TCU, Acórdão nº 1.793/2012, Pleno.

dos neste sentido, especialmente pelo fato de, em certas oportunidades, terem sido superadas as quantidades fixadas pelo órgão gerenciador na ata de registro.[242] Assim, é certo que o limite "c" é o mais polêmico. Para se ter uma ideia, o TCU tem a preocupação de que a figura do "carona" se adapte aos quantitativos contratados, não podendo os entes públicos negociar em níveis superiores à ata homologada.

Há muito esse órgão de controle federal determinava que os organismos estatais devessem gerenciar a ata de forma que a soma dos quantitativos contratados em todos os negócios derivados dela não superassem o quantitativo máximo previsto no edital.[243] Logo, esta decisão do citado tribunal já restringia a figura do aderente. Muito embora, após o julgamento dos embargos de declaração opostos pelo Ministério do Planejamento, o TCU permitiu a contratação por adesão sem os limitadores, ou seja, de maneira mais flexível, até o fim de 2012.[244]

Diante desse contexto, o RDC preocupou-se com a possibilidade de se perpetrarem abusos a partir da figura da adesão. Desta forma, no regulamento federal que detalha a Lei nº 12.462/11, previram-se limites específicos a respeito.[245] No art. 102, §§ 2º e 3º, foram positivadas as seguintes limitações:

a) Os órgãos aderentes não poderão contratar quantidade superior à soma das estimativas de demanda dos órgãos gerenciador e participantes;

b) As quantidades globais de bens ou de serviços que poderão ser contratados pelos órgãos aderentes e gerenciador, somadas, não poderá ser superior a **cinco vezes** a quantidade prevista para cada item, ou, no caso de **obras**, não poderá ser superior a **três vezes**.[246]

Veja que, no primeiro caso, veda-se que o "carona" estabeleça contratos cujas quantias sejam superiores à soma das estimativas feitas na ata de registro. Ao mesmo tempo, a soma de todas as adesões não poderá ser superior a cinco ou três vezes a quantidade estabelecida como

---

[242] TCU, Acórdão nº 1.487/2007, Pleno; TCU, Acórdão nº 2.692/2012, Pleno.

[243] TCU, Acórdão nº 1.233/2012, Pleno.

[244] TCU, Acórdão nº 2.692/2012, Pleno.

[245] Instituído pelo Decreto federal nº 7.581/11.

[246] O Decreto federal nº 7.892/11, no art. 22, § 4º, modifica um pouco os quantitativos previstos no regulamento do RDC. Confira: "O instrumento convocatório deverá prever que o quantitativo decorrente das adesões à ata de registro de preços não poderá exceder, na totalidade, ao quíntuplo do quantitativo de cada item registrado na ata de registro de preços para o órgão gerenciador e órgãos participantes, independente do número de órgãos não participantes que aderirem.".

limite máximo a cada item, dependendo do tipo de objeto a ser contratado.

Exemplificando: imagine que quatro órgãos públicos unam-se para, em um procedimento, adquirir, cada um, duzentas e cinquenta mesas, em um total de mil. Neste caso, um eventual aderente somente poderia tomar por base esta ata de Registro de Preços para adquirir no máximo mil mesas, ou seja, o somatório do quantitativo de todos os licitantes – primeiro limite (letra "a"). Ademais, esta ata somente serve para abarcar a quantidade de "caronas" em até cinco mil cadeiras, ou seja, cinco vezes a soma do quantitativo máximo de cada item, que, no caso, era único (ex. mesas) – segundo limite (letra "b1"). Essas balizas são importantes marcos à contenção de eventuais excessos, as quais não foram contempladas no regime geral de licitações disciplinado pela Lei nº 8.666/93.[247]

O § 5º do art. 22 do Decreto federal nº 7.892/13, que disciplina, em âmbito infralegal e em caráter geral, o SRP da União, dispõe ainda outra condição para que se possa aderir a uma ata de registro de preços: *o órgão gerenciador somente poderá autorizar a figura do "carona"* ***após a primeira aquisição ou contratação por órgão integrante da ata****, exceto quando, justificadamente, não houver previsão no edital para aquisição ou contratação pelo órgão gerenciador*. Significa dizer que a adesão fica suspensa até que ocorra a primeira compra pelo órgão gerenciador ou por um participante.

Outro dispositivo interessante trazido pelo Decreto federal 7.581/13 determina que, depois da autorização do órgão gerenciador, o órgão não participante deverá efetivar a aquisição ou contratação solicitada **em até trinta dias, observado o prazo de vigência da ata** (art. 103, § 4º). Logo, fixa-se aqui um prazo máximo para que o aderente ultime os negócios jurídicos para os quais pediu autorização. Como dito, este ínterim fica restrito, é claro, ao limite de vigência da ata. Destaca-se que, no **regime geral do Registro de Preços**, este prazo passa para **noventa dias** (art. 22, § 6º).

Acompanhando o entendimento do TCU,[248] o Decreto federal nº 7.892/13 pôs fim a um debate muito corriqueiro na matéria. Diz o art. 22, § 8º que: "É vedada aos órgãos e entidades da **administração pública federal** a **adesão** a ata de registro de preços gerenciada por órgão ou **entidade municipal, distrital** ou **estadual**.". E é compreensível esta

[247] Importante mencionar que a União não deve aderir às atas de registro de preços de órgãos estaduais e municipais, até porque estes conferem ao certame uma publicidade mais restrita (art. 106, Decreto federal nº 7.581/11).

[248] TCU, Acórdão nº 3.625/2011, 2ª Câmara; TCU, Acórdão nº 1.793/2011, Pleno.

medida, porque as compras em nível nacional possuem abrangência que destoa dos aspectos regionais e locais. Veja que, neste caso, a União não poderia se valer da ata de registro de um município, dado que este contrata normalmente em menor escala e, neste caso, os preços possivelmente serão mais altos.[249] Sem contar que a publicidade do SRP será diferente em cada entidade federada, ou seja, menor em termos municipais do que em âmbito federal.

Contudo, a recíproca não é vedada. Veja que o § 9º do art. 22 define que **é facultado** aos órgãos ou entidades **municipais, distritais** ou **estaduais** a **aderir à ata de registro de preços da Administração Pública Federal**. Em nível de RDC, o Decreto federal nº 7.581/11 acompanhou esta mesma linha de raciocínio (art. 106, *caput* e parágrafo único). No entanto, a parte final do parágrafo faz uma ressalva: é facultada à APO aderir às atas gerenciadas pelos respectivos consorciados, **independentemente de advirem de outras unidades da federação.** Mas não se permite que a Administração Pública adira à ata de registro de preços feita por **paraestatal** (também denominada de **Serviço Social**, ou **Sistema "S"**).[250]

Não é demasiado dizer que o TCU vem exigindo que o "carona" demonstre um "**nexo de pertinência de atuação**" para com o órgão que fez o registro de preços. Em termos simples, o aderente deve atuar na mesma área daquele que confeccionou a ata.[251]

Releva notar que esses atos normativos infralegais ampliaram ou restringiram o âmbito normativo dos dispositivos constantes em legislação de primeiro grau, seja aqueles constantes na lei geral, seja aqueles dispostos no RDC. Sendo assim, em tese, poderia se dizer que os decretos disciplinam matérias de maneira *praeter legem*, o que bem poderia ser alvo de questionamento.

Para resumir

- A figura da adesão (ou também apelidada de "carona") permite que qualquer órgão ou entidade responsável pela execução das atividades contempladas pelo RDC possa aderir à ata de registro feita por outro ente estatal. Em termos singelos, a *adesão* permite que outro

[249] Esse entendimento já era preconizado pelo TCU (Acórdão nº 1.793/2011, Pleno), o qual proibia órgãos e entidades da Administração Pública federal de aderir à ata de registro de preços de Estados e Municípios. No mesmo entendimento segue Orientação Normativa nº 21/11, oriunda da Advocacia-Geral da União.

[250] TCU, Acórdão nº 1.192/2010, Pleno.

[251] No caso, o TCU somente permitiu órgãos e entidades ligados ao agronegócio e que possuam conexão com ele poderiam aderir à ata de registro de preços feita pelo Ministério da Agricultura (TCU, Acórdão nº 889/2010). No mesmo sentido: TCU, Acórdão nº 2.557/2011, Pleno.

órgão público, que não participou do registro de preços, firme contratos com base em ata constituída por outros organismos estatais;

- É considerado, em tese, um caso de dispensa de licitação – sendo esta sua natureza jurídica;
- A adesão deve contar com a anuência do órgão gerenciador e também do fornecedor beneficiário da ata de registro de preços, bem como se limitar aos quantitativos definidos nos regulamentos próprios;
- O aderente, depois de autorizado, tem em até trinta dias para efetivar a aquisição ou contratação solicitada, desde que ainda contemplado pelo prazo de validade da ata;
- É vedado aos órgãos e entidades da administração pública federal aderir à ata de registro de preços gerenciada por órgão ou entidade municipal, distrital ou estadual. Contudo, a recíproca é permitida, porque é facultado aos órgãos ou entidades municipais, distritais ou estaduais aderir à ata de registro de preços da Administração Pública Federal.

20.4. Catálogo eletrônico de padronização de compras

Trata-se de um **sistema informatizado** que busca **uniformizar** certos **atos, signos, procedimentos**, etc. dentro do sistema licitatório, a fim de dar maior **efetividade**, **celeridade** e **segurança jurídica** aos certames. O art. 33 da Lei nº 12.462/11 complementa o que dissemos. É, então, um **sistema de gerenciamento centralizado**, ou seja, concentra, em um único órgão, a gestão dos dados dos certames públicos.

Destina-se, igualmente, a permitir a **padronização** dos itens a serem adquiridos pela administração pública que estarão disponíveis para a realização de licitação. Cabe fazer a ressalva no sentido de que esta padronização tende a aumentar a otimização dos recursos, conferindo praxes importantes a se ganhar celeridade e uma maior qualidade nos certames licitatórios.[252] Assim, este instituto estabelece uma importante vantagem: evita-se que certo erro cometido em uma disputa se repita, porque o Poder Público pode corrigi-lo e evitar que seja replicado aos certames que serão feitos na sequência.

De outro lado, interessante é a advertência feita pelo parágrafo único do art. 33 da Lei nº 12.462/11: dispõe que o catálogo poderá ser utilizado em licitações, cujo critério de julgamento seja a oferta de

[252] O art. 110 do Decreto federal nº 7.581/11, expõe uma listagem de requisitos para a consecução do referido catálogo.

menor preço ou de **maior desconto**.[253] A opção legislativa é plausível, uma vez que, em certames de tipo melhor técnica, melhor conteúdo artístico, etc., será difícil obter uma devida padronização. Claro que ela não é impossível.

Para tanto, a instituição pública deve estar de posse de toda a documentação e procedimentos da fase interna da licitação, assim como as especificações dos respectivos objetos, conforme disposto em regulamento específico. Trata-se de um importante instrumento a conferir mais agilidade aos certames públicos, dado que evita que vários órgãos tenham retrabalho, repetindo as mesmas tarefas já realizadas por outros.

Segundo o art. 110 do Decreto federal nº 7.581/11, o catálogo conterá:

a) a especificação de bens, serviços ou obras;

b) a descrição de requisitos de habilitação de licitantes, conforme o objeto da licitação; e

c) modelos de:

- c1) instrumentos convocatórios;
- c2) minutas de contratos;
- c3) termos de referência e projetos referência; e
- c4) outros documentos necessários ao procedimento de licitação que possam ser padronizados.

O § 2º do art. 110 determina que o projeto básico da licitação seja obtido a partir da adaptação do "projeto de referência", devendo ser alinhado às peculiaridades do local onde a obra será realizada. Da mesma forma, deverá considerar os aspectos relativos ao solo e à topografia do terreno, bem como os preços dos insumos da região que será implantado o empreendimento. Enfim, quer-se permitir que a universalização feita pelo catálogo padronizado possa, neste caso, ser relativizada, adaptando-se a certas peculiaridades locais ou regionais.

Para resumir

- O catálogo eletrônico de padronização de compras nada mais é do que um sistema de dados que tem por meta uniformizar certos atos, signos, procedimentos, metodologias, etc., a fim de dar maior efetividade, celeridade e segurança jurídica aos certames. Concentra, em um único órgão, a gestão de dados das disputas;
- Será destinado especificamente a bens, serviços e obras que possam ser adquiridos ou contratados pela administração pública pelo critério de julgamento menor preço ou maior desconto.

---

[253] Decreto federal nº 7.581/11, art. 110, § 1º.

21. Contratos administrativos – regras aplicáveis a partir do RDC

A Lei nº 12.462/11 (art. 39)[254] não se preocupou perfazer uma disciplina específica sobre o tema, determinando a **aplicação**, no caso, **das regras gerais de licitação, constantes na Lei nº 8.666/93**, especialmente aquilo que está definido nos arts. 54 e ss. Logo, os negócios jurídicos administrativos advindos do regime diferenciado seguirão, em regra, as normas da lei geral de licitações e de contratos.

Contudo, esta premissa deve ser vista com parcimônia, porque o próprio RDC constitui algumas premissas normativas próprias em matéria de contratos administrativos. Basta ver aquilo que está disciplinado no art. 4º, da legislação ora analisada. Esta regra impõe que as licitações e os contratos que advêm do regime diferenciado serão pautados pelas diretrizes ali listadas.

A título de introdução, podemos citar a existência de alguns tipos de contratos muito comuns, francamente constituídos sob a égide do regime licitatório comum e do RDC:

a) **Contrato de obra pública**: é todo aquele negócio jurídico que tem por objeto uma construção, reforma ou ampliação de obra pública; a remuneração do contratado pode ser por feita por meio de **empreitada** (momento em que se paga preço certo e previamente fixado)[255] ou por **tarefa** (onde se visualiza uma contraprestação devida na medida em que a obra vai sendo realizada);

b) **Contrato de Serviço**: neste caso, tais avenças envolvem a prestação de uma **atividade** pelo contratado. São serviços que podem ser comuns ou técnico-profissionais (generalizados ou especializados). Neste último caso, a tarefa deve ser levada a

[254] Com correspondência no art. 63, do Decreto federal nº 7.581/11.

[255] O regime de empreitada possui várias espécies, as quais foram analisadas no item "10".

cabo por profissionais de expertise específica. Enfim, exige-se que o objeto contemple o emprego de conhecimentos técnicos e científicos incomuns;

c) **Contrato de Fornecimento**: são os contratos de compra que preveem a aquisição de bens móveis pela Administração Pública. Trata-se da contratação de objetos que o Poder Público necessita empregar para manter ou executar os misteres administrativos.

Para resumir

- A matéria de contratos administrativos não mereceu uma disciplina específica e, quiçá, abrangente por parte do RDC, o qual remeteu o tema às regras gerais de licitação, constantes na Lei nº 8.666/93, salvo exceção expressamente feita.

21.1. Alterações contratuais

O tema envolvendo a **alteração contratual** mereceu, por parte do RDC, uma disciplina específica. Aqui, o regime em questão trilhou uma via própria, constituindo, para tanto, um regime jurídico com limites e objetos autênticos. E isto pode ser visualizado com mais clareza no âmbito federal, a partir das premissas lançadas pelo art. 42 do Decreto federal nº 7.581/11.[256]

Primeiramente, cabe referir que, no caso de **contratação integrada**, os limites à modificação de seus quantitativos ficaram a cargo do § 4º do art. 9º da Lei nº 12.462/11. Neste âmbito, **vedou-se a celebração de termos aditivos** aos contratos firmados, **exceto** para o caso de recomposição do equilíbrio econômico-financeiro decorrente de caso fortuito ou força maior. Ou, ainda, no caso de se estar diante de necessidade de alteração do projeto ou das especificações para melhor adequação técnica aos objetivos da contratação, a pedido da administração pública, desde que não decorrentes de erros ou omissões por parte do contratado. Destaca-se que, de qualquer sorte, devem ser observados os limites previstos no § 1º do art. 65 da Lei no 8.666, de 21 de junho de 1993. Até porque, quando se adota o regime de contratação integrada, é impositivo sejam previstos, no instrumento convocatório, critérios de aceitabilidade por etapa, estabelecidos de acordo com o orçamento estimado – tudo de acordo com o que está prevista pelo referido art. 9º,

[256] Aliás, esse é mais um dos pontos (temas) em que o referido ato normativo infralegal inova em relação à legislação extravagante, ou seja, em tese, atua de maneira *praeter legem*, como verdadeiro decreto autônomo, fato que deve bem ser investigado.

da Lei nº 12.462, de 2011. Então, tais requisitos devem estar estritamente compatíveis com o cronograma físico do objeto licitado.[257]

Nas situações em que o Poder Público adotar o **regime de empreitada por preço global** ou de **empreitada integral**, os câmbios contratuais devem ser compreendidos a partir das seguintes balizas:[258]

a) no cálculo do valor da proposta, poderão ser utilizados custos unitários diferentes daqueles previstos nos §§ 3º, 4º ou 6º do art. 8º da Lei nº 12.462, de 2011, desde que o valor global da proposta e o valor de cada etapa prevista no cronograma físico-financeiro sejam igual ou inferior ao valor calculado a partir do sistema de referência utilizado;

b) em situações especiais, devidamente comprovadas pelo licitante em relatório técnico circunstanciado, aprovado pela administração pública, os valores das etapas do cronograma físico-financeiro poderão exceder o limite fixado no item antecedente; e

c) as alterações contratuais sob alegação de falhas ou omissões em qualquer das peças, orçamentos, plantas, especificações, memoriais ou estudos técnicos preliminares do projeto básico não poderão ultrapassar, no seu conjunto, 10% (dez por cento) do valor total do contrato.

Algumas considerações devem ser feitas. Primeiramente, menciona-se que as alterações para a manutenção do equilíbrio econômico-financeiro somente podem ser admitidas caso o particular não tenha dado causa a esta situação. Logo, esta premissa hermenêutica deve ser considerada à espécie.

De outro lado, a própria situação narrada no item "c" (que é o inciso III do § 4º do art. 42 do Decreto federal nº 7.581/11) precisa ser analisada com cuidado. Consideramos que a redação deste dispositivo contém grave defeito. Perceba que se um objeto derivado de contrato administrativo contiver falhas ou omissões em qualquer das peças, orçamentos, plantas, especificações, memoriais ou estudos técnicos preliminares do projeto básico *causados pelo contratado*, não se terá qualquer alteração contratual. Ao contrário, este sujeito de direito ficará ao alvedrio, inclusive, de eventual sancionamento neste sentido. Portanto, esta seria a leitura correta a ser feita.

Para resumir

- O RDC estabeleceu regras próprias para as alterações contratuais;

[257] Decreto federal nº 7.581/11, art. 42, § 5º, com redação dada pelo Decreto federal nº 8.080/13.
[258] Decreto federal nº 7.581/11, art. 42, § 4º.

- Na contratação integrada, p. ex., vedou-se a celebração de termos aditivos aos contratos firmados, exceto para o caso de recomposição do equilíbrio econômico-financeiro decorrente de caso fortuito ou força maior, ou no caso de necessidade de alteração do projeto ou das especificações para melhor adequação técnica aos objetivos da contratação, a pedido da administração pública, desde que não decorrentes de erros ou omissões por parte do contratado, observados os limites previstos na lei geral de licitações e contratos administrativos;
- Nas empreitadas integral ou por preço global, os limites foram detalhados na lei RDC e no seu decreto.

21.2. Anulação e revogação dos contratos administrativos regidos pelo RDC

Antes de adentrarmos no estudo do tema, uma importante precisão dogmática deve ser bem disposta. O art. 44 da Lei nº 12.462/11, bem como o art. 60, § 1º, do Decreto federal nº 7.581/11, determinam sejam aplicadas as regras do art. 49 da Lei nº 8.666/93, às situações nas quais se processam a "**revogação**" e a "**anulação**" de contrato administrativo. Contudo, há, aqui, uma imprecisão clara na norma, porque a *Lei Geral de Licitações e Contratos* não disciplina o instituto da revogação do "contrato administrativo" no mencionado art. 49, mais sim, aborda caso de **extinção da "licitação"** por esta via administrativa.

Assim, entendemos que a "revogação" de que trata do RDC nesta parte não se liga ao instituto do **contrato, mas à licitação propriamente dita**. Tanto que, quando a Lei nº 8.666/93, disciplina a dita "revogação de contrato", ousa chamar esta figura jurídica de "**rescisão unilateral**" – art. 58, inciso II, combinado com o art. 79.[259]

O contrato administrativo pode ser extinto de variadas maneiras. Algumas delas derivam da condução normal da avença e outras, ao seu turno, congregam peculiaridades que reclamam certas providência. Como causas de extinção de negócio jurídicos públicos temos: o termo contratual, o caso fortuito e a força maior, o seu cumprimento, o acordo entre as partes, o inadimplemento, a anulação, a inconveniência e a inoportunidade de sua manutenção por parte do Poder Público.

A **anulação** ocorre quando há ilegalidade de forma ou diante de cláusula essencial do contrato. Percebe-se, aqui, que há a insubsistência do contrato administrativo diante de um vício nos elementos que

[259] Segundo o art. 67, *caput*, do Decreto federal nº 7.581/11, a rescisão unilateral do contrato ocorrerá quando existir a inexecução total ou parcial da tratativa em questão.

sustentam a sua existência ou a sua validade, ou se defeito viola um ato normativo que lhe dá base, ou, também, quando é contrário ao edital.[260] A anulação do negócio jurídico administrativo lastreia-se, em suma, quando há a violação do *princípio da legalidade* ou quando relacionada aos *elementos* da tratativa.

A ocorrência de nulidade do referido negócio jurídico não exonera a Administração do dever de indenizar o contratado, pelo que este houver executado até a data em que ela for declarada, contanto que não lhe seja imputável, promovendo-se a responsabilidade de quem lhe deu causa.[261] Já a **revogação** opera a extinção unilateral da avença, sendo praticada quando a Administração Pública, discricionariamente, considere inoportuna e/ou inconveniente sua manutenção do contrato, sempre tendo por base o interesse público.

Já a **inexecução** do negócio jurídico administrativo pode se dar **com culpa do contratado**. Neste caso, o particular sofrerá as penalidades administrativas e deverá indenizar o ente estatal pelos prejuízos sofridos. Mas a inexecução pode se dar **sem culpa do contratado**. Pode ter, para tanto, variadas causas, como, p. ex., a ocorrência da *teoria da Imprevisão* (cláusula *rebus sic stantibus*), que tem como fatores a força maior, o caso fortuito, o fato do príncipe (situação geral criada pela Administração e que gera efeitos sobre o contrato), fato da administração (situação adstrita ao contrato), interferências imprevistas (fatos desconhecidos que preexistiam ao contrato e impedem a sua execução).

Uma disposição interessante e que merece a nossa análise é retirada a partir do que dispõe o art. 67, § 1º, do Decreto federal nº 7.581/11: "Não haverá rescisão contratual em razão de fusão, cisão ou incorporação do contratado, ou de substituição de consorciado, desde que mantidas as condições de habilitação previamente atestadas.". Em certa medida, esta regra contraria aquilo que diz o art. 79, incisos VI e XI, combinado com o art. 55, inciso XIII, todos da Lei nº 8.666/93, os quais vedam, sem a devida autorização do Poder Público, a alteração da composição societária da empresa contratada.[262]

Na verdade, a disposição do decreto federal mencionado vem a incorporar um entendimento já solidificado pelo Tribunal de Contas da União.[263] Tal corte entendia como possível a fusão, cisão ou incorporação entre empresas, desde que:

---

[260] O contrato administrativo é nulo quando contraria as disposições do instrumento convocatório (STJ, REsp. 1.162.732-DF, Rel. Min. Benedito Gonçalves, 1ª Turma, j. 06/03/2012).

[261] STJ, REsp. 1.153.337-AC, Rel. Min. Castro Meira, 2ª Turma, j. 15/05/2012.

[262] Essa providência também é adotada pelo art. 27 da Lei nº 8.987/95.

[263] TCU, Acórdão nº 12.462/2011, Pleno – Consulta.

a) exista autorização no edital para tal mister – art. 78, inciso VI, da Lei nº 8.666/93;

b) a nova empresa esteja de acordo com os requisitos de habilitação ao certame – art. 27 da Lei nº 8.666/93;

c) o contrato original não seja alterado.

Para resumir

- O contrato administrativo pode ser extinto de variadas formas: pelo termo contratual, pela anulação, pela revogação, pela inexecução, etc.;
- O RDC determinou que a disciplina normativa da Lei nº 8.666/93 (art. 49) fosse aplicada aos casos de revogação e anulação do contrato, ou seja, além de outras providências necessariamente impostas, fica assegurado o contraditório e a ampla defesa ao interessado.

21.3. Licitante remanescente

A licitação tem como uma de suas metas gerar uma lista na qual se classificam as propostas formuladas pelos interessados, atribuindo melhor colocação àquele que ofertou lance mais vantajoso. Então, é nela que pode ser visualizada a ordem preferencial dos licitantes, ou melhor, a ordem decrescente de apresentação das melhores propostas. Logo, a lista menciona o primeiro colocado como tendo apresentado a proposta mais vantajosa e, assim, sucessivamente.

Muitas vezes, o licitante vencedor desiste da avença quando é chamado a contratar, ou seja, **nega-se a firmar o negócio jurídico pertinente**. A *Lei Geral de Licitações* considera esta situação inadmissível, tratando-a como se estivéssemos diante da **inexecução total do contrato** – que nem mesmo, como se percebeu, fora firmado – art. 64, combinado com o art. 81, ambos da Lei nº 8.666/93.

No caso de o vencedor da proposta, por qualquer motivo, não vir a assinar o contrato, a Administração Pública, discricionariamente, pode **convocar os licitantes remanescentes**, na ordem de classificação, para fazê-lo em igual prazo e nas mesmas condições propostas pelo primeiro classificado, inclusive quanto aos preços atualizados de conformidade com o ato convocatório. Ou, ainda, pode revogar a licitação independentemente da cominação prevista no art. 81 da *Lei Geral das Licitações e dos Contratos Administrativos*.[264] Veja que, segundo os termos

[264] Lei nº 8.666/93, art. 64, §2º.

da Lei nº 8.666/93, o segundo colocado vem a ser chamado para assinar o contrato **nos moldes da proposta do primeiro classificado**.

Normalmente, esta situação não guardava o devido grau de eficácia jurídica e pragmática. Ora, é certo que, se nem mesmo o primeiro colocado mostrou-se interessado em cumprir com o objeto da licitação, será muito mais difícil que o segundo colocado demonstre interesse na prestação pretendida, porque até mesmo considerava possível cumprir com a avença com uma proposta mais desvantajosa.

Então, o RDC preocupou-se com esta questão, ao ponto de estipular o seguinte fluxograma: quando o convocado não assinar o termo de contrato ou quando não retirar o instrumento equivalente no prazo e condições estabelecidos (art. 40 da Lei nº 12.462/11), pode a autoridade pública:

a) **revogar** a licitação, sem prejuízo da aplicação das cominações previstas na Lei nº 8.666, de 21 de junho de 1993; ou

b) **convocar os licitantes remanescentes**, na ordem de classificação, para a celebração do contrato **nas condições ofertadas pelo licitante vencedor**. Segundo nos parece, deve a autoridade licitante "completar o ciclo", ou seja, ofertar esta possibilidade a todos os licitantes que permanecem na disputa, sem sonegar nenhum deles;

c) no caso de **nenhum dos licitantes aceitar** a contratação nos termos do item "b", a Administração Pública poderá novamente convocar os licitantes remanescentes, na ordem de classificação, para a celebração do contrato, mas agora, **nas condições ofertadas por estes**, desde que o respectivo valor seja igual ou inferior ao orçamento estimado para a contratação, inclusive quanto aos preços atualizados nos termos do instrumento convocatório (parágrafo único do art. 40). Consideramos que, antes de se perfazer esta "segunda rodada", ou seja, de iniciar a nova tentativa no sentido de "salvar" o procedimento licitatório (item "c"), existe nova oportunidade para revogar o certame, nos moldes do item "a", mencionado.

Neste último caso, a Administração Pública reinicia os convites, a partir do segundo colocado, mas agora nas condições próprias deste. Significa dizer que o RDC estabeleceu uma alternativa ao Poder Público para o fim de tentar "salvar" o certame, evitando sua repetição. A única vedação para se praticar esta segunda rodada consiste na impossibilidade de se contratar acima do limite da estimativa feita pelo ente estatal, que, em verdade, é um limite legal existente desde o início da disputa.

ANÁLISE CRÍTICA

O RDC, aqui, dá a entender que o verbo "poderá", alocado no dispositivo mencionado, fixaria um ato administrativo discricionário, ou seja, o gestor estatal teria a opção de revogar, ou de chamar os licitantes remanescentes, ao seu alvedrio. Não nos parece esta a melhor interpretação. A revogação da licitação deverá ser suficientemente motivada, sendo que devem ser expostas as causas pelas quais o gestor público não perfez nova tentativa de "salvar" a licitação feita, deixando de aproveitar os atos conferidos à formalização do certame. Assim, os demais interessados classificados deverão, salvo motivo razoável, ser sim chamados a contratar.

Destaca-se que as propostas têm de sofrer a pertinente atualização monetária de acordo com as regras pertinentes. A partir dessa explanação, podemos sistematizar a matéria em dois pontos essenciais:

a) quando o segundo licitante (ou os demais, na sequência da classificação) é chamado para contratar **nas condições do primeiro colocado**, ele possui a opção em **aceitar ou não**, e, portanto, **não pode ser sancionado** por não acatar a pretensão formulada pelo Poder Público;

b) quando o segundo licitante (ou os demais, na sequência da classificação) é chamado para contratar **nas condições da sua proposta**, mas assim **não aceita**, poderá, neste caso, **ser sancionado**, porque surge, daqui, um ilícito administrativo. Afinal, o interessado está vinculado à sua proposta.

Um dispositivo que merece atenção do intérprete é o art. 41 da Lei nº 12.461/11: "Na hipótese do inciso XI do art. 24 da Lei no 8.666, de 21 de junho de 1993, a contratação de remanescente de obra, serviço ou fornecimento de bens em consequência de rescisão contratual observará a ordem de classificação dos licitantes remanescentes e as condições por estes ofertadas, desde que não seja ultrapassado o orçamento estimado para a contratação.". Neste caso, percebemos uma diferença substancial entre os regimes geral e diferenciado de contratações. Enquanto que, no primeiro (**Lei nº 8.666/93**), contatam-se os demais licitantes para, caso queiram, terminar o remanescente da obra **pelas mesmas condições do vencedor**, no RDC (**Lei nº 12.462/11**), os demais concorrentes são contatados para acabar a obra **nas condições de sua proposta**, desde que não seja ultrapassado o orçamento estimado para a contratação.

A opção do RDC, em nossa ótica, foi muito mais racional, porque, em muitos casos, o licitante vencedor deixou de prestar o objeto contratado justamente por conta de que sua proposta era inexequível. E, no caso da Lei nº 8.666/93, ainda assim obrigaria os demais licitantes a contratar pela proposta do primeiro colocado, que já teve sua inexequibilidade posta a prova.

Outro ponto que merece destaque consiste na **omissão** do RDC no que se refere à fixação de **prazo para validade de propostas**, como fez a lei geral no art. 64, § 3º.[265] Claro que não se pode pensar que os lances ofertados durante o certame, e homologados quando da apuração do resultado final, podem estar despidos de um termo final de eficácia, porque esta situação violaria, claro, a **segurança** das relações jurídicas. O licitante não pode ficar ao alvedrio da de um juízo da administração pública em contratar ou não por longo período, restando, pois, vinculativa sua proposta por prazo indeterminado. Diante desta situação, entende-se coerente e imperioso a aplicação do prazo de validade das propostas fixado na Lei nº 8.666/93, ou seja, por até sessenta dias.

Para resumir

- No momento em que o licitante que foi convocado não assinar o termo de contrato ou não retirar o instrumento equivalente no prazo e condições estabelecidos, o RDC permite que autoridade pública: revogue a licitação, sem prejuízo da aplicação das sanções administrativas pertinentes; convoque os licitantes remanescentes, na ordem de classificação, para a celebração do contrato nas condições ofertadas pelo licitante vencedor; na hipótese de nenhum dos licitantes aceitar a contratação, a Administração Pública poderá novamente convocar os licitantes remanescentes, na ordem de classificação, para a celebração do contrato, mas agora, *nas condições ofertadas por estes*, desde que o respectivo valor seja igual ou inferior ao orçamento estimado para a contratação, inclusive quanto aos preços atualizados nos termos do instrumento convocatório;
- Para os casos em que os demais licitantes classificados são contatados para terminar o remanescente de obra, inacabada por culpa do contratado, duas premissas devem ser destacadas: enquanto que a Lei nº 8.666/93 determina que se deva contatar os demais licitantes para, caso queiram, terminar o remanescente da obra *pelas mesmas condições do vencedor*, o RDC (Lei 12.462/11) impõe que os demais concorrentes sejam contatados para acabar a obra nas condições de sua proposta, desde que não seja ultrapassado o orçamento estimado.

21.4. Subcontratação

A Lei nº 12.462/11 é completamente **omissa** a respeito, ou seja, não tratou do tema. Esta situação, desde já, revelaria uma série de

[265] Lei nº 8.666/93, art. 60, § 3º: "Decorridos 60 (sessenta) dias da data da entrega das propostas, sem convocação para a contratação, ficam os licitantes liberados dos compromissos assumidos.".

dúvidas se, diante da lacuna normativa do RDC, interpretasse-se que era permitida toda a sorte de subcontratações. O outro caminho hermenêutico natural residiria na aplicação, de maneira subsidiária, do art. 72 da Lei nº 8.666/93 – permitindo-se, nesta situação, a mencionada subcontratação, nos termos neste dispositivo propostos.

Em outras palavras, a faculdade conferida à contratada, pelo art. 72, da lei geral, para subcontratar parte do objeto tem por objetivo evitar que o Poder Público venha a ter de promover outras tantas licitações como forma de complementar a execução do contrato. Logo, de acordo com o conteúdo das regras citadas, a subcontratação (ou mesmo a cessão, a transferência, a fusão, a cisão, a incorporação, etc.) pela qual se opte para transmitir direitos e obrigações a outrem:[266]

a) **não isentará** a contratada de suas **responsabilidades contratuais e legais**;

b) deverá ser **previamente autorizada pela Administração** para o quantitativo e para as partes do objeto contratado que o ente estatal especifique;

c) bem como deverá estar **prevista:**

   c1) no **instrumento convocatório** e

   c2) no **contrato**.

Contudo, o Decreto federal nº 7.581/11, no seu art. 10, independente de lei específica neste sentido, deu cabo de permitir a subcontratação para **parte da obra ou dos serviços de engenharia**. Dois destaques devem ser feitos de plano: a subcontratação **somente pode ser parcial** e para **objetos específicos**.

Assim, alguns requisitos devem ser observados:

a) a contratação somente pode ser delegada para os casos de **obra** ou de **serviços de engenharia**;

b) sempre de maneira **parcial**;

c) esta possibilidade deverá estar **prevista no instrumento convocatório**;

No caso de **obra ou serviço federal de engenharia**, segundo o art. 10, § 2º, do Decreto nº 7.581/11, o contratado deverá apresentar **documentação do subcontratado** que comprove sua **habilitação jurídica, regularidade fiscal** e a **qualificação técnica** necessária à execução da parcela da obra ou do serviço subcontratado.[267] No que tange a esta providência, cumpre mencionar que o requisito de capacidade técnica

---

[266] TCU, Acórdão nº 153/2002, Pleno.

[267] Decreto federal nº 7.581/11, art. 10: § 2º: "Quando permitida a subcontratação, o contratado deverá apresentar documentação do subcontratado que comprove sua habilitação jurídica,

somente deverá ser exigido do subcontratado, quando também foi imposta ao contratado. Assim, as exigências técnicas impostas ao contratado devem ser estendidas, em sua totalidade, àquele que é transferida a parcela da obra ou do serviço de engenharia.[268]

Ainda, importante notar que o subcontratado também deve fazer prova de que possui regularidade fiscal e jurídica. No entanto, esta providência não fazia parte das exigências estabelecidas pela Lei nº 8.666/93, quiçá, como visto, pela lei do RDC. Sendo assim, o decreto federal inova neste sentido, o que reforça a atenção para um ponto já abordado no decorrer desta obra: a ideia de que este ato normativo tenha, por mais uma oportunidade, atuado de maneira *praeter legem* (autônoma), o que, no caso, seria providência de duvidosa constitucionalidade.

Destaque para o fato de que a subcontratação não exclui a responsabilidade do contratado perante a administração pública quanto à qualidade técnica da obra ou do serviço prestado (§ 1º do art. 10 do Decreto federal nº 7.581/11).

Para resumir

- A Lei nº 8.666/93 permitia a subcontratação desde que conjugados os seguintes requisitos: impossibilidade de isenção da contratada de suas responsabilidades contratuais e legais; obter a prévia autorização da Administração Pública, para o quantitativo e para as partes do objeto contratado que esta especifique; bem como deve estar prevista no instrumento convocatório e no contrato;
- A subcontratação não foi prevista expressamente na Lei nº 12.461/11. Coube ao seu regulamento (Decreto federal nº 7.581/11) a disciplina normativa;
- Segundo ele, para que se possa transferir a execução do contrato a outrem, deve se estar frente a casos de obra ou de serviço de engenharia, sendo sempre praticada de maneira parcial. Aliás, esta possibilidade deverá estar prevista no instrumento convocatório e o contratado deverá apresentar a documentação do subcontratado que comprove sua habilitação jurídica, regularidade fiscal e a qualificação técnica necessária à execução da parcela da obra ou do serviço subcontratado.

---

regularidade fiscal e a qualificação técnica necessária à execução da parcela da obra ou do serviço subcontratado.".

[268] E isso já era assim exigido pelo TCU (Acórdão nº 2.992/2011, Pleno; Acórdão nº 3.144/2011, Pleno).

22. Prazos dos contratos administrativos regidos pelo RDC

Relembre que, no caso dos contratos administrativos oriundos dos certames licitatórios que correm pelo RDC, em regra, aplicam-se as disposições da Lei nº 8.666/93, salvo naquilo em que a Lei nº 12.462/11 faça expressa ressalva. E um dos temas em que o RDC se preocupou em fazer esse expresso destaque centra-se nos **prazos contratuais**, permitindo correções importantes neste tema.

As mudanças feitas pelo regime diferenciado são pontuais, especialmente no que se refere ao Plano Plurianual e aos serviços contínuos. Os contratos para a execução das obras previstas no mencionado plano poderão ser firmados pelo período nele compreendido, observado o disposto no *caput* do art. 57 da Lei nº 8.666, de 21 de junho de 1993.[269]

Para a *Lei Geral de Licitações e de Contratos Administrativos* (art. 57, inciso II), a prestação de serviços a ser executada de forma contínua poderá ter a sua duração prorrogada por iguais e sucessivos períodos, limitada ao máximo de sessenta meses. No RDC, diante de contratos celebrados pelos entes públicos responsáveis pelas atividades descritas nos incisos I a III do art. 1º, poderá ser **alargada sua vigência até a data da extinção da Autoridade Pública Olímpica (APO)** – art. 43 da Lei nº 12.462/11, o que, neste caso, poderia perdurar por muito mais tempo do que os referidos sessenta meses, ou seja, até a extinção da APO. No mais, as regras de vigência seguem a lei geral.

Para resumir

- O RDC promoveu algumas alterações em relação à Lei nº 8.666/93, no que se refere aos prazos contratuais;

---

[269] Lei nº 12.462/11, art. 42.

- Um exemplo disso é a disposição que permite que os contratos para a execução das obras previstas no plano plurianual possam ser firmados pelo período nele compreendido;
- Ou que, diante de serviços contínuos, pode ser alargada a vigência dos negócios jurídicos até a data da extinção da *Autoridade Pública Olímpica (APO)*.

23. Sanções

Neste tópico, a Lei nº 12.462/11 não se afastou em tudo da Lei nº 8.666/93, muito pelo contrário. Enfim, pode-se dizer que o RDC não traz maiores inovações no campo das sanções, bem como não soluciona questões relevantes que já ensejavam dúvidas no âmbito da Lei nº 8.666/93. Um importante dado a ser destacado consiste no fato de que a Lei nº 12.462/11 mantém a aplicação subsidiária do Capítulo IV da Lei nº 8.666/93, que regula as sanções administrativas. Logo, não traz uma modificação substancial em relação à lei geral.[270]

A Lei nº 8.666/93 (art. 87) estabeleceu quatro tipos de expiações, a saber:

a) **advertência**;

b) **multa**, na forma prevista no instrumento convocatório ou no contrato;

c) **suspensão temporária de participação em licitação** e **impedimento de contratar** com a **Administração**, por **prazo não superior a 2 (dois) anos**;

d) **declaração de inidoneidade para licitar ou contratar com a Administração Pública** enquanto perdurarem os motivos determinantes da punição, ou até que seja promovida a reabilitação perante a própria autoridade que aplicou a penalidade, que será concedida sempre que o contratado ressarcir o Poder Público pelos prejuízos resultantes, bem como depois de decorrido o prazo da sanção aplicada com base no inciso anterior.

Veja que as referidas penalidades somente são aplicadas aos contratados e quando exista **inexecução das prestações contraídas**. Destaca-se, que, neste ponto, a *Lei Geral de Licitações e de Contratos Administrativos* foi tímida. Já a Lei nº 10.520/02 (*Lei do Pregão)* foi além, na medida em que autoriza a aplicação de penalidades também quan-

[270] Importante se ter atenção às sanções administrativas previstas na Lei nº 12.846/13, aplicáveis às pessoas jurídicas.

do cometidas faltas durante o procedimento, ou seja, no momento em que se evidenciarem condutas típicas cometidas no limiar do rito licitatório. Ainda, amplia os legitimados passivos às medidas expiatórias, conforme art. 7º: "Quem, convocado dentro do prazo de validade da sua proposta, não celebrar o contrato, deixar de entregar ou apresentar documentação falsa exigida para o certame, ensejar o retardamento da execução de seu objeto, não mantiver a proposta, falhar ou fraudar na execução do contrato, comportar-se de modo inidôneo ou cometer fraude fiscal, ficará impedido de licitar e contratar com a União, Estados, Distrito Federal ou Municípios e, será descredenciado no Sicaf, ou nos sistemas de cadastramento de fornecedores a que se refere o inciso XIV do art. 4ºdesta Lei, pelo prazo de até 5 (cinco) anos, sem prejuízo das multas previstas em edital e no contrato e das demais cominações legais.".

O RDC ficou no meio do caminho, ponderando avanços da modalidade de pregão e as restrições da lei geral, como se quisesse fundir os dois regramentos. Avançou porque ampliou e estendeu as sanções ao procedimento, mas restringiu estas penalidades somente ao "licitante", quando que a Lei nº 10.520/02 aplicava as expiações a outros sujeitos.

> Art. 47. Ficará impedido de licitar e contratar com a União, Estados, Distrito Federal ou Municípios, pelo prazo de até 5 (cinco) anos, sem prejuízo das multas previstas no instrumento convocatório e no contrato, bem como das demais cominações legais, o licitante que:
>
> (...)
>
> § 1º A aplicação da sanção de que trata o *caput* deste artigo implicará ainda o descredenciamento do licitante, pelo prazo estabelecido no *caput* deste artigo, dos sistemas de cadastramento dos entes federativos que compõem a Autoridade Pública Olímpica.

Contudo, a questão é baralhada a partir da dicção do § 2º do art. 47, quando afirma que: "As sanções administrativas, criminais e demais regras previstas no Capítulo IV da Lei nº 8.666, de 21 de junho de 1993, aplicam-se às licitações e aos contratos regidos por esta Lei".

Para se ter uma melhor interpretação sistemática da matéria, apresenta-se o seguinte quadro sinótico:

RDC	Decreto 7.581/11	Lei nº 8.666/93	Pregão
Art. 47	Art. 11	Art. 81 e ss.	Art. 7º

Diante desse panorama, algumas dúvidas surgiram, especialmente a partir da necessidade de compatibilizar sistematicamente os dispositivos em questão. Veja: uma primeira incerteza que poderia surgir consiste em saber se as sanções da Lei nº 8.666/93, pela via do mencionado § 2º do art. 47, são aplicadas ao **procedimento** do RDC, ou **somente ao regime de contratos**?

Por outro lado, compreende-se que há a possibilidade de se somar as penas do art. 87 da Lei nº 8.666/93 (pela via do § 2º), com as penas previstas no art. 47 da Lei nº 12.462/11. Dessa forma, percebe-se que a lista de sanções acaba por ficar alargada no âmbito do RDC, uma vez que, ao que parece, este regime reuniu todas as sanções, tanto aquelas da lei geral, como aquelas da lei do pregão.

A segunda questão importante a ser dirimida é: a quem compete aplicar as penalidades administrativas, porque, de fato, o art. 47 não indicou? O RDC não menciona qual a autoridade responsável por auferir ou, no caso, aplicar as penas administrativas previstas em dispositivo específico, na mesma lógica utilizada pelo pregão. Assim, como solução que a nós parece plausível, podemos dizer que esta competência poderia ser determinada por ato normativo interno. Não necessariamente se teria uma única autoridade competente.

Uma novidade interessante trazida pelo regime diferenciado consiste na possibilidade de o Poder Público aplicar sanções **a todos aqueles que se recusem a celebrar o contrato, não apenas em relação ao primeiro colocado**. Logo, também os demais licitantes subsequentes sujeitam-se às expiações cadastradas no RDC. Perceba que é considerada conduta indevida, quando qualquer licitante classificado deixe de cumprir com a sua proposta ofertada, não se restringindo somente àquela que foi formulada pelo primeiro colocado. Esta novidade se justifica pelo fato de que, se todos desistirem, o objeto da licitação restará comprometido.[271]

O § 1º do art. 47 da *Lei do RDC* positivou disposições importantes no que se refere aos licitantes sancionados. Determina que se deva manter um **cadastro** que inclua licitantes declarados impedidos de licitar e contratar com a Administração Pública. Esta regra assemelha-se àquilo que dispõe o art. 7º da Lei nº 10.520/02, muito embora ela se refira ao descredenciamento do *SICAF (Sistema de Cadastramento Unificado de Fornecedores)*. Aliás, o art. 111, § 2º, do Decreto federal nº 7.581/11 impõe que todas as penalidades que forem aplicadas no âmbito do regime diferenciado devam ser obrigatoriamente registradas no SICAF, o que torna ainda mais pedagógicas e efetivas as penalidades a serem ministradas pela autoridade pública.

[271] Deve ser referido que o contrato ou o edital deve especificar o momento em que a penalidade deve ser aplicada (TCU, Acórdão nº 1314/2005).

A aplicação de uma sanção mais ou menos grave deve ser **proporcional** a maior ou menor reprovação da conduta do licitante. A gravidade da expiação deve se ajustada à culpabilidade da conduta.[272] Dessa forma, a penalização deve ser vista caso a caso.[273] Claro que a sanção empregada pressupõe a **prévia existência de devido processo legal**, em que se garantam a **ampla defesa** e o **contraditório**, bem como a devida **motivação** (art. 50, inciso II, da Lei nº 9.784/99).

Para resumir

- O RDC compilou o sistema de sancionamento da lei geral de licitações e da lei do pregão. Em todo o caso, as penalidades são aplicadas aos contratados, bem como quando exista inexecução das prestações contratuais ou infringência da lei ou das normas editalícias;
- As expiações podem ser ministradas a todos os licitantes classificados, e não somente aquele que se sagrou vencedor do certame;
- A sanção empregada pressupõe a prévia existência de devido processo legal, em que se garantam a ampla defesa e o contraditório, bem como a devida e suficiente motivação.

23.1. Impedimento de licitar e de contratar

Quanto a esta determinada penalidade, o RDC avança em especificar as hipóteses em que cabe a pena de **impedimento de licitar e contratar**, ao mesmo tempo em que deixa menos complexa a expiação de suspensão e da declaração de inidoneidade. Veja que, neste último caso, ocorrendo uma das hipóteses do art. 47, a sanção será de **impedimento**. Neste aspecto, o gestor público deve ficar atento para o fato de que esta sanção **foi ampliada para todas as situações disciplinadas pelos incisos**, não apenas para as hipóteses de inexecução contratual, como faz a lei geral.

A legislação relativa ao **RDC** estabeleceu um prazo de **até cinco anos** de proibição de o apenado contratar com o Poder Público. Veja que este lapso de tempo é alargado em relação àquele previsto pela

---

[272] Até para prestar homenagem ao art. 2º, inciso VI, da Lei nº 9.784/99, que determina que os entes estatais devam estar atrelados ao *princípio* (postulado) *da proporcionalidade*. Este foi o entendimento do Superior Tribunal de Justiça a respeito do tema (STJ, MS 7.311-DF, Rel. Min. Garcia Vieira, 1ª Seção, j. 28/08/2002).

[273] "[...] ao estipular as sanções contratuais previstas na lei, estabeleça a necessária correlação com as condutas transgressoras, de forma graduada e proporcional à sua gravidade, de modo que essas, efetivamente, prestem-se como instrumento a coibir o inadimplemento contratual, mormente no que diz respeito ao atraso e à lentidão no cumprimento do seu objeto; (...)". (TCU, Acórdão nº 2.198/2009, Pleno).

lei geral de licitações, tendo em vista que esta fixa o prazo de **até dois anos** para suspensão do direito de licitar.

Uma polêmica que há muito se enxerga na jurisprudência reside na possibilidade ou não de o impedimento declarado por um ente federado poder ser estendido aos demais. Em melhores termos, caso um Estado da federação tenha pronunciada a inidoneidade de um licitante, vendando, por certo período, sua participação em certames licitatórios, poderia esta declaração gerar efeitos para outras concorrências públicas efetivadas por outros entes federados (*v.g.* União, Municípios, outros Estados federados, Distrito Federal)?

A redação do art. 47 da Lei nº 12.46211, não trouxe maior clareza a respeito, especialmente diante do texto disposto no *caput* do referido artigo, que repete a conjunção "ou". Assim, permanece a dúvida se o impedimento acarreta efeitos apenas na órbita interna do ente federativo que ministrou a pena, ou se estenderia a todos os demais. Atualmente, a partir da interpretação conferida aos dispositivos da Lei nº 8.666/93, prevalece na jurisprudência o entendimento que **os efeitos são estendidos a todos os entes.**[274]

Cabe referir que sanção não é inédita, porque já prevista, há muito, no art. 46, da Lei nº 8.443/92 (*Lei Orgânica do Tribunal de Contas da União*).[275] Contudo, nesta hipótese específica, o suporte da regra citada reclama a ocorrência de "fraude", elemento nuclear que induz a uma complexidade probatória muito maior. No RDC, este requisito não se mostra passível de ser provado.

Outra baliza importante foi fixada pela jurisprudência, especialmente do Superior Tribunal de Justiça.[276] Os julgados desta corte de justiça referem que **a sanção de inidoneidade tem efeitos prospectivos (*ex nunc*)**. Significa dizer que estas penas não geram, automaticamente, a extinção do contrato administrativo celebrado entre as partes.

ANÁLISE CRÍTICA

Entende-se que este raciocínio deve ser visualizado com parcimônia. Perceba que se a avença está em curso e o contratante é declarado inidôneo a negociar com o Poder Público, com razão deve ser extinto o contrato já em andamento. Seria ilógico que o particular ficasse

274 STJ, Resp. 174.274-SP, Rel. Min. Castro Meira, 2ª Turma, j. 19/10/2004; STJ. RMS 9.707-PR, Rel. Min. Laurita Vaz, 2ª turma, j. 04/09/2001. No mesmo sentido: TCU, Acórdão 1.017/2013, Pleno.

275 Lei nº 8.443/92, art. 46: "Verificada a ocorrência de fraude comprovada à licitação, o Tribunal declarará a inidoneidade do licitante fraudador para participar, por até cinco anos, de licitação na Administração Pública Federal.".

276 STJ, AgRg no Resp. 1.148.351-MG, Rel. Min. Herman Benjamin, 2ª Turma, j. 18/3/2010.

impedido de contratar futuramente, mas permanecesse executando a avença atual, ainda mais quando, justamente, foi desta relação que se adveio a causa da referida declaração de inidoneidade.

Para resumir

- A penalidade de impedimento de licitar e de contratar com a União, Estados, Distrito Federal ou Municípios, estende-se pelo prazo de até 5 (cinco) anos, sem prejuízo das multas previstas no instrumento convocatório e no contrato, bem como das demais cominações legais, desde que o licitante tenha infringido uma das condutas vedadas pelo art. 47, da Lei nº 12.462/11;
- Segundo a jurisprudência, a proibição aplicada por um ente federado estende-se a todas as outras licitações feitas em outros âmbitos públicos da Nação, sendo que a sanção de inidoneidade tem efeitos prospectivos (*ex nunc*).

23.2. Multa

A aplicação de **multa** reclama que o instrumento convocatório ou o contrato contenham **previsão expressa** neste sentido, sendo que esta penalidade **não está restrita** aos casos de **inexecução total ou parcial do objeto**, como assim é disciplinado na Lei nº 8.666/93 (art. 87, inciso II). Aliás, neste ponto, o RDC foi além. De mais a mais, mesmo que o regime diferenciado não faça previsão expressa acerca da necessidade de reabilitação do licitante ou do contratante, ou mesmo imponha a eles o ressarcimento dos prejuízos, entende-se aplicável esta medida ao âmbito deste regime.

24. Garantias

Inexplicavelmente, o RDC, na sua origem, não listou quais seriam consideradas as garantias que podem ser exigidas dos contratantes, ou seja, o que afiançaria a plena e hígida execução do objeto contratual. Para tanto, diante do vácuo normativo deixado, por meio de uma interpretação sistemática, aplicar-se-ia rol listado pela Lei nº 8.666/93, art. 56, tudo a partir da conjugação dos arts. 14 e 39 da Lei nº 12.462/11.

Mas no âmbito federal, importante perceber que o silêncio do RDC foi suprido pelo art. 8º, inciso XIII, do Decreto nº 7.581/11, o qual determina que o instrumento convocatório definirá "a exigência de garantias e seguros, quando for o caso;". Logo, há um indicativo de que as licitações feitas pela Administração Pública federal poderão ser contempladas com exigências que assegurem a execução do objeto licitado.

Posteriormente, foi feita uma alteração um tanto sutil na Lei nº 12.462/11, e que bem poderia passar despercebida. O art. 4º, que tem por objeto expor as diretrizes do RDC,[277] teve o seu inciso IV modificado. Diz o referido dispositivo que não só as condições de aquisição, de seguros e de pagamento serão **compatíveis com as condições do setor privado**, inclusive mediante pagamento de remuneração variável conforme desempenho, na forma do art. 10, **mas também as garantias.**

Dessa forma, o RDC não optou por fixar um rol taxativo de garantias que podem ser exigidas do contratado. O instrumento convocatório deverá mencionar quais serão aceitas, devendo ser exposta, claro, a pertinente justificativa neste sentido. E o paradigma para se avaliar a abusividade ou não em se exigir uma ou outra garantia, derivará das práticas operadas na livre iniciativa. De modo que o intérprete deve perguntar: *em contratos similares feitos no mercado, também são ou poderiam ser formuladas as mesmas exigências?*

[277] Cuja análise ocupou o item "6".

De toda sorte, podemos dividir as garantias porventura a serem exigidas dos licitantes em três flancos:

a) **Garantias de ordem técnica**: o próprio art. 4º, inciso I, da Lei nº 12.462/11,[278] determina que sejam asseguradas as condições técnicas de um produto ou de um serviço fornecidos à Administração Pública. Esta providência é importante para o fim de manter hígida a qualidade do objeto licitado, ou seja, deverá ser reposto o produto ou refeito o serviço no caso de se constatarem falhas no seu fornecimento ou na sua prestação;

b) **Garantias de ordem econômico-financeiras**: previstas no art. 31, inciso III e § 1º, combinado com o art. 56, todos da Lei nº 8.666/93. Tais cauções devem ser estendidas ao RDC, apesar deste regime fazer expressa menção a este requisito quando se estiver a contratar objetos licitatórios que resultem em receita para a administração pública, e quando se tiver o julgamento pela maior oferta de preço. Neste caso, poderá ser exigida a comprovação do recolhimento de quantia a título de garantia, como requisito de habilitação, limitada a 5% (cinco por cento) do valor ofertado – art. 22, §2º, da Lei nº 12.462/11.[279] Já no caso de venda de bens e de direitos, o recolhimento da garantia é obrigatório, sendo ato administrativo vinculado (art. 48 do Decreto federal nº 7.581/11);

c) **Garantias relativas à regular execução do contrato**: trata-se de uma medida que procura guarnecer o cumprimento do negócio jurídico, enfim, a prestação do objeto em si. Possui previsão no art. 56 da Lei nº 8.666/93 e será exigida após a assinatura do contrato. São elas: caução em dinheiro ou em títulos da dívida pública, seguro-garantia, fiança bancária.

Ainda, poderia ser mencionado que a própria *Lei Geral de Licitações* admite que, em certos casos, possa ser exigida **garantia excepcional**. Situações peculiares podem bem reclamar que o Poder Público assegure a higidez do negócio por meio de outras garantias. Um exemplo bem marcante pode ser retirado do § 2º do art. 48 da Lei nº 8.666/93.[280]

[278] Lei nº 12.462/11, art. 4º: "Nas licitações e contratos de que trata esta Lei serão observadas as seguintes diretrizes: I – padronização do objeto da contratação relativamente às especificações técnicas e de desempenho e, quando for o caso, às condições de manutenção, assistência técnica e de garantia oferecidas;".

[279] Com disposição análoga no art. 33, § 2º, do Decreto federal nº 7.581/11.

[280] Lei nº 8.666/93, art. 48, § 2º: "Dos licitantes classificados na forma do parágrafo anterior cujo valor global da proposta for inferior a 80% (oitenta por cento) do menor valor a que se referem às alíneas "a" e "b", será exigida, para a assinatura do contrato, prestação de garantia adicional, dentre as modalidades previstas no § 1º do art. 56, igual a diferença entre o valor resultante do parágrafo anterior e o valor da correspondente proposta.".

É importante notar que não devem ser exigidas dos licitantes garantias por deveras onerosas ou excessivas, sob pena de inviabilizar o próprio certame. Por isso que o RDC deve, no mais das vezes, adaptar-se àquilo que é praticado usualmente no mercado. Na mesma medida, não se pode prever no instrumento convocatório uma garantia que somente um fornecedor pode prestar, dado que, assim, estar-se-ia direcionando o processo licitatório, o que viola frontalmente os princípios da competitividade, impessoalidade, etc.

Ademais, consideramos que as referidas garantias muito se complementam, o que importa dizer que sua cumulação deve ser vista com parcimônia. Veja que não se poderiam exigir duas ou mais garantias que têm a mesma finalidade, quando estas, somadas, são mais excessivas do que se fosse exigida uma única no seu patamar máximo – especialmente em se tratando de garantia que vise a assegurar a execução do contrato. É importante que se tenha um alto grau de razoabilidade na hora de confeccionar o instrumento convocatório, ponderando um limite de cobertura que afiance que o objeto licitatório possa ser bem prestado, da mesma maneira em que não se podem fazer exigências a tornar o contrato impraticável.

Destaca-se que, **para entregas futuras**, a Lei nº 8.666/93 (art. 31, § 2º) autoriza que se fixe no instrumento convocatório, **como requisito de habilitação econômico-financeira, garantia a ser prestada pelo interessado**. Esta providência é importante, na medida em que, com o passar do tempo, o interessado por sofrer todo o tipo de intempérie do mercado, o que reforça a necessidade de que o Poder Público possa a vir a ser ressarcido, p. ex., por eventual inadimplência.[281] Neste aspecto, entendemos que estas regras podem ser aplicadas ao RDC.

Para resumir

- O RDC não listou as garantias que podem ser exigidas dos contratantes. Contudo, disse, no art. 4º, inciso IV, que elas devem ser "(...) compatíveis com o setor privado". Logo, a lista de exigências deve ser similar com aquela praticada em contratos similares feitos no livre mercado;
- As garantias podem ser de ordem técnica, econômico-financeiras e relativas à regular execução do contrato (como a caução em dinheiro ou em títulos da dívida pública, o seguro-garantia e a fiança bancária);
- A lei geral admite possa ser exigida garantia excepcional.

[281] Contudo, no caso de ser exigida esta garantia no edital, o TCU (Acórdão nº 326/2010, Pleno) dispensa que se exija dos participantes prova do patrimônio líquido ou do capital social.

Considerações finais

Não há dúvidas de que o direito administrativo ganhou um papel protagonista no cenário nacional. Aquele que era o ramo da ciência jurídica tão relegado somente às questões de Estado, cresce e toma espaço nas relações mais triviais da sociedade, passando a dialogar cotidianamente com a realidade. Apesar disso, não podemos nos enganar ao pensar que ele tenha chegado à fase adulta. Acredita-se que viva a mais pulsante adolescência, repleto de conflitos, dúvidas, acertos e erros, mas completamente vivo e mergulhado nas mais intensas aspirações (e contradições...) que esta fase deste ciclo da existência revela.

E uma das áreas deste ramo da ciência jurídica que mais sofreu as pulsações de uma sociedade em formação, como a nossa, foi o tema das licitações e dos contratos administrativos. Espelhando exatamente esse momento que vive o direito administrativo, percebeu-se que os institutos em foco não eram mais um meio, ou seja, uma ferramenta para alcançar um fim, mas sim, serviam como o *próprio fim* da atividade pública. Explico.

A agenda de desafios, deveres e satisfações sociais a ser cumprida pelo Estado está disposta no limiar do texto constitucional. Para tanto, inúmeros são os mecanismos – meios – juridicamente dispostos, bem como muitas são as formalidades a serem cumpridas. A exemplo disso, a própria Constituição Federal (art. 37, inciso XXI) determina que as aquisições feitas pelos órgãos públicos sejam efetivadas por meio de prévios certames públicos – salvo disposição legal em sentido contrário. Logo, para se satisfazer direitos sociais como a segurança, a saúde, a educação, etc. (e poderíamos citar um cabedal bastante extenso neste sentido), necessita-se adquirir inúmeros objetos, serviços, obras, entre outros, o que se fará, como visto, por meio de processo licitatório. Sendo assim, o procedimento de disputa pública era visto como um meio para se atingir um fim. De modo que a entrega do medicamento, a compra de material escolar, a aquisição de uma ambulância (fins) dependiam de prévia licitação (meio).

Contudo, essa perspectiva alterou-se. E o câmbio foi radical. As licitações passaram a ser consideradas como sendo também uma *atividade-fim* do Estado, porque elas bem poderiam implementar a agenda de direitos mencionada, ou seja, perfazer, por elas mesmas, políticas públicas. A licitação pode ser, ao mesmo tempo, um meio e um fim.

Sem contar outros fatores, como, por exemplo, que a necessidade de melhorar o controle do gasto público passa, inexoravelmente, pela qualificação das licitações.[282] Além disso, visualizou-se que a efetividade de um processo licitatório gera uma qualidade impressionante no exercício das funções públicas (para pegar emprestado o mesmo exemplo, uma licitação bem feita permitirá que o medicamento chegue mais rápido ao cidadão que dele necessita, o material escolar tenderá a ser de boa qualidade e a ambulância servirá ao seu propósito).

Essa mudança de paradigma vem à tona com vigor, quando o próprio art. 3º, *caput*, da Lei nº 8.666/93 passou a dizer que as licitações buscam a "promoção do desenvolvimento nacional sustentável". Eis um momento-chave para visualizarmos o anseio em se alterar um caminho irreversível. Logo, o eixo temático e os limites normativos das licitações passaram a perseguir também os fins do Estado.

Aliado a constatação exposta, percebeu-se, também, que a lei geral não era de todo efetiva na composição de um procedimento célere e resiliente. Então, possivelmente não daria conta de implementar as aquisições e as obras a serem feitas para o País sediar os eventos esportivos que se comprometeu em nível mundial (Copa das Confederações, Copa do Mundo de Futebol, Olimpíadas, Paraolimpíadas, etc.). Nasce, pois, um terreno fértil para se editar uma legislação inovadora.

Após um longo debate no parlamento nacional, é editada a Lei nº 12.462/11, que recebeu um nome peculiar: *Regime Diferenciado de Contratações*, ou, abreviadamente, *RDC*. E é diferenciado não necessariamente no sentido de ser ele melhor – vimos isto durante toda a exposição. Em nossa opinião, é "diferenciado", porque propositalmente diverso da lei geral em inúmeros pontos, sendo este o elemento crucial para assim se adjetivar o referido regime. Difere porque justamente que ser o fim, quer ser mais versátil, quer incorporar em seu texto normativo o entendimento consolidado do Tribunal de Contas da União, quer ofertar soluções seguras e efetivas, etc. Mas como dito, isso não necessariamente pode ter melhorado os certames públicos.

O certo é que o sucesso do RDC foi, por assim dizer, meteórico. Logo passamos a utilizá-lo para os certames que tinham por objeto as

[282] Não é à toa que a Lei nº 12.846/13, ao seu turno, dedicou-se a punir com expressivo rigor as fraudes em seleções públicas.

grandes obras do País (*v.g.*, saúde, educação, segurança, saneamento, transporte, etc.). As principais obras de infraestrutura do Brasil tinham o RDC como seu procedimento licitatório. Não seriam mais somente os estádios, o maquinário e os materiais para dar suporte aos eventos esportivos a acontecer que viriam a ser contratados pela Lei nº 12.462/11. O País, como um todo, naturalmente vem substituindo a lei geral de licitações pelo RDC, especialmente quando frente a grandes aquisições destinadas a cumprir a agenda constitucional antes referida.

De toda sorte que a importância do estudo da referida legislação passou a ser essencial neste sentido. Até porque se trata de um acervo de artigos de expressividade teórica e de alta complexidade, a gerar, claro, palpitantes debates. E muito pouco ainda se discutiu sobre o tema. Portanto, não se pode deixar de registrar que esta obra se manteve fiel na sua vocação de ser um canal de disseminação do conhecimento científico, com a preocupação de propiciar o debate sobre os principais pontos do *Regime Diferenciado de Contratações*, analisando a Lei nº 12.462/11 de maneira abrangente.

E, para tanto, o estudo não se esqueceu de fornecer soluções pragmáticas e, principalmente, ver a lei em um contexto realista, o que não poderia ser sonegado sob qualquer pretexto, quando se projeta uma publicação desta envergadura. Procuramos apresentar os debates e as soluções de maneira objetiva, resumindo o que há de mais essencial a cada item da obra. Além disso, destacamos ao leitor as nossas impressões críticas sobre cada tema, o que bem serve de alimento ao debate que merece ser feito.

No mais, não se tem dúvidas de que a formatação e conformação da legislação ora comentada serão feitas pela jurisprudência das Cortes de Justiça e de Contas. E bem por isto que se deu cabo de trazer um panorama bastante atual do pensamento destas esferas durante todo o decorrer do desenvolvimento do trabalho. Logo, por conta desta situação, estamos frente a um panorama aberto e a um estudo inacabado. Mas temos, a partir daqui, um ponto de partida e uma direção.

Anexo

Tabela de correspondência – Lei nº 12.462/2011 e Decreto federal nº 7.581/2011 – Regime Diferenciado de Contratações

Decreto federal nº 7.581/11	Lei 12.469/11
Art. 1º	
Art. 2º Não está atualizado de acordo com a Lei nº 12.688/12.	Art. 2º
Art. 3º	
Art. 4º	
Art. 5º	
Art. 6º	Art. 34
Art. 7º	
Art. 8º, inciso VI	- Ver art. 6º, § 1º – se for julgamento por maior desconto, o orçamento deve constar do edital; - Ver art. 6º, § 2º – se for julgamento por melhor técnica, o valor do prêmio ou remuneração deve constar do edital.
Art. 9º, § 2º, inciso I	Art. 6º, § 1º.
Art. 9º, § 2º, inciso II	Art. 6º, § 2º.
Art. 10	
Art. 11, inciso I e II	Art. 15, § 1º
Art. 11, § 1º e 2º	
Art. 11, § 3º	Art. 15, § 2º
Art. 11, § 4º	Art. 15, § 3º
Art. 11, § 5º	Art. 15, § 4º
Art. 12	
Art. 13	Art. 13
Art. 13, § 2º	
Art. 14	
Art. 15	
Art. 16	Art. 14, inciso I.
Art. 17	

Art. 18	Art. 17, inciso I.
Art. 19	
Art. 20, *caput*	Art. 17, § 1º.
Art. 20, parágrafo único, inciso I	Art. 17, § 2º, inciso I.
Art. 20, parágrafo único, inciso II	Art. 17, § 2º, inciso II.
Art. 21, *caput*	Art. 17, § 1º, inciso II.
Art. 22	Art. 17, inciso II
Art. 23	Art. 16 – remete para especificações no regulamento.
Art. 24	
Art. 25	Art. 18
Art. 25, § 1º	Art. 18, § 2º e 3º.
Art. 26, *caput*	Art. 19
Art. 26, § 1º	Art. 19, § 1º
Art. 27	Art. 19, § 2º (tem redação diferente).
Art. 27, parágrafo único	Art. 19, § 3º
Art. 28	Art. 20
Art. 29, § 1º	Art. 20, § 2º
Art. 30	Art. 21, parágrafo único
Art. 31	Art. 21
Art. 32	
Art. 33, *caput*	Art. 22
Art. 33, § 1º	Art. 22, § 1º
Art. 33, § 2º	Art. 22, § 2º – valor mínimo ofertado
Art. 33, § 3º	Art. 22, § 3º
Art. 34	
Art. 35	
Art. 36, *caput*	Art. 23
Art. 36, § 2º	Art. 23, § 1º
Art. 36, § 3º	Art. 23, § 2º
Art. 37	Art. 23, § 2º – remete para regulamento.
Art. 38	Art. 44, da Lei Complementar nº 123/06.
Art. 39, *caput*	Art. 25, inciso I
Art. 39, § 1º	Art. 25, inciso II.
Art. 39, § 2º	Art. 25, inciso III.
Art. 39, § 3º	Art. 25, inciso IV.
Art. 40, *caput*	Art. 24
Art. 40, inciso I	Art. 24, inciso I
Art. 40, inciso II	Art. 24, inciso II
Art. 40, inciso III	Art. 24, inciso III
Art. 40, inciso IV	Art. 24, inciso IV
Art. 40, inciso V	Art. 24, inciso V
Art. 40, § 1º	Art. 25, § 2º

Art. 40, § 2º	
Art. 41	Art. 25, § 3º – remete para regulamento. Art. 48, § 1º, da Lei nº 8.66693.
Art. 42	
Art. 43	
Art. 44	
Art. 45	
Art. 46	
Art. 47	
Art. 48	Art. 22, § 2º – prevê a garantia de 5%, mas não dispensa habilitação.
Art. 49	
Art. 50	
Art. 51	
Art. 51, inciso I	Art. 33, inciso I, da Lei nº 8.66693.
Art. 51, inciso II	Art. 33, inciso II, da Lei nº 8.66693.
Art. 52	Art. 22 – salvo no caso de inversão de fases.
Art. 53	
Art. 54, *caput*	Art. 109, inciso I, da Lei nº 8.66693.
Art. 54, § 1º	Art. 109, § 3º, da Lei nº 8.66693.
Art. 55, parágrafo único	Art. 110, da Lei nº 8.66693.
Art. 56	Art. 109, § 4º, da Lei nº 8.66693.
Art. 57	
Art. 58	Art. 27
Art. 59	Art. 26
Art. 60	Art. 28
Art. 61	Art. 64 da Lei nº 8.66693.
Art. 62	Art. 40
Art. 63	
Art. 64	Art. 42
Art. 65	Art. 43
Art. 66	Art.
Art. 67, § 1º	Diferente do art. 77, inciso VI, da Lei nº 8.66693/93.
Art. 67, § 2º, incisos I, II e III	Art. 23
Art. 68	
Art. 69	Art. 41
Art.70	Art. 10
Art. 71	Art. 11
Art. 72	
Art. 73, *caput*	Art. 9º
Art. 73, § 1º	Art. 9º, § 1º
Art. 73, § 2º	Art. 9º, § 2º, inciso III

Art. 74	Art. 9, § 2º
Art. 74, § 2º	Art. 9º, § 3º
Art. 75	
Art. 76	Art. 9º, § 4º
Art. 77	
Art. 78	
Art. 79	
Art. 80	
Art. 81	
Art. 82	
Art. 83	
Art. 84	
Art. 85	
Art. 86	
Art. 87	
Art. 88	
Art. 89	
Art. 90	
Art. 91	
Art. 92	
Art. 93	
Art. 94	
Art. 95	
Art. 96	
Art. 97	
Art. 98	
Art. 99	
Art. 100	
Art. 101	
Art. 102	
Art. 103	
Art. 104	
Art. 105	
Art. 106	
Art. 107	
Art. 108	
Art. 109	
Art. 110	
Art. 111	
Art. 112	

Impressão:
Evangraf
Rua Waldomiro Schapke, 77 - POA/RS
Fone: (51) 3336.2466 - (51) 3336.0422
E-mail: evangraf.adm@terra.com.br